2025
政策热点
面对面

国务院研究室编写组 著

中国言实出版社

图书在版编目(CIP)数据

2025 政策热点面对面 / 国务院研究室编写组著 . 北京 : 中国言实出版社, 2025. 3. -- ISBN 978-7-5171-5078-7

Ⅰ. D643

中国国家版本馆 CIP 数据核字第 20256TR156 号

2025政策热点面对面

责任编辑：郭江妮
责任校对：严　实

出版发行：中国言实出版社
地　址：北京市朝阳区北苑路180号加利大厦5号楼105室
邮　编：100101
编辑部：北京市海淀区花园北路35号院9号楼302室
邮　编：100083
电　话：010-64924853（总编室）　010-64924716（发行部）
网　址：www.zgyscbs.cn　电子邮箱：zgyscbs@263.net

经　销：新华书店
印　刷：北京温林源印刷有限公司
版　次：2025年4月第1版　2025年4月第1次印刷
规　格：710毫米×1000毫米　1/16　24印张
字　数：308千字

定　价：58.00元
书　号：ISBN 978-7-5171-5078-7

本书编委会

主　　编：沈丹阳

副 主 编：康旭平　肖炎舜　陈昌盛

执行副主编：包益红

编　　委：秦青山　刘日红　姜秀谦

王胜谦　宋　立　李攀辉

牛发亮　乔尚奎　王汉章

包益红　冯文礼　孙韶华

张伟宾

目　录

CONTENTS

推动经济持续回升向好
高质量完成“十四五”规划目标任务

（代　序）

沈丹阳

今年全国两会已经胜利闭幕。习近平总书记在会议期间发表一系列重要讲话，科学回答了事关党和国家事业长远发展的系列重大问题，讲话高屋建瓴、思想深邃、内涵丰富，具有很强的政治性、思想性、指导性、针对性。李强总理所作的《政府工作报告》（以下简称《报告》），以习近平新时代中国特色社会主义思想为指导，深入贯彻党的二十大和二十届二中、三中全会精神以及中央经济工作会议精神，总结过去一年政府工作，对今年重点工作作出了具体安排。为便于各方面学习、理解、把握，国务院研究室参照往年惯例，组织编写了《报告》辅导读本、学习问答等系列读物。这里，结合学习习近平总书记重要讲话精神，围绕《报告》起草的相关情况和主要内容作个简要介绍，谈谈个人学习体会。

一、《报告》起草过程和主要特点

向全国人民代表大会报告政府工作，是国务院的法定职责。做好《报告》起草工作非常重要，党中央、国务院高度重视。今年全国人民代表大会和社会各方面对《报告》给予了充分肯定。许多代表委员表示，《报告》凝心聚力、求真务实、干字当头，是一篇高举旗帜、改革创新的高质量报告。一些市场机构认为，《报告》提出的发展目标积极务实，凸显政府稳经济的决心和信心。国内外媒体普遍评价，《报告》提出的政策举措精准有力，彰显了更加积极有为的宏观政策导向。网民和更多评论认为，《报告》文风朴实、自然、接地气，读起来感到很亲切。这充分反映了各方面对《报告》的高度认可与赞同。

今年《报告》具体好在哪里？主要体现在三个方面：

《报告》突出体现了全面贯彻落实习近平新时代中国特色社会主义思想和党中央决策部署。《报告》好，归根结底是党中央精神好。从起草工作一开始，李强总理就提出明确要求，强调要深入学习贯彻习近平总书记重要讲话和重要指示批示精神，不折不扣落实党中央决策部署。《报告》的主要内容，包括对去年工作的回顾和今年政府工作的总体要求、主要预期目标、宏观政策取向、重点工作任务等，都是按照习近平总书记在去年中央经济工作会议上的重要讲话精神起草的。起草组认真学习领会习近平总书记最新重要讲话和重要指示批示精神，认真学习领会党中央最新会议和文件精神，在《报告》中加以充分体现，同时结合各领域实际提出了一系列具体工作举措，把党中央决策部署细化实化。

《报告》内容务实，针对性、创新性、逻辑性强。《报告》的总体基调是鼓舞士气、提振信心。总结回顾工作坚持实事求是，注重用事实和数据说话。提出的今年发展预期目标和重点工作任务，既是积极的，也是实实在在的。宏观政策既有针对性，又有创新性，符合经济运行实际。《报告》全文1.8万字，成绩亮点、目标任务、政策措施等内容有机结合，具有很强的内在逻辑性。

《报告》文风朴实接地气。《报告》直面社会关切、民生民意，文字尽可能精准扼要、平实简练，尽量不用专业性术语、不需要做名词解释，目的是让人民群众听得懂、好理解，更好了解党和国家的方针政策。

《报告》为什么好？**最根本的是，习近平总书记高度重视《报告》起草工作。**习近平总书记先后主持召开中央政治局常委会会议、中央政治局会议审议《报告》，多次作出重要指示，对《报告》的定位、重点等提出明确要求，为起草工作指明了方向、提供了根本遵循。

李强总理亲自主持《报告》起草工作。李强总理先后主持召开国务院常务会议、国务院全体会议对《报告》进行研究讨论，对《报告》框架、内容、表述方式等提出明确要求和具体意见。今年1月下旬，李强总理先后主持召开3场座谈会听取意见建议，一场是专家、企业家和教科文卫体等领域代表座谈会，一场是各民主党派中央、全国工商联负责人和无党派人士代表座谈会，还在安徽省合肥市召开由部分省、市、县、乡（镇）政府主要负责同志参加的座谈会。国务院其他领导同志也对《报告》起草和修改工作给予了具体指导。

《报告》起草过程中广泛征求和认真吸纳各方面意见，集中各方智慧、充分发扬民主。《报告》稿形成后，按程序印发各地区、各部门、各单位征求意见，发出和收回征求意见稿近4000份，从中梳理出1000多条意见建议。从去年12月起，中国政府网联合21家网络平台以及部分政府网站，开展“@国务院 我为政府工作报告提建议”网民建言征集活动，总计收到建言200余万条，起草组从中精选出2050条有代表性的建言。全国两会期间，起草组又收集汇总了全国人大代表、政协委员对《报告》提出的一些修改意见。起草组对这些意见逐条研究，尽可能采纳。

此外，起草组认真领会党中央精神，创新工作方法，通过专题调研、召开座谈会等方式，充分听取全国人大代表、政协委员、地方、部门、企业、专家学者等对政府工作的意见建议，也为《报告》顺利完成提供了有力支撑。

二、充分肯定过去一年来之不易的发展成就

《报告》在回顾过去一年工作时，特别讲到成绩来之不易。过去一年，我国经济社会发展可以说是“历经风雨见彩虹”。面对外部压力加大、内部困难增多的复杂严峻形势，在以习近平同志为核心的党中央坚强领导下，全国各族人民砥砺奋进、攻坚克难，顺利完成全年经济社会发展主要目标任务。《报告》在总结去年标志性成就时，在表述方式上进行了创新。以往一般是从经济运行、科技创新、改革开放、民生保障等方面分别总结；今年则是从“稳”和“进”两个方面作了概括性回顾，紧扣中央经济工作会议“经济运行总体平稳、稳中有进”的科学判断，更加直观明了，更能体现年度特点。

“稳”主要体现在总量和规模上。《报告》讲了五个方面的“稳”。从经济运行看，去年我国国内生产总值达到134.9万亿元、首次突破130万亿元。在面临多重困难挑战的情况下，经济总量再上新台阶，尤为难能可贵。放眼全球，我国经济表现依然亮眼，5%的增速不仅高于全球3%左右的预计增长水平，高于新兴市场和发展中经济体的整体增速，也高于美国、欧元区、日本的增速。我国对世界经济增长的贡献率保持在30%左右，仍然是世界经济增长的重要引擎。从就业形势看，全国城镇调查失业率均值为5.1%，比上年下降0.1个百分点，低于5.5%左右的预期目标。从对外贸易看，货物进出口总额达到43.8万亿元、增

长 5%，连续跨过 42 万亿和 43 万亿级大关，规模创历史新高。服务进出口总额达到 7.5 万亿元、增长 14.4%，首次突破 1 万亿美元。从保障和改善民生看，去年出台了不少有力措施。比如，教育方面，提高义务教育阶段家庭经济困难学生生活补助标准，近 2000 万学生受益；社保方面，按照 3% 的总体水平调整退休人员基本养老金，向 1100 多万困难群众发放一次性生活补助；住房方面，实施城中村改造项目 1863 个，建设筹集安置住房 189.4 万套；巩固脱贫攻坚成果方面，加大以工代赈力度，脱贫人口务工规模超过 3300 万人，等等。这些都让老百姓享受到了真金白银的实惠。从防范风险看，重点领域风险化解有序有效，社会大局保持稳定。

“进”主要体现在质量和效益上。《报告》讲了四个“新”。产业升级有新进展。《报告》提到，高技术制造业、装备制造业增加值分别增长 8.9%、7.7%，比规上工业整体增速分别快 3.1 个、1.9 个百分点。一段时间以来，从新能源汽车到生成式人工智能，再到人形机器人，一批技术含量高、附加值高的中国产品惊艳亮相，向世界展示了中国产业创新的巨大活力与潜力。创新能力有新提升。《报告》中提到了“嫦娥六号”、“梦想”号大洋钻探船等重大成果，不断刷新中国科技新高度。这样的例子还有很多：比如，第三代自主超导量子计算机“本源悟空”上线运行、时速 450 公里的中国标准高速动车组完成设计制造，等等。生态环境质量有新改善。地级及以上城市细颗粒物（$PM_{2.5}$）平均浓度为

29.3 微克 / 立方米、下降 2.7%，连续 5 年稳定达标。以北京市为例，优良天数比例为 79.2%，是 2013 年以来最好水平。改革开放有新突破。比如，机构改革全面完成；全国统一大市场建设持续加力，产权保护、市场准入、公平竞争、社会信用等市场基础制度不断完善；制造业领域外资准入限制措施全部取消，中国用实实在在的行动“把开放的大门越开越大”。

《报告》还从七个方面总结过去一年的政府工作。总的看，去年我国发展取得的成绩可圈可点，高质量发展的成色越来越足。这说明，以习近平同志为核心的党中央的决策部署是完全正确的，我国经济具有足够的韧性、巨大潜力和抗风险能力，这些都为我们完成今年的发展目标任务增添了信心和底气。

三、准确把握今年经济社会发展的总体要求、预期目标和政策取向

科学设置经济社会发展目标，是做好经济工作、引导社会预期的重要前提。其中，经济增长是关联性强的基础性指标。今年提出 5% 左右的增长目标，兼顾了需要与可能，突出迎难而上、奋发有为的鲜明导向。从短期运行看，无论是稳定和扩大就业、促进居民增收，还是使价格总水平处在合理区间，或是防范化解地方政府债务、房地产等重点领域风险，都需要有一定的经济增长来支撑。从

中长期发展看，“十四五”前四年，我国经济年均增速约为 5.5%。在此基础上，据一些机构最新测算，到 2035 年如期基本实现社会主义现代化，需要今后十年经济年均增长 4.5% 左右。考虑到经济增长的长期趋势，今年要把目标定得更积极一些。更重要的是，设定这一目标具有很多积极因素和有利条件支撑。国内外不少研究机构认为，我国经济潜在增长率仍处在 5% 左右的较高水平。近些年新产业新动能快速成长，经济增长正换上强劲的新引擎。去年一揽子增量政策出台以后，经济持续回升向好的态势还在不断巩固拓展。今年以来，经济起步平稳，发展态势向新向好。因此，5% 左右的增长目标经过努力是可以实现的。

党中央提出今年要实施更加积极有为的宏观政策，主要考虑就是进一步加大逆周期调节力度，为完成全年目标任务提供政策支撑。财政政策方面，提出实施更加积极的财政政策，主要体现在支出力度、重点、进度的组合效应上。从力度看，财政支出总规模创历史新高。一般公共预算方面，赤字率提升到 4% 左右、比去年提高 1 个百分点，赤字规模 5.66 万亿元、增加 1.6 万亿元，总量和增量都是历史最高水平。一般公共预算支出规模 29.7 万亿元、增长 4.4%。政府性基金预算方面，今年安排的地方政府专项债券 4.4 万亿元、超长期特别国债 1.3 万亿元，都比去年大幅增加，还新增发行 5000 亿元特别国债支持国有大型商业银行补充资本。政府性基金支出规模合计约 12.5 万亿元，增长将近四分之一。

从重点看，财政资金将更多用于惠民生、促消费、增后劲等关键领域。今年《报告》提出强化宏观政策民生导向，就是要推动更多资金资源“投资于人”、服务于民生。从进度看，《报告》要求，加快各项资金下达拨付，尽快形成实际支出。

货币政策方面，自 2010 年以来，时隔 14 年之后，再次使用“适度宽松”的表述，政策信号十分明确。在总量上，保持必要增速。一方面是通过适时降准降息，加大低成本资金供给，保持流动性充裕，促进信贷需求回升。另一方面是着力解决好利率传导、续贷成本、融资增信等方面的机制问题，打通货币传导梗阻，让释放的资金更好进入实体经济循环。在结构上，向重点领域倾斜。科技创新、绿色发展、消费，以及民营和小微企业等几个领域，是产业结构升级和扩内需的重要方面，将通过结构性货币政策工具引导金融资源更多流向这些领域。还要更大力度促进楼市股市健康发展。同时，更加注重维护资本市场稳定。去年为稳定资本市场，中国人民银行推出了两项货币政策工具，总体效果是积极的，今年将进一步优化完善、用足用好。另外，财政、货币政策也为可能遇到的超预期外部冲击预留了空间，必要时将研究推出新的政策工具，确保经济平稳运行。

四、全面把握2025年政府工作任务

《报告》提出了十个方面重点工作，大体可以归纳为五个大的板块。

（一）全方位扩大国内需求。《报告》把“全方位扩大国内需求”作为重点任务第一条，主要考虑是，需求不足是当前经济运行的突出矛盾和关键症结，外部环境变化可能对外需带来新的冲击，需要把发展着力点更多地放在内需上，使内需成为拉动经济增长的主动力和稳定锚。

在扩大内需中，《报告》把提振消费放在更加突出位置，就实施提振消费专项行动作出部署，明确了主要发力点。促进居民增收、提升消费能力，就是要解决“有没有钱消费”的问题。《报告》提出要多渠道促进居民增收，推动中低收入群体增收减负，完善劳动者工资正常增长机制等。增加优质供给、创造有效需求，也就是要解决“有钱没处花”的问题，这方面生活服务业领域尤为突出。《报告》提出，持续深化供给侧结构性改革，从放宽准入、减少限制、优化监管等方面入手，扩大健康、养老、助残、托幼、家政等多元化服务供给。改善消费环境、提升消费意愿，也就是要解决群众反映的消费不便利、不放心、没时间消费等问题。《报告》强调落实和优化休假制度，深化国际消费中心城市建设，强化消费者权益保护等，努力改善群众消费体验。

当然，强调提振消费，不是说投资不重要。发展新质生产力、改善民生等都会产生新的巨大投资需求。《报告》强调要促进消费和投资更好结合，积极扩大有效投资、提高投资效益。在资金力度上，超长期特别国债、中央预算内投资、地方政府专项债券等政府投资规模明显加大。在投资导向上，支持加大服务业投资，注重以政府性投资带动民间投资。

需要指出的是，扩大国内需求与其他工作任务也紧密相关。比如，推进以人为本的新型城镇化，就是扩大内需和促进产业升级的重要抓手。2024 年末我国常住人口城镇化率为 67%、比发达国家平均水平低十几个百分点，而户籍人口城镇化率又比常住人口城镇化率低十几个百分点，这“两个差距”意味着城镇化仍有很大潜力。去年国务院印发了《深入实施以人为本的新型城镇化战略五年行动计划》，今年《报告》又作了针对性部署，强调要科学有序推进农业转移人口市民化，全面推进常住地提供基本公共服务，目的就是促进农业转移人口真正融入城市。

（二）因地制宜发展新质生产力。过去一年，我国在科技和产业创新上取得了令人惊喜的成绩，极大地鼓舞了中国科技界、产业界的士气。今年《报告》从培育壮大新兴产业未来产业、推动传统产业改造提升、激发数字经济创新活力三个方面作出了具体部署，这其中有两个特别重要的抓手。

一个是做强做优制造业。过去中国经济能在各种风险挑战面前岿然不动，很大程度上取决于制造业的强大韧性和完整配套能力。我国制造业规模已连续 15 年位居世界第一，总量占全球三分之一，但也存在“大而不强”、“全而不精”的问题，必须加快转型升级、持续做强做优。《报告》提出，培育壮大新兴产业、未来产业，既要推动商业航天、低空经济、深海科技等新兴产业安全健康发展，又要前瞻布局生物制造、量子科技、具身智能、6G 等未来产业。这些产业发展壮大起来，将会给经济增长开拓新的空间、带来强劲动力。同时，

《报告》提出加快制造业重点产业链高质量发展，深入实施制造业重大技术改造升级和大规模设备更新工程，促进产业基础再造升级。

另一个是持续推进“人工智能 +”行动。去年《报告》首次提出开展“人工智能 +”行动，今年《报告》强调持续推进，就是要进一步抓住人工智能发展机遇，将数字技术与制造优势、市场优势更好结合起来，推动人工智能加快赋能千行百业、走进千家万户，赢得经济发展和国际竞争的主动。在拓展行业应用方面，《报告》提出支持大模型广泛应用。我国具有世界上最完整的产业门类和分工体系，推动大模型在制造、能源、矿山等各行各业广泛渗透，能够有力驱动产业转型升级、提升劳动生产率。在促进终端消费方面，《报告》提出大力发展智能网联新能源汽车、人工智能手机和电脑、智能机器人等新一代智能终端以及智能制造装备。这是主动顺应发展趋势的前瞻性安排部署，不仅将成为拉动投资、带动消费的新引擎，而且将有力反哺人工智能技术创新、促进人工智能产业发展。

（三）全面深化改革扩大开放。《报告》每年都部署安排改革开放有关工作，今年在背景上有两点大的不同，一个是突出贯彻落实党的二十届三中全会精神，再一个是面临更为严峻复杂的外部环境，《报告》有针对性作出了部署。

关于进一步全面深化改革，《报告》部署的十个方面工作任务都涉及改革，其中第四部分专门对重点领域改革进行了部署，强调要更好发挥经济体制改革牵引作用。在激发各类经营主体活力方面，更加突出激发民营经济活力。2025年2月17日，习近平总书记出席民营企业座谈会并发表重要讲话，传递了党中央重视民营企业发展的鲜明态度。《报告》贯彻落实习近平总书记重要讲话要求，提出了一系列务实举措。比如，针对反映比较强烈的涉企执法问题和乱收费、乱罚款、乱检查、乱查封问题等，将采取专项行动集中整治。还要下力气解决拖欠企业账款问题，这是民企、国企都面临的问题，今年力争取得更大成效。在建设全国统一大市场方面，《报告》连续两年作出部署，体现了对这项工作的高度重视。我国拥有超大规模市场，一年的社会消费品零售总额接近50万亿元、全社会固定资产投资超过50万亿元，但如果各个地方自我保护、搞小循环，规模经济优势就难以发挥出来。《报告》强调要纵深推进全国统一大市场建设，加快建立健全基础制度规则，综合整治“内卷式”竞争，并作出具体部署。在深化财税金融体制改革方面，《报告》提出的都是可望今年取得重要进展的内容。比如，零基预算改革，前几年一些地方已经探索推进，今年要在一些中央部门开展试点，并且在一些关键机制上有所创新；再比如，金融领域改革，重点是深化资本市场投融资综合改革，进一步完善我国资本市场基础制度。

关于扩大高水平对外开放，在外部不确定性加大的背景下，必须坚定信心、保持定力，坚持对外开放基本国策，积极稳外贸稳外资。在稳外贸方面，面对外部加征关税冲击，今年《报告》提出了具体务实管用的举措。比如，将进一步扩大出口信用保险承保规模和覆盖面，不断优化融资、结算、外汇等金融服务，帮助企业拓展市场。又如，将着力打通渠道、标准等卡点堵点，支持内外贸一体化发展，让那些有意愿、有能力的出口企业在国内国际两个市场间顺利切换。在稳外资方面，今年将进一步放宽外资市场准入，扩大电信、医疗、教育等领域开放试点；加强外资企业服务保障，优化项目全流程服务，促进人员往来便利化，等等。随着这些措施落地，对外资的吸引力会进一步增强。

（四）统筹好发展与安全。经过近年来的风险化解处置，我国经济金融风险显著收敛、总体可控。但当前外部环境变化带来的冲击和风险挑战增多，对经济金融安全的考验加大。需要增强底线思维，处置防范好重点领域风险，努力实现高质量发展和高水平安全的良性互动，《报告》对此进行了部署。

房地产风险方面，强调持续用力推动房地产市场止跌回稳。尤其是要从供需两侧发力稳住价格。在需求侧，充分释放刚性和改善性住房需求潜力。要因城施策调减限制性措施，加力实施城中村和危旧房改造。今年将在既定新增100万套改造任务的基础上，继续扩大城中村改造规模。在供给侧，进一步优化房地产市场库存。一方面严控增量，合理控制新增房地产用地供应。另一方面消化存量，加快盘活收购存量土地和商品房，在收购主体、价格和用途方面给予城市政府更大自主权。同时，加快构建房地产发展新模式。通过提升建筑标准，引导市场提升住房品质，更好满足人民群众对“好房子”的需求。

地方政府债务风险方面，强调在发展中化债、在化债中发展。总结过去两年化债经验，完善和落实一揽子化债方案，在严格督促地方按计划推进债务风险处置的同时，优化考核和管控措施，动态调整债务高风险地区名单，把化债成效显著的地区及时调出，支持地方打开新的投资空间。同时，完善政府债务管理制度，从根本上防止地方政府无序举债、违规举债。

金融风险方面，强调有效维护金融安全稳定。对于地方中小金融机构风险，将按照市场化、法治化原则，综合采取补充资本金、兼并重组、市场退出等方式分类化解。具体采用哪种方式，要根据实际情况，“一行一策”科学制定。防范中小金融机构风险，从根本上还是要依靠改革，要引导中小金融机构建立健全公司治理机制，提升风险内控能力。

（五）加大保障和改善民生力度。《报告》聚焦解决人民群众的急难愁盼问题，提出了很多有力度、有温度的措施。有网民讲，《报告》从经济增长到民生福祉，桩桩件件都关乎老百姓生活，真正做到了“把发展落在实处、把温暖送在心间”。

在促进就业方面，具体措施可以概括为“实施一个计划、加强五类群体保障、开展一个行动”，也就是实施就业支持计划，加强对高校毕业生、退役军人、脱贫人口、农民工和困难群体就业帮扶，开展大规模职业技能提升培训行动。

比如，今年应届高校毕业生有 1222 万人，他们身后就是千万个家庭，要千方百计帮助他们尽快找到工作。再比如，现在全国有 2 亿多技能人才，但还远远不够，特别是养老托育、人工智能、新能源汽车等领域的服务和技术人员短缺严重。从今年开始，要用 3 年的时间，每年补贴培训 1000 万人次以上。这项工作一举多得，不仅能缓解结构性就业矛盾，对产业升级和提高服务品质也有帮助。

在教育方面，从学前教育、到义务教育、再到高等教育，以及特殊教育、专门教育等，《报告》对每个阶段、每种类型的教育都作了部署。比如，逐步推行免费学前教育，去年学前教育在园的幼儿 3500 多万人，有关部门正在研究，推行下来受益面会很大。再比如，扎实推进优质本科扩容，重点是增加“双一流”高校本科招生，在去年扩招 1.6 万人基础上，今年再增加 2 万人。

在社会保障方面，今年《报告》的一个关键词就是“提标”。比如，居民医保人均财政补助标准从每年 670 元提高到 700 元，基本公共卫生服务经费人均财政补助标准从每年 94 元提高到 99 元。城乡居民基础养老金最低标准从每人每月 123 元提高到 143 元，还要适当提高退休人员基本养老金。这些政策措施涉及的人数很多，群众的受益面会很大。

在“一老一小”服务方面，《报告》提出了一系列支持措施。现在全国有 3 亿多 60 岁以上老人、近 3000 万 3 岁以下婴幼儿，家家户户都很关心养老托育问题。针对老年人不同的服务需求，《报告》提出推进社区支持的居家养老、强化失能老年人照护、加大对老年助餐服务支持力度等。对于生育问题，《报告》提出发放育儿补贴、大力发展托幼一体服务等措施。育儿补贴是第一次在全国层面提出来，之前已经有20多个省份在发放，今年将在全国实施。

《报告》还对加强精神文明建设、维护国家安全和社会稳定、政府自身建设以及民族宗教侨务、国防军队、港澳台、外交工作等作了部署安排。《报告》指出，今年将开展“十五五”规划编制工作，并提出了相关要求。

做好今年政府工作，意义重大、任务艰巨。我们坚信，在以习近平同志为核心的党中央坚强领导下，在习近平新时代中国特色社会主义思想的科学指引下，全国人民迎难而上、锐意进取，一定能够战胜各种艰难险阻，完成全年经济社会发展目标任务，确保“十四五”规划圆满收官，书写以中国式现代化全面推进强国建设、民族复兴伟业新篇章！

一

2025 年经济社会发展总体要求和政策取向

今年是“十四五”规划收官之年。2024 年底召开的中央经济工作会议，全面分析国内外经济形势，对 2025 年经济社会发展总体要求和政策取向作出部署。十四届全国人大三次会议审议通过的《报告》，对实施更加积极有为的宏观政策等作出具体安排。我们要深入贯彻落实以习近平同志为核心的党中央决策部署，按照中央经济工作会议要求，落实《报告》安排，准确把握总体要求、主要预期目标、政策取向，着力提升宏观政策实施效能，完成好经济社会发展各项目标任务，确保“十四五”规划圆满收官，为实现“十五五”良好开局打牢基础。

（一）总体要求

今年是“十四五”规划收官之年。做好政府工作，要在以习近平同志为核心的党中央坚强领导下，以习近平新时代中国特色社会主义思想为指导，全面贯彻落实党的二十大和二十届二中、三中全会精神，按照中央经济工作会议部署，坚持稳中求进工作总基调，完整准确全面贯彻新发展理念，加快构建新发展格局，扎实推动高质量发展，进一步全面深化改革，扩大高水平对外开放，建设现代化产业体系，更好统筹发展和安全，实施更加积极有为的宏观政策，扩大国内需求，推动科技创新和产业创新融合发展，稳住楼市股市，防范化解重点领域风险和外部冲击，稳定预期、激发活力，推动经济持续回升向好，不断提高人民生活水平，保持社会和谐稳定，高质量完成“十四五”规划目标任务，为实现“十五五”良好开局打牢基础。

1. 实施更加积极有为的宏观政策

《报告》指出，实施更加积极有为的宏观政策。这主要是考虑到，今年我国发展面临更加严峻复杂的外部环境，不确定因素增多，国内经济运行仍面临不少挑战，实现全年目标任务，需要迎难而上、积极作为。同时，我国也具备加大逆周期调节力度的条件和空间，可以为经济发展提供强有力的政策支持。

宏观政策“更加积极有为”，主要体现在以下几个方面。

政策力度更大。今年宏观调控基调发生重大变化，释放出加大逆周期调节力度的明确信号。财政政策方面，首次提出“更加积极的财政政策”，将赤字率提高到 4% 左右，安排超长期特别国债、新增地方政府专项债券规模分别为 1.3 万亿元和 4.4 万亿元，财政支出强度明显加大。货币政策方面，将“稳健的货币政策”调整为“适度宽松的货币政策”，提出适时降准降息，进一步疏通货币政策传导渠道，加大对实体经济的支持力度。

更加积极有为的宏观政策

（图片来源：新华社）

政策落实节奏更快。行动快、落地早也是政策有力有效的体现。今年将积极推动各项政策和资金靠前发力。就像《报告》里说的，出台实施政策要能早则早、宁早勿晚，与各种不确定性抢时间，看准了就一次性给足，让政策发挥最大效能。

政策整体效能更优。宏观政策囊括财政、货币、就业、产业、区域、贸易、环保、监管等政策，每项政策都各有侧重，同时又对其他领域产生影响。今年将加强这些政策的协同以及与改革开放举措的协调配合，把经济政策和非经济政策统一纳入宏观政策取向一致性评估。以实现全年经济社会发展预期目标为引领，确保同向发力、形成合力，打出有力有效的政策“组合拳”，推动经济持续回升向好。

政策着力点更多转向惠民生、促消费。今年《报告》将“强化宏观政策民生导向”列入宏观政策取向之一，这是宏观调控的创新，强调更多着眼惠民生、促消费，在改善人民群众生活品质的同时，激发经济发展活力，推动形成经济发展与民生改善的良性循环。

2. 高质量完成“十四五”规划目标任务

“十四五”时期是我国全面建成小康社会、实现第一个百年奋斗目标之后，乘势而上开启全面建设社会主义现代化国家新征程、向第二个百年奋斗目标进军的第一个五年。2025 年是“十四五”规划收官之年，《报告》提出“高质量完成‘十四五’规划目标任务”。

关于主要目标指标。重点是完成好《中华人民共和国国民经济和社会发展第十四个五年规划和 2035 年远景目标纲要》（以下简称《纲要》）提出的主要目标指标和重大战略任务。《纲要》提出，“十四五”时期要“实现经济发展取得新成效、改革开放迈出新步伐、社会文明程度得到新提高、生态文明建设实现新进步、民生福祉达到新水平、国家治理效能得到新提升”的目标，并明确了 5 大类 20 项主要指标。从《纲要》实施中期评估情况看，多数指标基本符合或快于预期，包括 GDP 增长、居民人均可支配收入增长、人均预期寿命、全社会研发经费投入增长等，但也有单位 GDP 能源消耗降低、单位 GDP 二氧化碳排放降低、地级及以上城市空气质量优良天数比率、每千人口拥有3岁以下婴幼儿托位数等4项指标相对滞后。经过有关方面努力，这些相对滞后的指标也都取得了新进展。制定2025年经济社会发展主要预期目标时，确保“十四五”规划圆满收官是一个重要考虑因素，并作了充分衔接。

关于重大战略任务。《纲要》提出了17个方面重大战略任务，覆盖经济、政治、文化、社会和生态文明建设的各个方面，目前都取得了扎实进展。比如，近年来我们加快建设全国统一大市场，市场准入负面清单制度稳步实施，对相关法律法规政策进行清理。再比如，我们深入实施创新驱动发展战略，科技成果加速向现实生产力转化，我国全球创新指数排名在2024年上升至第11位，科技创新对经济发展的支撑作用不断增强。

主要目标和重大任务

（图片来源：新华社）

热点链接

“十四五”以来我国经济社会发展六个“大幅度提升”

第一，综合国力大幅度提升。预计“十四五”经济增量超过30万亿元。第二，产业竞争力大幅度提升。中国拥有41个工业大类、

207 个中类、666 个小类，是全球唯一体系最完整、门类最齐全的国家，产业链还在加快向中高端升级。第三，科技创新力大幅度提升。比如，集成电路、人工智能、量子科技、航空航天、海洋科技、高铁技术等领域技术创新不断实现新的突破。第四，民生保障能力大幅度提升。比如，居民养老金逐年提高，跨省异地就医直接结算越来越方便，“家门口”的社区服务更加丰富。第五，安全基础能力大幅度提升。粮食、能源保障的能力和水平迈上新台阶，产业链供应链、金融等领域发展韧性和安全水平稳步提升。第六，大国形象和影响力大幅度提升。中国与 150 多个国家和 30 多个国际组织签署共建“一带一路”合作文件，制造业领域外资准入限制措施已全面“清零”。

（资料来源：新华网）

（二）今年发展主要预期目标

当前，世界百年变局加速演进，外部环境更趋复杂严峻。我国经济发展具有很多积极因素和有利条件，长期向好的基本趋势没有改变也不会改变，但面临的困难挑战也不小。《报告》提出的2025年经济社会发展预期目标，综合考虑了国内外形势和各方面因素，兼顾了需要与可能，体现了稳中求进、扎实推动高质量发展的要求，突出了迎难而上、奋发有为的鲜明导向，彰显了稳经济促发展的坚定决心。

3. 国内生产总值增长 5% 左右

经济增长速度是反映经济运行状况的综合性指标，也是关联性很强的基础性指标，对经济工作起着引领作用。今年经济增长预期目标设定为 5% 左右，是经过反复研究论证、综合权衡慎重确定的。

设定这一目标符合稳就业、防风险、惠民生的客观需要。促进城乡居民就业增收，使价格总水平处在合理区间，防范化解重点领域风险，加大财政民生投入等，都需要有一定的经济增长来支撑。特别是从这些年经济增长与就业的联动效应看，今年解决城镇新增就业 1200 万人以上，仍然需要经济增长速度保持 5% 左右。

设定这一目标具有经济增长潜力和有利条件支撑。从发展态势看，去年 9 月 26 日中央政治局会议部署一揽子增量政策以来，我国经济明显回升。去年全年经济增长 5%，其中第四季度增长 5.4%，今年开年以来经济回升向好态势继续巩固拓展。从能力条件看，国内外多数研究机构认为我国潜在经济增长率仍保持在 5% 左右的较高水平。近些年新产业、新动能快速成长，我国经济增长正换上强劲的新引擎。过去一些经济运行下拉因素，也出现了积极变化。更令人期待的是，随着党的二十届三中全会确定的各项改革任务逐步落地，将进一步激发经济发展的内生动力和活力。从支撑政策看，今年实施多年未有的更加积极有为的宏观政策，势必为经济发展提供强有力的政策支撑。从发展基本面看，我国具有显著的制度优势，有超大规模市场、完备产业体系、丰富人力人才资源等诸多优势条件，有长远规划、科学调控、上下协同的有效治理机制，有需求升级、结构优化、动能转换的广阔增量空间，经济发展长期向好。

设定这一目标能与中长期发展目标有机衔接。“十四五”前四年，我国年均经济增长 5.5%。在此基础上，据一些机构测算，到 2035 年基本实现社会主义现代化，需要今后十年经济年均增长 4.5% 左右。一段时期内保持 5% 左右这样较高的经济增速，能为到 2035 年基本实现社会主义现代化创造更加有利的条件。

总之，今年设定 5% 左右的经济增长目标符合我国实际，符合经济发展规律，是可以实现的。当然实现这个目标，也绝非轻而易举，必须各方面团结奋斗、奋发作为，付出艰苦努力。

4. 城镇调查失业率 5.5% 左右，城镇新增就业 1200 万人以上

我国连续多年把就业增长作为发展的主要预期目标之一。2024 年，面对多重困难挑战叠加的形势，交出全年城镇新增就业 1256 万人、城镇调查失业率平均值 5.1% 的就业成绩单。在就业总量压力和结构性矛盾更加突出的背景下，今年就业预期目标与 2024 年保持一致，体现了加大稳就业力度的要求。确定这一目标，主要有两方面考虑。

一方面，城镇新增劳动力就业需要创造新岗位。我国有 7.3 亿多城乡就业人员，每年还会有大量新成长劳动力进入城镇就业。据测算，2025 年需要在城镇就业的新成长劳动力 1770 多万人，创历史新高。确定城镇新增就业预期目标，很重要的考虑就是为新成长劳动力创造就业岗位。综合分析，扣除因退休和其他原因退出劳动力市场而腾退的岗位后，1200 万以上的城镇新增就业目标能够较好满足新成长劳动力就业需要。考虑到农业人口转移就业、留学人员归国就业和失业人员再就业等方面需要，实际工作中将力争多完成一些。随着经济持续回升向好，就业政策持续发力，实现这一目标有较好支撑。

另一方面，保持就业形势稳定客观上要求失业率相对较低。城镇

调查失业率是反映社会失业水平的重要指标。近年来，我国除个别年份失业率较高以外，多数年份失业率在 5.1%—5.2% 之间。具体到一个年度的不同月份，除 1、2 月份由于春节假期因素和 7、8 月份由于高校毕业生离校因素等导致的失业率季节性升高以外，多数月份的失业率较为平稳，但不同地区和不同年龄人群失业率也存在较大差异，要防止个别时点、部分群体失业率冲高的情况。

确定 5.5% 左右的失业率目标，既考虑了我国整体的就业和失业状况，也充分考虑了今年经济发展面临的复杂严峻环境、重点群体就业存在的较大压力。要采取有力措施，使调查失业率尽可能低一些。

近年来我国就业预期目标设定及完成情况

年份	城镇新增就业人数		城镇调查失业率	
	预期目标	完成情况	预期目标	完成情况
2020	900 万人以上	1186 万人	6% 左右	5.2%
2021	1100 万人以上	1269 万人	5.5% 左右	5.1%
2022	1100 万人以上	1206 万人	全年 5.5% 以内	5.5%
2023	1200 万人左右	1244 万人	5.5% 左右	5.2%
2024	1200 万人以上	1256 万人	5.5% 左右	5.1%

（数据来源：国家统计局网站）

5. 居民消费价格涨幅 2% 左右

价格是市场经济的基本信号，价格水平过高或过低都不好。近年来，我国价格水平持续偏低，过去 5 年 CPI 平均涨幅为 1.2%，2023 年、2024 年 CPI 涨幅都只有 0.2%。从消费者静态的角度看，似乎价格涨幅越低越好，但从整个经济循环动态的角度看，价格水平持续偏低，将导致市场实际利率偏高，加重债务负担，降低投资意愿，进而影响居民就业增收，不利于推动发展、改善民生。从历史经验和世界各国的实践看，保持价格温和上涨是经济运行比较健康的状态。

《报告》将今年 CPI 涨幅目标设定为 2% 左右，并提出目的在于通过各项政策和改革共同作用，改善供求关系，使价格总水平处在合理区间。**一方面，**强化了价格指标的政策导向作用。今年实施宏观政策既要锚定经济增长目标，也要考虑价格预期目标，努力推动物价温和回升、处在合理区间；**另一方面，**强化了不同宏观经济指标间的协同。市场反映的宏观指标与微观感受之间存在“温差”，一定程度上是由于居民收入、企业收入、政府收入都是考虑了物价涨幅因素的名义值，因此要把物价预期目标与经济增长、就业、居民收入等目标更好统筹起来。

总的看，今年有四方面措施有利于推动物价温和回升：**第一，加大宏观政策逆周期调节力度。**《报告》提出实施更加积极有为的宏观政策，首次提出实施更加积极的财政政策，货币政策 14 年来再次使用“适度宽松”。**第二，以消费为牵引扩大内需、畅通国内大循环。**今年将实施提振消费专项行动，拿出 3000 亿元支持消费品以旧换新，同时在促进居民增收减负、增加优质供给、改善消费环境等方面也将采取一系列措施。**第三，综合整治“内卷式”竞争。**今年将加快全国统一大市场建设，促进商品要素资源在更大范围内顺畅流动、提高配置效率，完善招标投标机制，不要一味的“低价中标”，而更注重“优质优价”。**第四，更大力度稳楼市稳股市。**《报告》强调要稳住楼市股市，并作出一系列安排促进楼市股市健康发展。随着政策效应逐渐显现，资产价格有望回稳上涨，更大释放财富效应，进而促进价格温和回升。

名词解释

居民消费价格指数

英文翻译为 Consumer Price Index，简称 CPI，是度量一定时期内居民消费商品和服务价格水平总体变动情况的相对数，综合反映居民消费商品和服务价格水平的变动趋势和变动程度。

CPI 是中国价格统计指标体系的重要组成部分，是宏观经济分析和决策、价格总水平监测和调控以及国民经济核算的重要指标，一定程度上反映通货膨胀（紧缩）的程度。

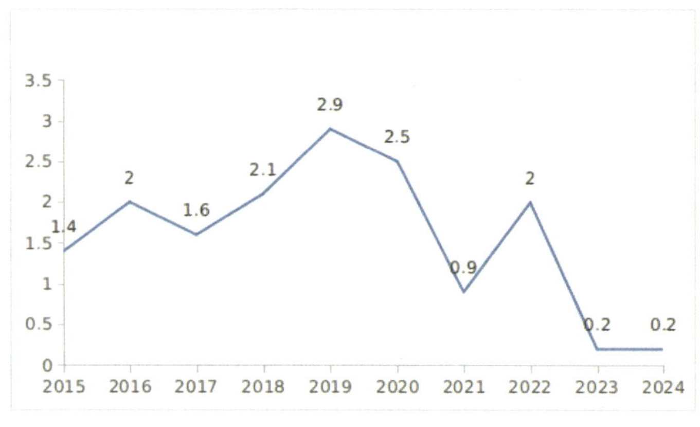

2015—2024 年我国 CPI 同比涨幅（%）

（数据来源：国家统计局网站）

6. 居民收入增长和经济增长同步

推动居民收入增长和经济增长同步，是高质量发展的应有之义，体现了以人民为中心的发展思想。党中央高度重视保障和改善民生，多措并举增加居民收入，努力实现居民收入增长和经济增长基本同步。党的十八大以来，全国居民人均可支配收入年均实际增长 6.1%，与同期经济年均增速基本持平。同时，农村居民收入增速持续快于城镇居民，城乡居民收入差距不断缩小，城乡居民收入比值从2.81降至2.34。

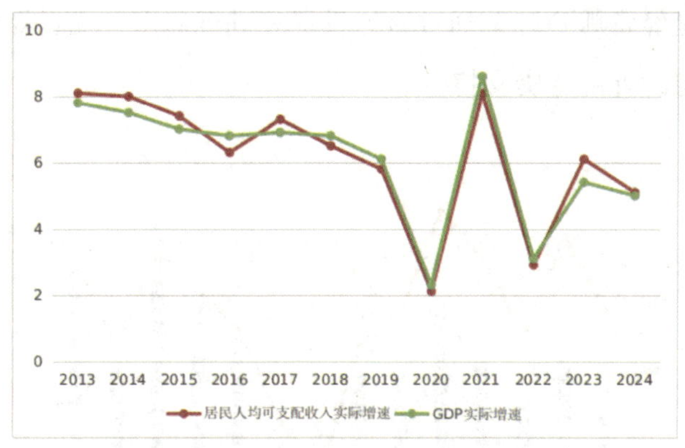

近年来居民收入增速和经济增速情况（%）

（数据来源：国家统计局网站）

今年《报告》提出“居民收入增长和经济增长同步”的目标，延续上年目标表述，与往年多次使用的“基本同步”相比提出了更高要求，体现了让全体人民共享发展成果的决心和政策导向。当前居民就业增收面临一些压力，实现居民收入增长预期目标，需要付出艰苦努力。

今年政府工作任务中，部署了不少促进居民增收的举措，包括推动中低收入群体增收减负，完善劳动者工资正常增长机制，拓宽农民增收渠道，更大力度稳定和扩大就业，稳定楼市股市，完善社会保障和服务政策，等等。只要扎实落实好这些任务举措，就有条件推动居民收入持续增长，不断改善人民生活品质。

7. 国际收支保持基本平衡

国际上评估国际收支基本平衡一般有两个比较重要的标准：一是

经常账户差额与 GDP 比值处于 ±4% 以内，未出现持续较长时间的过高规模顺差或逆差；二是经常账户与非储备性质金融账户实现自主平衡，也就是经常账户顺差通过对外投资等进行运用，或者经常账户逆差具有稳定的外部融资支持。

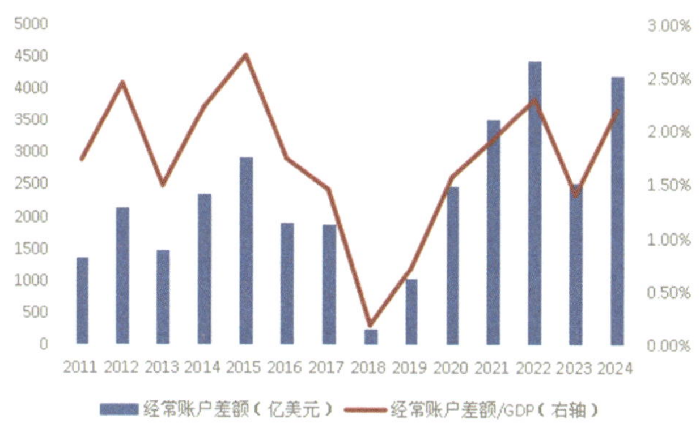

2011 年以来我国经常账户差额与 GDP 比值一直保持在合理区间

（数据来源：国家外汇管理局网站）

近年来我国国际收支保持基本平衡。2024 年我国经常账户差额与 GDP 比值为 2% 左右，自 2011 年以来一直处于合理区间。2025 年外部环境不确定不稳定因素依然较多，但我国经济基础稳优势多、外贸外资韧性强、外汇市场稳健性高，保持国际收支基本平衡既有必要，也有基础和条件。

首先，我国实施更加积极有为的宏观政策，经济基本面稳固有利于提振市场预期和信心。《报告》明确 2025 年将实施更加积极的财政政策和适度宽松的货币政策，大力提振消费、提高投资效益，全方位扩大国内需求，国内经济持续回升向好，将对国际收支平衡形成重要支撑。

其次，我国制造业转型升级稳步推进，外贸韧性增强有助于经常账户保持合理顺差。我国制造业增加值在全球占比 30% 左右，出口竞争力不断提升，跨境电商、市场采购贸易、“新三样”产品等外贸新增长点快速发展。这些积极因素有助于克服美国加征关税以及其他单边主义、保护主义等不利因素，保持出口总体稳定。

第三，我国坚持扩大高水平对外开放，外汇市场韧性不断巩固提升。跨境投融资便利化水平稳步提升，有利于外资来华展业兴业，金融市场开放稳步推进也有利于外资稳步配置人民币资产，跨境双向投资有望保持平稳有序。同时，外汇市场深度进一步拓展，企业汇率避险意识和能力提升，人民币跨境使用增多，有助于跨境双向投资保持平稳有序。

8. 粮食产量 1.4 万亿斤左右

农稳社稷，粮安天下。《报告》提出，粮食产量预期目标为 1.4 万亿斤左右。确定这个目标，兼顾了需要和可能，也与中长期目标相衔接。

从消费需求看，我国城乡居民膳食消费结构还在升级，米面吃得少了、肉蛋奶吃得多了，而肉蛋奶背后是畜禽养殖，这也需要消耗粮食。我们每年要为 170 多亿只家禽、7 亿多头猪、3 亿多头牛羊提供玉米、豆粕等饲料。这种“口粮减、饲料增”的消费结构变化，使得粮食需求总量仍在增长，供需仍维持紧平衡。当前国际粮食产业链供应链风险增大，进口有不确定性，需要立足国内生产出足够的粮食，确保稳产保供，牢牢把住粮食安全主动权。

从生产条件看，这些年我们大力实施藏粮于地、藏粮于技战略，耕地地力、科技支撑都有明显进展，农业发展基础不断夯实。提出

1.4 万亿斤左右的年度目标，符合近些年粮食稳产增产趋势，经过努力是能够实现的。之所以用“左右”，主要考虑我国粮食生产刚刚迈上新台阶，越往后增产难度越大，而且农业“看天吃饭”，年内自然灾害影响怎么样，还不太好预估，需要留出弹性空间。

从工作要求看，国家对粮食产能的中长期规划是到 2027 年达到 1.4 万亿斤以上、到 2035 年达到 1.5 万亿斤以上，今年的产量预期目标与中长期目标相衔接，体现了稳中求进。国内外经验表明，粮食生产爬坡难、滑坡易，一旦松劲就可能掉下去。像我国粮食产量 1996 年就突破 1 万亿斤，随后几年出现徘徊，2003 年又跌至 8600 亿斤，直到 2007 年才重回 1 万亿斤。适当调高粮食产量年度预期目标，有利于促进各方面绷紧重农抓粮的弦，齐心协力端稳中国饭碗。

实现粮食产量 1.4 万亿斤左右的目标，并不是件容易的事，需要加大稳面积、提单产、抗灾害等力度，一季接着一季抓，锲而不舍确保粮食丰收到手。

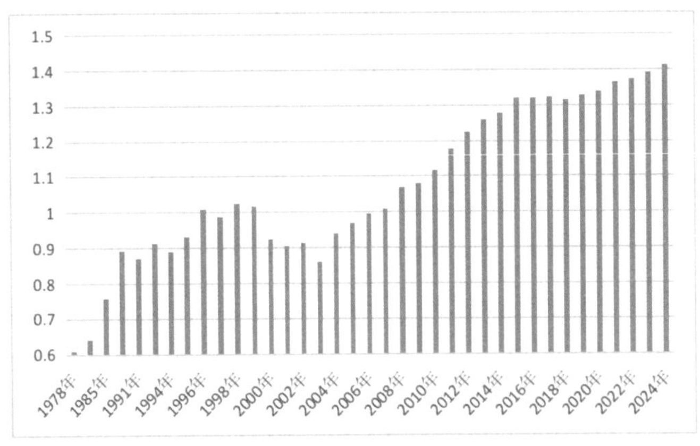

1978—2024 年全国粮食产量变化图（单位：万亿斤）

（数据来源：国家统计局网站）

9. 生态环境质量持续改善

2025 年《报告》继续提出生态环境质量持续改善，这既是党中央对于美丽中国建设的具体要求，也是人民群众对于良好生态环境的新期待。过去一年，全国生态环境质量持续改善，各项年度目标圆满完成，以更高标准打好污染防治攻坚战取得明显成效。

当前，大气污染治理进入深水区，局部地区土壤和地下水污染较为突出，大宗工业固废历史堆存总量大、风险高；同时，我国产业结构偏重、能源结构偏煤、能源效率偏低的状况依然存在，随着经济回升向好，工业用能居民用能将刚性增长，预计会带动全社会能源消费持续提升。完成“十四五”规划生态环境方面的目标任务，绝不是轻轻松松就能实现的。今年将重点做好以下工作：

一方面，持续深入推进“蓝天、碧水、净土”三大保卫战。以降低 $PM_{2.5}$ 浓度为主线，推动空气质量明显改善；以美丽河湖和美丽海湾建设为抓手，推动水环境质量明显改善；以污染风险管控为重点，推动城乡人居环境明显改善，努力做到重污染天气基本消除、劣Ⅴ类断面基本消除、黑臭水体基本消除。

绿水青山、蓝天白云

（图片来源：人民网）

另一方面，继续降低单位国内生产总值能耗。《报告》提出降低3%左右，需要各方面下大力气共同努力才能实现。要持续增加绿色电力供给，坚持集中式和分布式相结合，科学有序开发新能源，不断提升绿色电力在全国总用电量的占比，充分发挥我国作为新能源大国的优势。同时，充分挖掘全社会节能潜力，尤其是用足用好“两新”政策、积极推动重点行业“用能大户”节能降碳，坚决遏制“高耗能、高排放、低水平”项目盲目上马。

（三）实施更加积极的财政政策

2025年我国发展依然面临不少困难和挑战，需要财政政策进一步加大逆周期调节力度，更好统筹收入、赤字、专项债、特别国债等各类资金，保持较高的支出强度，使政策力度更大、效果更好，各方面更有获得感。《报告》提出，实施更加积极的财政政策。主要是用好用足政策空间，加强超常规逆周期调节，提高调控的前瞻性针对性有效性，确保财政政策持续用力、更加给力。具体体现在提高财政赤字率加大支出强度、安排更大规模政府债券、持续优化支出结构、筑牢兜实基层“三保”底线等方面。

10. 赤字率按 4% 左右安排

赤字率是指年度财政赤字与同期国内生产总值间的比例关系，是衡量财政政策力度和财政风险水平的重要指标。我国财政赤字口径以收付实现制为基础编制，主要聚焦于一般公共预算收支差额，同时兼顾跨年度动态因素和四本预算的联系，反映了年度可用财力。赤字率的安排，需要统筹考虑经济社会发展需要、宏观调控政策实施、财政可持续性等因素。

所谓“3% 的赤字率”警戒线，其实是 1991 年欧盟签署《马斯特里赫特条约》时，为约束成员国财政过度扩张并影响欧元币值稳定而确定下来的一项纪律，虽有一定借鉴意义，但并非不可打破的金科玉律。事实上，很多国家的赤字率已经突破 3%，有的甚至达到两位数。近年来，我国从控制财政风险、实现财政可持续等角度考虑，一直坚持合理、审慎确定赤字率水平，多数年份将赤字率控制在了 3% 以内，但是也有一些年份赤字率超过了 3%。比如，2020 年和 2021 年，为应对新冠疫情的严重冲击，赤字率分别按 3.6% 以上（实际执行数为 3.7%）、3.2% 左右（实际执行数为 3.1%）安排；2023 年年初预算将赤字率按 3% 安排，四季度增发国债 1 万亿元，预算调整后赤字率为 3.8% 左右。

名词解释

财政赤字、赤字规模、赤字率

财政赤字是指一般公共预算支出总量大于收入总量的部分。

赤字规模 = 全国一般公共预算支出与收入差额 +（补充预算稳定调节基金 – 调入预算稳定调节基金和其他预算资金）+（结转下年支出的资金 – 动用结转结余资金）。

赤字率是指年度财政赤字与同期国内生产总值间的比例关系。

2016—2025 年赤字率及赤字规模

年份	2016 年	2017 年	2018 年	2019 年	2020 年	2021 年
赤字率（%）	2.9	2.9	2.6	2.8	3.7	3.1
赤字规模（亿元）	21800	23800	23800	27600	37600	35700
年份	2022 年	2023 年（调整前预算）	2023 年（调整后预算）	2024 年	2025 年	
赤字率（%）	2.8	3	3.8	3	4 左右	
赤字规模（亿元）	33700	38800	48800	40600	56600	

（数据来源：财政部网站）

《报告》提出，今年赤字率拟按 4% 左右安排、比上年提高 1 个百分点，这是近年来的最高水平；赤字规模 5.66 万亿元、比上年增加 1.6 万亿元，其中中央财政赤字 4.86 万亿元、地方财政赤字 0.8 万亿元。从必要性看，赤字率提高以后，可以更多利用财政空间，扩大财政支出规模，强化逆周期调节；再加上财政政策的乘数效应，也会带动更多居民消费和社会资本投资，进而促进有效需求的扩大。从可行性看，我国还有较大的举债空间和赤字提升空间，政府负债率在 70% 左右、显著低于主要经济体和新兴市场国家，政府债务对应着大量优质资产，提高赤字率是有条件的。随着逆周期调节拉动经济回升向好，能够带动财政收入增加，财政可持续性是更有保障的。

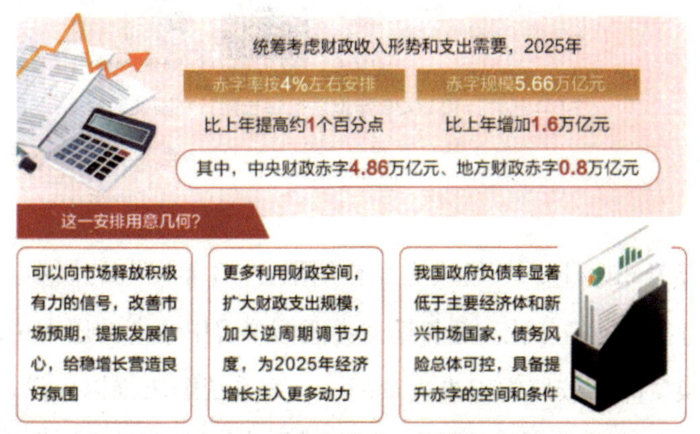

2025 年赤字率和赤字规模安排

（图片来源：财政部网站）

11. 发行超长期特别国债

国债是国家为筹集财政资金而发行的政府债券，具有最高的信用度，被公认为是最安全的投资工具。特别国债指的是中央政府为特定用途而发行的国债，旨在支持国家重大战略和关键领域的发展。我国曾三次发行过特别国债，不列财政赤字，纳入国债余额限额管理，发行期限依目标任务而定。其中，1998 年发行特别国债 2700 亿元，主要用于补充四大银行资本金，期限为 30 年。2007 年发行特别国债 1.55 万亿元，作为中投公司资本金，期限分别为 10 年、15 年。2020 年发行 1 万亿元抗疫特别国债，期限分别为 5 年、7 年、10 年，全部转给地方主要用于公共卫生等基础设施建设和抗疫相关支出，有效对冲了疫情影响。

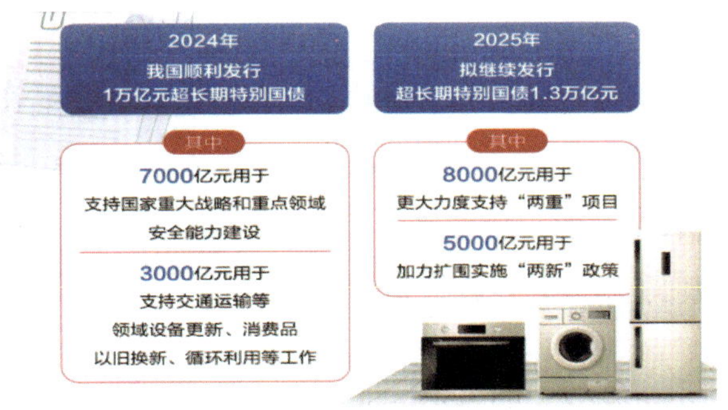

2024 年已发行和 2025 年拟发行超长期特别国债对比

（图片来源：财政部网站）

在债券市场上，一般认为发行期限在 10 年以上的债券为超长期债券。与普通国债相比，超长期债券能够缓解中短期的还本付息压力，以时间换空间。按照党中央决策部署，为系统解决强国建设、民族复兴进程中一些重大项目建设的资金问题，从 2024 年开始拟连续几年发行超长期特别国债，专项用于国家重大战略实施和重点领域安全能力建设。2024 年年中，党中央明确统筹安排 3000 亿元左右超长期特别国债资金，加力支持大规模设备更新和消费品以旧换新，拓展了超长期特别国债的使用范围。2024 年共发行 1 万亿元超长期特别国债。其中，7000 亿元用于支持“两重”建设；3000 亿元用于支持“两新”工作，特别是加大汽车报废更新、家电产品以旧换新补贴力度，明确资金使用负面清单，让“真金白银”直达消费者。初步统计，汽车、家电以旧换新分别超过 680 万辆、6200 万台，带动产品销售额超 1.3 万亿元。

《报告》提出，今年拟发行超长期特别国债 1.3 万亿元、比上年增加 3000 亿元。按照财政预算安排，其中 8000 亿元用于更大力度支持“两重”项目、比 2024 年增加 1000 亿元，5000 亿元用于加力扩围实施“两新”政策、比 2024 年增加 2000 亿元，能够有力拉动投资增长、释放消费潜力、促进产业发展，也将为长期高质量发展打下坚实基础。《报告》还提出，今年将发行特别国债 5000 亿元，支持国有大型商业银行补充资本，增强稳健经营和服务实体经济能力。

12. 地方政府专项债券安排

2015 年 1 月 1 日起实施的新修订的《中华人民共和国预算法》明确发行地方政府债券是地方政府及其所属部门唯一合法的举债方式。其中，地方政府专项债券用于有一定收益的公益性项目，以对应的政府性基金或专项收入偿还，不计入赤字。2020—2024 年我国累计安排新增专项债券 18.7 万亿元，支持了约 13 万个政府投资项目；其中 2024 年安排新增专项债券 3.9 万亿元，扩大投向领域和用作项目资本金范围，加强“借、用、管、还”全流程管理，支持项目数量超过 4 万个，用作项目资本金超过 3500 亿元。截至 2024 年末，我国地方政府专项债务余额 30.84 万亿元，控制在全国人大批准的地方政府债务限额以内。《报告》提出了今年地方政府专项债券的有关政策。

从规模上看，今年拟安排地方政府专项债券 4.4 万亿元、比上年增加 5000 亿元，再创历史新高，为稳增长、调结构、防风险提供了更多支撑。

从投向上看，一方面，继续强化对有效投资的支持，聚焦关键领域和薄弱环节加大投资力度，进一步向实施区域重大战略、培育新质生产力、推动高质量发展方面倾斜。另一方面，今年还将土地收储和收购存量商品房、消化地方政府拖欠企业账款等方面作为地方政府专项债券的支持重点，旨在更好发挥地方专项债在防范化解重点领域风险、打通经济循环方面的重要作用。

从管理上看，2025 年还将进一步优化专项债券管理机制。完善专项债券额度分配，提高专项债券规模与地方财力、项目收益平衡能力的匹配度。对专项债券投向领域实行“负面清单”管理，扩大用作项目资本金范围。开展专项债券项目“自审自发”试点，建立常态化申报、按季度审核的项目申报审核机制。规范和加强对专项债券形成资产的管理，更好发挥专项债券效益。此外，将进一步加强部门之间的协同配合，提高项目储备和前期工作质量。同时加快地方政府专项债券资金的预算下达，及时分解落实到具体项目，确保尽早形成实物工作量。

2015—2025 年新增地方政府专项债券规模

年份	2015 年	2016 年	2017 年	2018 年	2019 年	2020 年
新增规模（万亿元）	0.1	0.4	0.8	1.35	2.15	3.75
年份	2021 年	2022 年	2023 年	2024 年	2025 年预算	
新增规模（万亿元）	3.65	3.65	3.8	3.9	4.4	

（数据来源：财政部网站）

政策传真

专项债管理迎来新机制

2024 年 12 月，国务院办公厅印发《关于优化完善地方政府专项债券管理机制的意见》，提出 7 方面 17 项举措，支持地方政府进一步用好专项债券。

——投向领域实行“新清单”。由原来实行的“正面清单”管理，调整为“负面清单”管理，给了地方政府更大的空间来结合实际安排项目。

——用作项目资本金的领域增加了“新范围”。从原来的 17 个行业增加到 22 个。同时，以省份为单位，可用作项目资本金的专项债规模上限由 25% 提高至 30%。

——项目审核实行“新模式”。在 10 个省份以及雄安新区开展项目“自审自发”试点。地方定期申报项目，所有省份在建续发项目实行“绿色通道”。

13. 持续优化支出结构

《报告》强调，要持续优化支出结构，更加注重惠民生、促消费、增后劲，切实提高资金使用效益。也就是要通过优化支出结构的方式，把宝贵的财政资金用在刀刃上、紧要处。

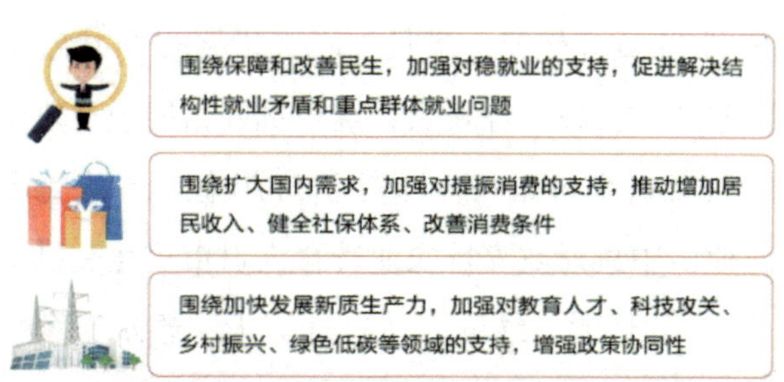

围绕保障和改善民生，加强对稳就业的支持，促进解决结构性就业矛盾和重点群体就业问题
围绕扩大国内需求，加强对提振消费的支持，推动增加居民收入、健全社保体系、改善消费条件
围绕加快发展新质生产力，加强对教育人才、科技攻关、乡村振兴、绿色低碳等领域的支持，增强政策协同性

惠民生、促消费、增后劲

（图片来源：财政部网站）

惠民生方面，2025年财政资金将继续强化民生领域支持，推动提高公共服务水平和可及性均衡性。超过29万亿元的一般公共预算安排中，社会保障和就业支出、卫生健康支出同比分别增长5.9%、5.3%，增幅均高于4.4%的一般公共预算支出增幅，“惠民生”的导向鲜明。主要政策包括：中央财政安排就业补助资金667.4亿元，促进高质量充分就业；将城乡居民医保人均财政补助标准提高30元、达到每人每年700元；适当提高退休人员基本养老金，将城乡居民全国基础养老金最低标准提高20元、达到每人每月143元；加强普惠育幼服务体系建设，发放育儿补贴等。

促消费方面，中央经济工作会议要求，要大力提振消费，实施提振消费专项行动，这需要充分发挥财政资金的杠杆撬动作用。安排超长期特别国债3000亿元支持消费品以旧换新，比上年增加1500亿元，并将手机、平板等产品纳入补贴范围，还将优化补贴发放流程、健全回收利用体系，让消费者得到更多实惠。新增安排中央财政补助资金，带动地方加大投入，支持推广消费新业态新模式新场景。强化财政与金融政策联动，新增实施两项贷款贴息政策，激发消费动力。

增后劲方面，围绕支持教育科技、城乡区域、绿色低碳等高质量发展增后劲重点领域，加强财政资金投入保障，加快发展新质生产力。主要政策包括：中央本级教育支出安排1744.4亿元、增长5%，中央对地方学生资助补助经费安排809.5亿元、增长11.5%；中央本级科学技术支出安排3981.2亿元、增长10%，进一步向基础研究、应用基础研究、国家战略科技任务聚焦；继续巩固拓展脱贫攻坚成果，安排中央财政衔接推进乡村振兴补助资金1770亿元，优先支持发展联农带农富农产业；中央财政安排农业转移人口市民化奖励资金420亿元，比上年增加20亿元；继续支持打好蓝天、碧水、净土保卫战，中央财政大气、水、土壤污染防治专项资金分别安排340亿元、267亿元、44亿元。

14. 强化基层财政运行保障

近年来，一些地方财政收支矛盾突出，基层财政运行面临挑战。《报告》强调要在保地方财政运行上下功夫，特别是为基层“三保”提供充分保障，这也是实施好更加积极的财政政策的题中应有之义。

一方面，进一步增加对地方转移支付。近年来，中央对地方的转移支付呈现上升趋势。《报告》指出，中央财政加大对地方一般性转移支付力度，向困难地区和欠发达地区倾斜。从财政预算安排看，考虑地方财政实际情况，2025 年中央对地方转移支付安排 10.34 万亿元，已经连续三年超过 10 万亿元，剔除一次性因素后，同口径增长 8.4%。其中，安排一般性转移支付 9.4 万亿元、增长 9.2%。中央对地方转移支付保持在比较大的规模，有利于增加地方财力，保障基层财政平稳、健康、可持续运行，促进基本公共服务均等化。要强化转移支付监管和日常监控，提升转移支付资金管理使用的安全性、规范性，真正发挥好这笔资金的使用效益。

此外，2024 年建立了促进高质量发展转移支付激励约束机制，安排激励资金向税收贡献大、收入增速较快的地区倾斜。2025 年将安排 500 亿元，比 2024 年增加 100 亿元，鼓励地方通过高质量发展涵养税源、做大财政收入“蛋糕”。

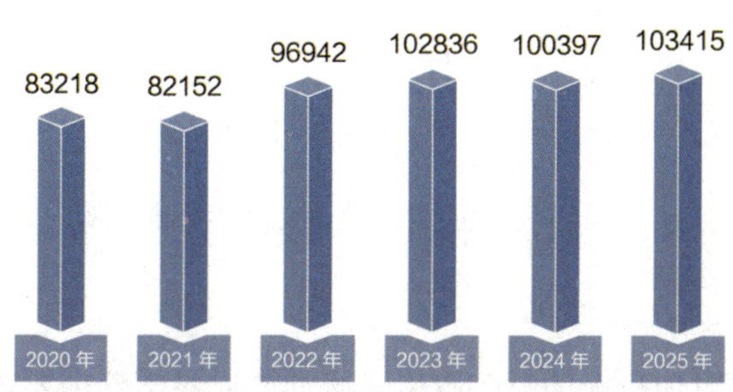

2020—2025 年中央对地方转移支付（单位：亿元）

（图片来源：财政部网站）

另一方面，筑牢兜实基层“三保”底线。基层“三保”即保基本民生、保工资、保运转，关系到基层政府有效履职和人民群众切身利益。这些年，中央财政建立了比较完善的“三保”制度机制，基层“三保”运行总体平稳，但个别地区保障压力较大。各级财政要坚持把基层“三保”摆在工作的优先位置，严格落实分级保障责任，健全县级为主、市级帮扶（兜底）、省级兜底的责任体系。研究制定“三保”清单，合理确定“三保”范围标准，确保既符合当前实际，又长期可持续。坚持“三保”支出在预算编列中的优先顺序，足额安排“三保”支出预算。强化“三保”支出预算执行管控和库款调度，优先保障“三保”支出，特别是发放到个人的保基本民生和保工资支出。依托预算管理一体化系统，加强“三保”运行动态监测和分级预警，完善应急处置机制，及时防范化解“三保”风险。

“三保”

（图片来源：新华社）

15. 推进财政科学管理

实施好更加积极的财政政策，必须要向科学管理要效益，更好发挥财政在国家治理中的基础和重要支柱作用。《报告》提出，要推进财政科学管理，目标是全面提升财政管理系统化、精细化、标准化和法治化水平。也就是要通过财政科学管理，让各方面更加注重规则意识，更加注重主动谋划，更加注重系统施策，更加注重效益导向，更加注重用好存量，更加注重凝聚合力，实现财政治理体系和治理能力新突破。主要内容包括：

第一，在管理的系统化上下功夫。从财政支出源头着手，把财政管理从源头贯通到末端、从财政部门扩展到所有预算部门，构建横向到边、纵向到底的管理体系。**第二，在管理的精细化上下功夫。**对业务全流程各环节进行优化，通过内部控制、信息化等手段，严格把控工作细节，切实改变部分领域粗放管理模式。**第三，在管理的标准化上下功夫。**动态完善项目支出、政府采购、资产配置等各方面标准，做到有规可依、标准清晰、约束有力。**第四，在管理的法治化上下功夫。**推动形成系统完备的财政法律规范体系，坚持依法理财、依法行政，更好运用法治思维和法治方式推进财政工作。

为充分调动地方积极性，2025 年起将在部分省级财政部门开展地方财政科学管理试点，力争用两年时间，在财政管理重点领域、重点工作上取得新进展、

积极探索
组织开展财政科学管理试点

“选择部分省份开展试点，力争用2年时间，在财政管理重点领域、重点工作上取得新进展新突破。”

试点任务包括：

· 加强财政资源和预算统筹
· 完善国有资本经营预算制度
· 落实过紧日子要求
· 深化零基预算改革
· 健全预算管理链条
· 加强预算绩效管理
· 兜牢兜实基层“三保”底线
· 加强地方政府债务管理
· 完善省以下财政体制
· 加大财会监督力度
· 推进财政数字化建设等

开展财政科学管理试点

（图片来源：“中国财政”微信公众号）

新突破。**试点任务设置上，**紧扣党的二十届三中全会部署要求，围绕重大财税改革任务和财政管理重点工作，共设置 11 项任务，包括加强财政资源和预算统筹、完善国有资本经营预算制度、落实过紧日子要求、深化零基预算改革、健全预算管理链条、加强预算绩效管理、兜牢兜实基层“三保”底线、加强地方政府债务管理、完善省以下财政体制、加大财会监督力度、推进财政数字化建设等。**试点省份选取上，**按照突出重点、注重实效、兼顾东中西部和东北地区原则，选择地方党委和政府大力支持推进，改革工作亮点突出、成效明显，有关财政工作基础较为扎实的若干省份先行先试。试点过程中，还要加强统筹协调和跟踪指导，及时总结经验并宣传推广，确保试点工作发挥实效。

（四）实施适度宽松的货币政策

实施什么样的货币政策，取决于宏观经济形势状况和宏观调控的需要。2025年的《报告》将连续实施了14年的“稳健的货币政策”提法调整为“适度宽松的货币政策”，既是国内外经济形势变化的客观需要，也体现了货币政策的担当作为，传递出积极信号。同时，我国也具备实施适度宽松货币政策的条件和空间，可以为实现全年目标任务提供强有力的政策支撑。

16. 发挥好货币政策工具总量和结构双重功能

在总量功能方面，今年重点是综合运用多种总量政策工具，保持流动性合理充裕，使社会融资规模、货币供应量增长同经济增长、价格总水平预期目标相匹配。

《报告》明确提出了 2025 年经济增长预期目标和居民消费价格涨幅控制目标，为确定货币供应量增长目标提供了重要参照。同时，将根据国内外经济金融形势和金融市场运行情况，择机降准降息。2024 年两次降低法定存款准备金率共 1 个百分点政策实施后，银行业平均存款准备金率为 6.6%，还有一定下调空间。目前，中央银行政策利率包括向商业银行提供的结构性货币政策工具利率也有下调空间。可根据经济运行态势和实际需要，综合权衡降准降息的时机和力度。

在结构功能方面，重点是优化和创新结构性货币政策工具，推动资金更快更多流向实体经济，同时防范化解重点领域金融风险。

加大对科技创新、绿色发展、提振消费的金融支持力度。科技创新和技术改造再贷款还有进一步发挥作用的空间，可调整完善政策，引导金融机构加大对科技型中小企业、重点领域技术改造和设备更新项目的支持力度。碳减排支持工具是支持绿色发展的结构性政策工具，目前使用情况较好，将来可扩展到低碳转型等领域，引导更多信贷资源投向绿色低碳发展。同时，创新部分政策工具，推动消费信贷等相关政策措施发挥合力，促进消费稳定增长。

加大对民营、小微企业等的金融支持力度。研究优化支农、支小再贷款政策，适度调降再贷款利率并适当扩大额度，推动普惠小微贷款认定标准从单户授信不超过 1000 万元放宽到不超过 2000 万元等政策落地，促使资金更多更快流向民营企业、小微企业。

更大力度促进楼市股市健康发展。2024 年人民银行推出保障性住房再贷款等结构性货币政策工具，新增5000亿元抵押补充贷款额度。同时，创设两项支持资本市场的政策工具，包括“证券、基金、保险公司互换便利”和“股票回购增持再贷款”。从实践看，在一揽子增量政策作用下，市场信心得到有效提振。2025 年需要继续对这几项政策工具调整优化，更大力度促进楼市和股市稳定健康发展。

政策传真

货币政策执行情况

中国人民银行发布的《2024 年第四季度中国货币政策执行报告》显示，总体看，2024 年货币政策坚持支持性立场，有力支持经济回升向好。金融总量合理增长，年末社会融资规模存量、广义货币 M_2 同比分别增长 8.0% 和 7.3%，人民币贷款余额 255.7 万亿元。

（数据来源：中国人民银行网站）

17. 进一步疏通货币政策传导渠道

针对当前货币政策传导中存在的突出问题，今年重点要做好以下工作，促进货币政策从“最初一公里”到“最后一公里”衔接畅通，消除“中梗阻”，使货币政策总量和结构调节功能及时有效传导到实体经济。

完善利率形成和传导机制。我国利率体系可分为三个层面：第一个层面是央行政策利率，目前主要是公开市场 7 天逆回购操作利率。第二个层面是市场基准利率，国债收益率曲线是其中重要的一种，对债券市场和很多金融资产起到定价基准作用。第三个层面是存贷款利率、债券利率等，融资成本下行的最终效果会在这些利率上体现。目前这三个层面的利率传导有时还存在阻滞的情况，需要进一步完善贷款市场报价利率形成机制，逐步理顺由短及长的利率传导关系，畅通“央行政策利率—市场基准利率—存贷款利率”的传导链条，推动企业实际贷款利率进一步下行。

落实无还本续贷政策。无还本续贷是降低企业利息负担和过桥费用的重要措施。目前已经对小微企业无还本续贷政策进行了优化，将续贷对象由原来的部分小微企业扩展至所有小微企业流动资金贷款，对中型企业流动资金贷款给予续贷支持，关键是引导商业银行抓好落实。今年将推动完善金融机构考核和评价制度，引导商业银行进一步完善落实尽职免责制度，赋予一线分支机构必要的信贷审批权限，提高基层机构和信贷业务人员放贷积极性。

强化融资增信和风险分担等支持措施。近年来，一些中小企业可抵押资产减值较多，对于融资增信和风险分担的需求更加迫切。融资担保是现阶段企业融资增信和风险分担的主要制度安排。今年将深化融资担保机构改革重组，进一步发挥政府性融资担保机构的带头引领作用，明确准公共产品定位，统一管理体制，推动提高放大倍数、降低担保费率，取消反担保等要求，有效发挥风险分担作用。

助力实体经济发展

（图片来源：新华社）

18. 推动社会综合融资成本下降

近年来，我国推动社会综合融资成本下降取得明显成效。2024 年，中国人民银行两次调降主要政策利率，公开市场 7 天期逆回购操作利率从 1.8% 降至 1.5%，引导 1 年期和 5 年期以上贷款市场报价利率分别下降 0.35 个和 0.6 个百分点，带动贷款利率更大幅度下降。下一步，将从供需两方面着手，充分调动金融机构、中介机构和企业等方面的积极性，继续推动社会综合融资成本下降。

在供给侧，多措并举降低银行贷款利率和资本市场直接融资成本。在适时适度下调准备金率、降低政策利率的基础上，引导银行进一步优化存款利率期限结构，缓解存款定期化、长期化倾向，降低银行负债成本。同时，针对当前企业贷款仍然存在的中介环节收费高等问题，继续规范相关收费行为，取消不必要收费项目，适当降低合规项目收费特别是明显偏高的收费，促进收费水平整体适度降低。此外，还将合理确定上市、发债等资本市场直接融资相关中介费用标准，推动取消不合理收费。

在需求侧，支持引导企业特别是中小微企业提高信用等级。对于融资难度较大的企业特别是中小微企业，将支持其加强自身信用建设，着力在强化内部管理、建立规范的财务制度、注重财务数据积累等方面下功夫，维护好信用记录。积极为企业和金融机构牵线搭桥、促进资金供需对接，努力帮助企业提高信用贷款和其他贷款的可获得性，推动金融机构降成本，从而促进企业综合融资成本降低。进一步加强对信贷市场的监管，规范大企业向产业链上中小微企业的转贷行为，引导和鼓励大企业通过应收账款融资服务平台进行确权、为小微企业融资提供便利，防止大企业一边占用小企业账款，一边通过关联机构赚取利息。

及时雨

（图片来源：新华社）

19. 保持人民币汇率在合理均衡水平上的基本稳定

近年来，在国际形势复杂多变的情况下，我国外汇市场表现出较强韧性，人民币汇率总体呈现双向波动态势，保持了基本稳定，在主要货币中表现相对稳健。2024 年末，衡量人民币对一篮子货币汇率变动的人民币汇率指数（CFETS）为 101.47，较上年末上涨 4.2%；人民币兑美元汇率收盘价为 7.2988 元，较上年末贬值 2.8%；同期美元指数上涨 7%。

2025 年外部环境的复杂性、严峻性和不确定性可能进一步上升，但国内多方面的条件为保持人民币汇率基本稳定提供了确定性力量和有力支撑。

一是宏观经济基础更加扎实，2024 年 9 月以来出台的一揽子增量政策，2025 年实施更加积极的财政政策和适度宽松的货币政策，将进一步巩固我国经济回升向好态势。**二是经常账户连续多年保持顺差，**

2025年有望继续基本平衡、略有盈余，为平衡外汇供求提供有力保障。**三是跨境资本流动自主平衡，**金融市场开放稳步推进，跨境投融资便利化水平持续提升，吸引境外中长期资本稳定流入。**四是外汇储备规模保持稳定，**外汇储余额稳居世界第一，有效发挥维护国家经济金融稳定的压舱石作用。**五是外汇市场更具韧性，**市场参与主体更加成熟，交易行为更加理性，汇率风险中性理念增强，汇率避险工具的使用更加广泛，为外汇市场稳健运行和外汇供求保持平衡提供重要微观基础。

2025年保持人民币汇率基本稳定的目标不变，将继续综合采取措施加强市场沟通和预期引导，坚持对市场顺周期行为进行纠偏，坚决对扰乱市场秩序行为进行处置，坚决防范汇率超调风险。我们有信心、有条件、有能力维护外汇市场的稳定运行，实现保持人民币汇率在合理均衡水平上基本稳定的目标。

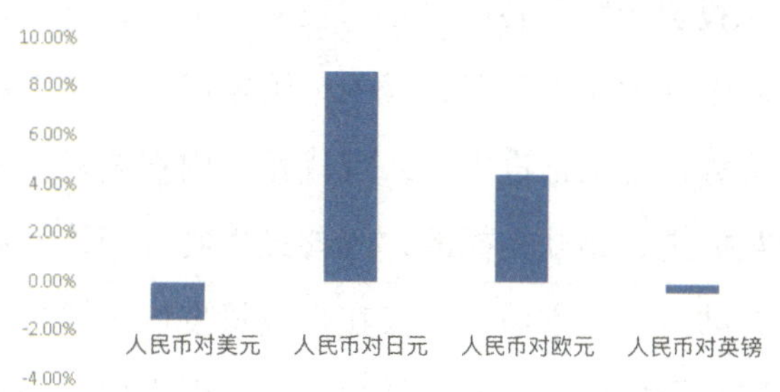

2024年人民币对美元、日元、欧元、英镑的汇率中间价升值幅度

（数据来源：中国人民银行网站）

（五）强化宏观政策民生导向

20. 推动更多资金资源“投资于人”、服务于民生

近年来，习近平总书记多次强调“经济政策的着力点要更多转向惠民生、促消费”，充分彰显了宏观政策的民生导向。这对当前和今后一个时期制定宏观政策、实施宏观调控具有重要指导意义，实际上要求更多资金资源“投资于人”、服务于民生。

从主要“投资于物”转向更多“投资于人”，从主要投资于硬件建设转向更多服务于民生改善，是一个国家经济社会发展到更高阶段之后的重要趋势，更是推进中国式现代化的内在要求。经济发展和民生改善是相互促进、相互支撑的，改善民生既是经济发展的结果，也是经济发展的动力。一方面，坚持在高质量发展中增进民生福祉，把人的现代化摆到突出位置，支持扩大就业、促进居民增收减负、加强消费激励，采取更多惠民生、暖民心的举措，以更大力度增强人力资本优势、释放人才红利。另一方面，更多地从发展角度看待民生问题，通过政府和市场相结合的办法优化供给，把发展事业和发展产业结合起来，在解决人民群众急难愁盼问题中，不断发现、培育和打造新的经济增长点。

2025 年《政府工作报告》民生大礼包

（图片来源：AI 生成）

“投资于人”、服务于民生，需要加强各方面政策和改革举措的集成联动。短期最直接有效的是财政政策，通过优化财政支出结构，更加注重惠民生、促消费、增后劲，进而带动货币金融、社会保障等各类政策协同发力，推动更多资金资源用于发展所需、民生所盼。当然，也不能光靠财政金融支持，还需要通过进一步深化改革，把“花钱”的政策支持和“不花钱”的改革创新结合起来，充分激发各类经营主体、各类人才干事创业的积极性，以强劲的创新创造打造增收致富的源头活水，不断增强各方面惠民生、促消费的内在动力，形成强劲可持续的内生支撑。

（六）打好政策“组合拳”

21. 加强政策协同以及与改革开放举措的协调配合

经济运行是一个复杂的有机系统。对经济运行的矛盾和问题，必须辨证论治、综合施策，就像中医开“药方”一样，选择多种药物配伍，“君臣佐使”相互作用、相互配合，共同发挥效力治疗疾病。组合药物治疗的同时，还可加上针灸穴位治疗以通经活络，可以提升综合治疗实效。共同发力、同向发力、协同推进，就能起到事半功倍的效果。

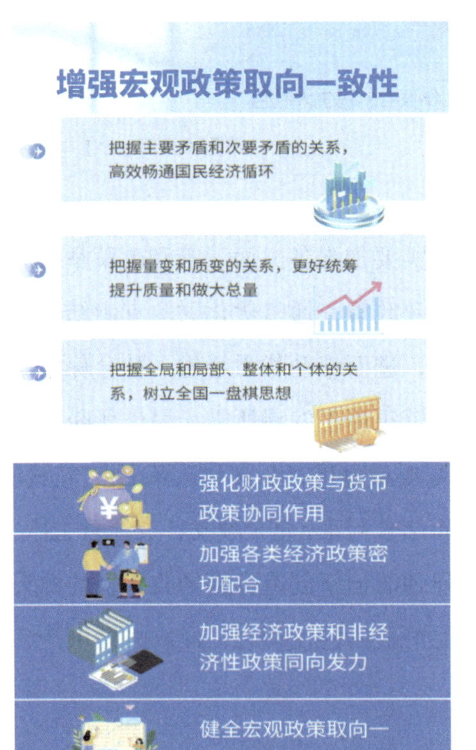

增强宏观政策取向一致性
把握主要矛盾和次要矛盾的关系，
高效畅通国民经济循环
把握量变和质变的关系，更好统筹
提升质量和做大总量
把握全局和局部、整体和个体的关
系，树立全国一盘棋思想
强化财政政策与货币
政策协同作用
加强各类经济政策密
切配合
加强经济政策和非经
济性政策同向发力
健全宏观政策取向一
致性评估机制

增强宏观政策取向一致性

（图片来源：中国经济网）

《报告》提出，加强财政、货币、就业、产业、贸易、环保、监管等政策协同以及与改革开放举措的协调配合，增强政策合力。今年要重点抓好以下工作。

一方面，要在各类政策之间协同上下功夫。加强财政、货币政策协调力度，做到“基调协同、政策联动”，更好实现宏观调控目标。比如，发挥财政资金“四两拨千斤”的撬动作用，更好引导金融资源、社会资本投入现代化产业、普惠金融、绿色发展等重点领域。优化实施财政、货币政策，完善产业、区域、贸易政策，确保政策要素相互嵌入、相互衔接。健全环保、监管相关政策制度，处理好与其他经济政策的关系，形成共促高质量发展的合力。

另一方面，要在政策与改革协同上下功夫。改革开放举措着眼于破除制约发展的体制机制障碍，可以提升政策传导效率，提高政策乘数效应，更好释放政策效能。比如，《报告》明确要求破除地方保护和市场分割，这将为财政、货币、产业、就业、区域、贸易等政策实施畅通传导渠道。

今年要实现稳增长、调结构、惠民生、防风险等多重目标，必须更加注重强化全局意识，统筹多个部门、多种政策资源，不断增强工作协调联动，特别是要聚焦突出问题，整合政策资源集中发力、同向发力。

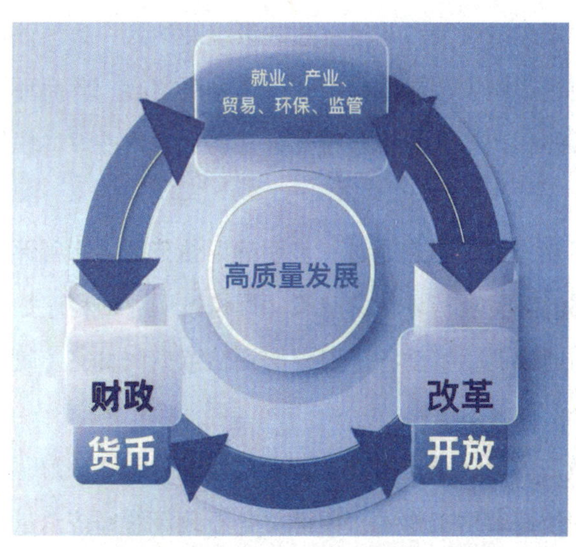

加强政策协同以及与改革开放举措协调配合

（图片来源：AI 生成）

22. 健全和用好宏观政策取向一致性评估工作机制

“第一一切行动听指挥，步调一致才能得胜利。”这是中国人民解放军军歌《三大纪律八项注意》中的一句耳熟能详的歌词。打胜仗必须步调一致，稳经济同样必须步调一致。宏观政策能不能起效果，不仅要看政策本身是否有效，还要看各个部门、各类政策有没有“心往一处想、劲往一处使”。

宏观政策取向一致性评估是加强和改进宏观调控的一项行之有效的制度创新。2022 年，根据党中央、国务院的决策部署，相关部门牵头建立宏观政策取向一致性评估机制，政策组合效应持续释放。今年要在前期评估工作的基础上，从评估框架、评估机制、评估效应三方面入手，进一步做好宏观政策取向一致性评估工作。

评估框架方面，重点是进一步把非经济政策纳入评估范围。《报告》提出，把经济政策和非经济性政策统一纳入一致性评估。非经济性政策会通过影响生产要素供给、企业发展信心、营商环境等渠道，对经济运行的影响不可忽视，将其一并纳入一致性评估框架，是非常有必要的。

评估机制方面，重点是进一步明确评估范围，完善评估流程，科学精准研判。对受理待评估的政策，严格按照评估程序征求意见、研究论证、沟通协调，推动各部门根据评估意见调整完善政策，确保评估作用充分发挥。

评估效应方面，重点是防范“合成谬误”和“分解谬误”。宏观政策取向一致性评估工作中，要把关各项政策对经济总量和结构、供给和需求、行业和区域、就业和预期等的影响，全面分析政策的直接效应、间接效应、叠加效应、对冲效应等，进一步强化政策协调。

在做好宏观政策取向一致性评估的基础上，要统筹政策制定和执行全过程，让政策“尽早谋、及早出”，让政策“立得住、行得通”，让政策“沉得下、接得住”，推动从“最初一公里”到“最后一公里”衔接畅通，确保尽快落地见效。

23. 协同推进政策实施和预期引导

经济预期具有敏感性、传染性、自我实现性，科学有效的预期管理有助于稳定公众信心，降低不确定性，提高政策落地实效。比如，西方发达国家经过多年积累，已形成较为完备的信息发布和沟通机制，对引导市场预期、实现政策目标、稳定金融市场起到重要作用。做好预期管理，既是经济工作，也是宣传工作，对于宏观经济治理极为重要。

2025 年《报告》指出，注重倾听市场声音，协同推进政策实施和预期引导，塑造积极的社会预期。要加强政策预期联动、畅通交流渠道、创新宣传方式。今年，重点是在“三个提升”方面下大力气。

提升预期管理透明度。在政策制定过程中就要谋划预期引导，尤其是针对重大政策、重要提法，要充分说明政策制定的意图、背后的考虑、执行的路径，要让企业和群众充分理解并信任政策，让宏观政策效果可感可得，引领社会预期进一步改善。

提升常态化沟通交流机制。建立健全政府和企业等常态化沟通交流机制，加强跨部门协调，在完善与各类经营主体定期沟通交流机制的基础上，针对经济、市场、政策变化开展不定期沟通交流，形成政策精准引导预期、市场动态反馈、调整优化政策的良性循环。

提升经济宣传工作能力。通过专家解读、自媒体跟进、案例宣传等方式，采取线上和线下并重、传统与新媒体并重的方式，做好针对性宣传。及时回应社会关切，加强增信释疑工作，为经济社会高质量发展营造良好的舆论环境。

政策传真

党中央有关会议关于预期管理工作的部署要求

1. 明年要坚持稳中求进、以进促稳、先立后破，多出有利于稳预期、稳增长、稳就业的政策，在转方式、调结构、提质量、增效益上积极进取，不断巩固稳中向好的基础。（中央经济工作会议，2023 年 12 月 11 日至 12 日）

2. 要做好宏观政策取向一致性评估，加强预期管理。（中共中央政治局会议，2024 年 4 月 30 日）

3. 稳定市场预期，增强社会信心。（中共中央政治局会议，2024 年 7 月 30 日）

4 加强预期管理，协同推进政策实施和预期引导，提升政策引导力、影响力。（中央经济工作会议，2024 年 12 月 11 日至 12 日）

二

大力提振消费、提高投资效益，全方位扩大国内需求

形成强大国内市场是构建新发展格局的重要支撑，也是大国经济的优势所在。当前，国内有效需求不足仍是经济运行面临的一个突出矛盾，加之今年外部环境中的不确定因素明显增多，更需要把发展的着力点放在扩大内需上。“全方位扩大国内需求”被列为 2025 年《报告》重点任务的首位，突出体现了这项工作的重要性。今年将通过综合施策，促进消费和投资更好结合，把各个方面的内需潜力充分激发出来，使内需成为拉动经济增长的主动力和稳定锚，推动经济持续回升向好。

（一）实施提振消费专项行动

24. 支持消费品以旧换新

消费品以旧换新是一项惠民生、扩消费、促转型的重要举措，2024年实施以来取得了积极成效。汽车方面，2024年全年以旧换新超过680万辆，带动汽车销售额达到9200亿元；新能源乘用车国内市场渗透率从6月份开始连续7个月超过50%。家电方面，有超过3700万名消费者购买8大类家电产品6200多万台，销售额达到2700亿元。从9月份开始，家电和音像器材零售额增速连续4个月保持在20%以上。家装消费品方面，智能坐便器、扫地机器人、智能门锁等产品销售近6000万件，销售额达到1200亿元。电动自行车方面，以旧换新超过138万辆，带动新车销售约40亿元。在有效激发消费活力的同时，以旧换新还带动了资源利用效率的提升，促进了绿色低碳转型。在2024年以旧换新活动中，超过60%的消费者选择购买新能源汽车，1级能效家电销售额占比高达90%，形成节能量约300万吨标准煤。

2025年，消费品以旧换新政策进一步加力扩围。

购置补贴上，力度更大。继续安排超长期特别国债资金予以支持，额度从去年的1500亿元增加到3000亿元。每位消费者购买空调产品由最多补贴1件增加到3件，还加大了对家装消费品换新的补贴力度。

涵盖品类上，范围更广。首次实施手机、平板、智能手表3类数码产品的购新补贴政策；将汽车报废更新旧车范围扩大至符合条件的国四排放标准燃油乘用车，以及2018年底前注册登记的新能源乘用车；将纳入补贴范围的家电产品从8大类扩展到12大类，增加了微波炉、净水器、洗碗机、电饭煲。

资金申领上，流程更优。在群众使用频次较高的政务平台、手机应用程序上发放补贴资格，从源头减少信息多头重复填报。通过加强跨部门数据联通共享、实行多部门联审联批等方式，提高补贴审核效率和拨付速度，让补贴资金更高效更便捷直达消费者。

政策传真

提振消费专项行动方案

2025年3月，中共中央办公厅、国务院办公厅印发《提振消费专项行动方案》，并发出通知，要求各地区各部门结合实际认真贯彻落实。方案部署了8个方面30项重点任务，包括城乡居民增收促进行动、消费能力保障支持行动、服务消费提质惠民行动、大宗消费更新升级行动、消费品质提升行动、消费环境改善提升行动、限制措施清理优化行动、完善支持政策等内容。

25. 扩大健康、养老、助残、托幼、家政等多元化服务供给

近年来，随着居民生活水平不断提高，消费结构升级态势日益显现，一个突出表现就是服务消费在总体消费中的占比持续提高。2024年，全国服务零售额比上年增长6.2%，增速高于同期商品零售额3个百分点；居民人均服务性消费占居民消费支出比重为46.1%，对消费支出增长贡献率达63%。其中，健康、养老、助残、托幼、家政等

服务需求正处在快速释放阶段，具有广阔市场空间。比如，目前我国银发经济规模在 7 万亿元左右，预计 2035 年将达到 30 万亿元左右；3 岁以下婴幼儿数量近 3000 万，但实际入托率不到 8%；现有家政服务从业人员约 3000 万，但仍存在 2000 万左右缺口。今年将多措并举加快补齐这些领域的供给短板，提高供给质量，推动供需更好匹配、动态平衡。

健康服务方面，加快培育健康体检、咨询、管理等新型服务业态，推进“互联网 + 医疗健康”发展，逐步完善相关医保支付政策。引导医疗机构开展医养结合服务，鼓励保险机构开发新的商业健康保险产品，满足多样化、个性化健康保障需求。支持中医药老字号企业发展，提升养生保健、康复疗养等服务水平。

养老助残托幼服务方面，支持各类符合条件的主体依法依规利用空置场地，新建、改扩建养老托幼机构，推动降低运营成本。落实新建住宅小区与配套养老托幼服务设施同步规划、同步建设、同步验收、同步交付要求，结合老旧小区改造、社区生活圈建设等，优化服务设施布局。支持金融机构优化风险管理，提供适合普惠性养老托幼机构特点的金融产品和服务。促进智慧养老产业发展，推进公共空间、消费场所等无障碍建设，提高家居适老化水平。增加残疾人专用产品供给，发展适应残疾人需求的护理、康复等服务。

家政服务方面，支持员工制家政企业发展，畅通家政从业人员职业发展通道。推动家政进社区，深化家政服务劳务对接。加强家政服务员技能培训，促进服务品牌建设。指导制定家政服务公约，完善家政服务信用信息平台，推行电子版“居家上门服务证”，方便消费者直观查验，更加放心消费。

图①：山东省济宁市任城区南苑街道“一老一小”服务中心内，老人与孩子互动

图②：广东省广州市越秀区建设街道普惠托育园开展向日葵亲子小屋活动，小朋友坐在老人怀里听故事

（图片来源：人民网）

26. 释放文化、旅游、体育等消费潜力

南京秦淮灯会点亮夜空，上万只非遗花灯下人头攒动；影片《哪吒之魔童闹海》热度高涨，票房接连创造新纪录；吉林北大湖滑雪度假区游人如织，冰雪经济吸引八方来客……今年以来，全国各地文化、旅游、体育市场延续了近两年的火热势头，成为经济运行的一大亮点。据统计，2024 年国内出游 56.2 亿人次、增长 14.8%，国内游客出游总花费超过 5.7 万亿元、增长 17.1%，全国规模以上文化及相关产业企业营收超过 14 万亿元、增长 6%，文旅消费呈现“人财两旺”的良好态势。今年将进一步采取有力措施推动文化、旅游、体育等消费发展，

提升产品供给能力，丰富消费业态和场景，更好满足人民群众多层次、多方面精神文化需求，同时赋能和带动其他产业发展。

文化消费方面，加强非物质文化遗产保护传承，开发具有地域和民族特色的文化创意重点项目。提高文化演出市场审批效率，增加演出场次。丰富影片供给，促进电影关联消费。提升网络文学、网络表演、广播电视和网络视听质量，鼓励沉浸体验、数字艺术、线上演播等新业态发展。推动在服装、美妆、玩具等领域开发联名文创产品，打造国货“潮牌”“潮品”。

旅游消费方面，推进商旅文体健融合发展，提升项目体验性、互动性，鼓励发展邮轮游艇、房车露营、低空飞行等新业态，支持“音乐 + 旅游”“演出 + 旅游”“赛事 + 旅游”等业态融合发展。引导各地制定实施景区门票优惠、淡季免费开放等政策。提升交通运输服务品质，便利旅客出行。

体育消费方面，盘活空置场馆场地资源，引导社会力量依法依规改造旧厂房、仓库、老旧商业设施等，增加体育消费场所。鼓励举办各类体育赛事活动，创建具有自主知识产权的赛事品牌，申办或引进有影响力的国际顶级赛事。引导各地推出特色鲜明的群众性体育赛事活动。持续推动冰雪运动普及发展，大力发展冰雪经济。

政策传真

关于进一步培育新增长点繁荣文化和旅游消费的若干措施

2025 年 1 月，国务院办公厅印发《关于进一步培育新增长点繁荣文化和旅游消费的若干措施》，提出 6 个方面 18 项具体措施，主要包括丰富消费惠民举措、满足不同年龄群体消费需求、扩大特色优质产品供给、培育消费场景、创新产业政策、优化消费环境等内容。

27. 推动扩大入境消费

贴春联、写“福”字、逛灯会、品美食……人们惊喜地发现，今年春运人流中多了不少“洋面孔”，来中国旅游、体验春节文化的外国游客络绎不绝。入境游火爆的背后，是我国近年来有序扩大自主开放、单边开放的务实作为。截至2024年底，我国已对38个国家单方面免签，对54个国家实行过境免签，并将过境免签外国人在境内停留时间延长为240小时，新增21个过境免签人员入出境口岸。在相关措施带动下，2024年各口岸免签入境外国人2011.5万人次、增长112.3%，入境游客总花费942亿美元、增长77.8%。发展入境消费，不仅有助于塑造良好国际形象、促进文明交流，而且有利于优化服务贸易结构、实现产业兴旺。今年将继续深化对外开放，为外籍人员打造更加便捷的往来通道，不断释放入境消费潜力。

外国游客为入境服务点赞

（图片来源：人民网）

进一步优化入境政策和服务。用好用足既有过境免签、延长停留时间、扩大活动范围等政策，有序扩大单方面免签国家范围，完善区域性入境免签政策，吸引更多外籍人员来华。拓展通关便利化举措，通过线上物品申报、减少通关环节等方式，提高口岸通关效率。

打造优质入境消费目的地。深化国际消费中心城市培育建设，着力营造国际化消费环境，打造国际友好型商圈。支持在具备条件的城市口岸开设免税店，鼓励更多优质商户成为离境退税商店，推广购物离境退税"即买即退"服务措施。创新入境消费场景，推出更多优质入境旅游线路和服务，培育面向国际的医疗、会展等市场。

提升外籍人员在华消费便利化水平。继续加强文旅场所外卡 POS 机、外币兑换点支付设备布设，开展刷卡、移动支付以及现金使用环境建设。鼓励有条件的酒店升级服务标准和设施设备，提供旅游、交通、购物等信息服务。协同推进国际旅客列车、国际道路客运班线、国际邮轮、国际航线发展，完善线上线下售票服务，改善交通出行体验。完善公共场所多语种标识，便利和吸引外国游客消费。

28. 完善全口径消费统计制度

提振消费是当前扩内需、稳增长的重要抓手，也是中长期转变发展方式的重大举措，社会各界对消费统计数据的需求越来越多。当前政府统计指标体系中，与消费相关的统计指标主要有最终消费支出、居民人均消费支出和社会消费品零售总额。近年来，有关部门拓展监测范围，开展了服务零售额统计，涵盖住宿餐饮、交通通信、卫生教育等各方面服务消费领域。

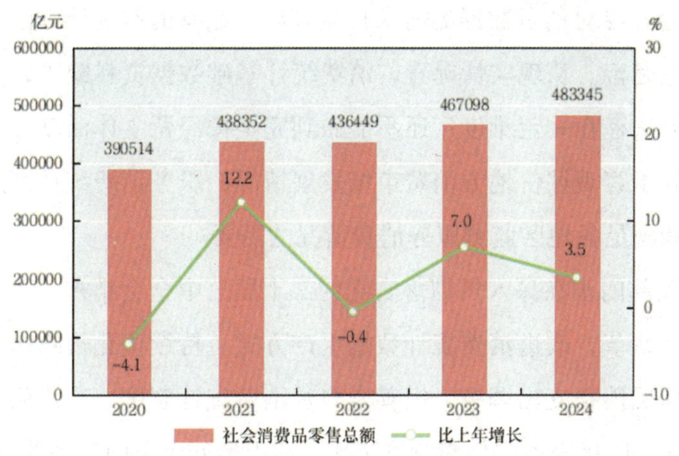

2020—2024 年社会消费品零售总额及其增速

（数据来源：国家统计局网站）

这几类消费统计指标的统计对象、口径和方法不同，从不同维度反映消费的变化情况。最终消费支出主要体现拉动经济增长“三大需求”之一的消费需求总量，反映了全年居民和政府部门的货物和服务消费支出。居民人均消费支出从需求端反映居民家庭的日常生活消费支出，社会消费品零售总额则是从供给端反映消费品市场运行状况。

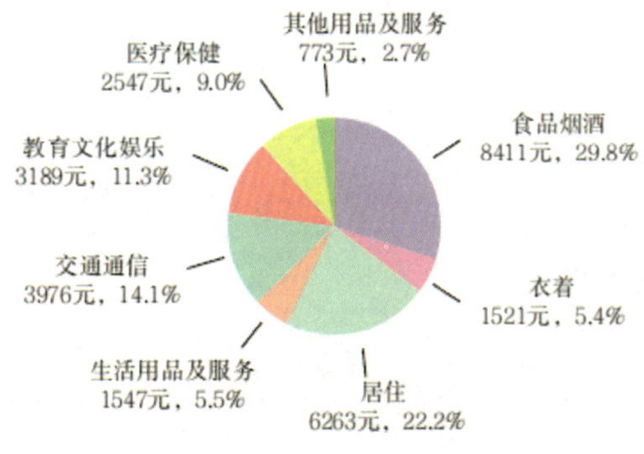

2024年全国居民人均消费支出构成

（数据来源：国家统计局网站）

社会各界对消费数据的需求日益多样，原有消费统计方法制度也需要相应完善。从现实情况看，消费统计基础数据资料缺乏，完善消费统计方法存在一定难度；还不能做到完全按经营主体活动发生地统计，不利于客观评价地方消费市场发展情况；服务消费统计制度不完善，不能满足各地区监测服务消费情况的需要。

有关部门正在深入贯彻落实党的二十届三中全会精神，扎实推动消费统计改革，改进消费统计数据生产方式，持续优化最终消费支出核算和居民消费支出调查，完善全口径消费统计制度，改进服务消费统计方法，优化服务零售额测算工作。利用第五次全国经济普查数据，优化商贸企业总部及跨省分支机构数据测算方法，推动实现消费在经营主体活动发生地统计，全面客观反映全国和分地区消费发展情况。

（二）积极扩大有效投资

29. 更大力度支持“两重”建设

为系统解决强国建设、民族复兴进程中一些重大项目建设的资金问题，从2024年开始连续发行超长期特别国债，专项用于国家重大战略实施和重点领域安全能力建设。今年将在总结和延续去年好的经验做法基础上，增加发行超长期特别国债，更大力度支持“两重”建设。

一图看懂
高质量支持“两重”建设
近期，国务院召开支持“两重”建设部署动员视频会议，强调集中力量支持办好一批国家重大战略实施和重点领域安全能力建设中的大事要事。会议要求统筹抓好“硬投资”和“软建设”，把项目建设和配套改革结合起来，既要编制完善规划，加强项目管理，打造一批标志性工程，也要优化制度供给，用改革办法和创新举措破解深层次障碍。

高质量支持“两重”建设

（图片来源：中国经济网）

资金投入力度更大。去年7000亿元超长期特别国债资金用于“两重”建设，支持超过1400个重大项目，今年规模扩大到8000亿元。

支持范围进一步拓展。重点支持基础研究能力提升、未来产业发展、重点地区高标准农田建设、农业转移人口市民化公共服务体系建设等打基础、利长远的领域。

强化“自上而下”项目谋划。

“两重”项目涉及国家重大战略实施和重点领域安全能力建设，一些是跨区域的重大项目，传统“自下而上”申报项目的方式难以达到要求。今年将进一步创新项目实施方式，充分发挥行业主管部门、中央企业等作用，加强“自上而下”的项目谋划，更好突出“两重”建设的战略功能定位。

统筹推进“硬投资”和“软建设”重点任务。既要建设好基础设施等重大项目，也要实施好科技、民生等领域补短板工程。同时，积极推进配套改革，完善相关政策制度。强化规划引领，完善投融资机制，加强工程建设管理，健全运行管护机制，为项目建设运营提供更好的制度机制保障。

30. 优化地方政府专项债券管理机制

地方政府专项债券是重要的政府投资工具。我们日常看到的古朴典雅的村居、四通八达的路网等基础设施，都离不开地方政府专项债券的支持。为更好发挥地方政府专项债券强基础、补短板、惠民生、扩投资等积极作用，去年底国务院办公厅印发了《关于优化完善地方政府专项债券管理机制的意见》，让专项债券资金能够用在刀刃上。今年将进一步优化地方政府专项债券管理制度，以更好发挥稳投资的作用。

优化项目申报审核流程。专项债项目通过市县层层上报审核，虽然管控了资金风险，但流程较长，容易出现“项目等钱”的情况。今年，项目审核权下放，北京、上海等十省（市）及雄安新区成为“自审自发”试点，审批时间大幅缩短。“自审自发”试点地区以外的省份，可以“常态化申报、按季度审核”。在建项目续发还开通了“免重复申报”

绿色通道，优先保障资金需求，防止形成“半拉子”工程。

扩大投向领域和用作项目资本金范围。在投向领域方面，将楼堂管所、形象工程等五类项目明确列入“负面清单”，其他领域都可以申请。在用作项目资本金方面，采用“正面清单”的方式，首次将低空经济、量子科技、商业航天等新兴产业基础设施纳入，同时对老旧小区改造、养老托育设施等民生项目给予重点支持。以省份为单位用作项目资本金的比例也由25%提高至30%。

完善全流程精细化管理制度。在地方进行专项债项目申报阶段，完善专项债券项目“一案两书”制度（专项债券项目实施方案、项目财务评价报告书、项目法律意见书），做好融资收益平衡。在项目建设期间，财政部门定期调度资金使用进度，鼓励有条件的地方建立偿债备付金制度，省级政府还需要承担兜底责任，确保法定债务按时足额还本付息，切实防范债务风险。

政策传真

地方政府专项债券禁止类项目清单

一、完全无收益的项目

二、楼堂馆所

（一）党政机关办公用房、技术用房；

（二）党校（行政学院）；

（三）培训中心；

（四）行政会议中心；

（五）干部职工疗养院；

（六）其他各类楼堂馆所。

三、形象工程和政绩工程

（一）巨型雕塑；

（二）过度化的景观提升和街区亮化工程；

（三）文化庆典和主题论坛场地设施；

（四）其他各类形象工程和政绩工程。

四、房地产等项目

（一）除保障性住房、土地储备以外的房地产开发；

（二）主题公园、仿古城（镇、村、街）等商业设施。

五、一般竞争性产业项目

一般竞争性产业是指市场能够有效配置资源、供需平衡、竞争充分，且不存在足以影响价格的企业或消费者的产业领域。

（资料来源：2024 年 12 月，国务院办公厅印发的《关于优化完善地方政府专项债券管理机制的意见》）

31. 加大服务业投资力度

服务业投资是直接服务于民生的投资，占固定资产投资的 60% 以上。受多重因素影响，近年来服务业投资增速出现放缓态势。2024 年服务业投资完成额为 32.6 亿元，同比下降 1.1%，成为三大产业投资中唯一负增长的领域，且为近 5 年来首次负增长。其中，房地产业、卫生和社会工作等领域投资持续下行，拉低了服务业投资整体增速。

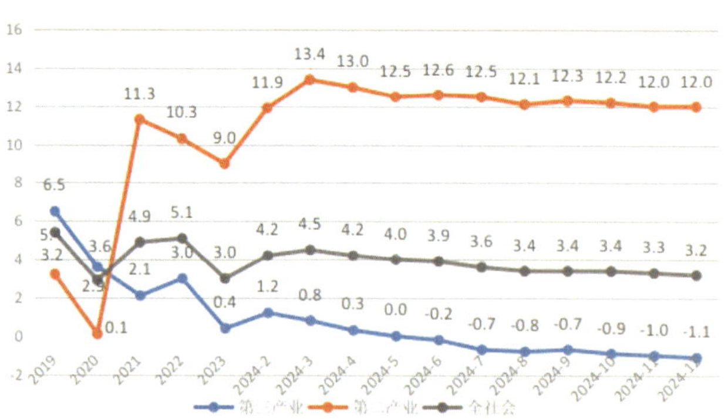

近年来服务业投资增速（%）

（数据来源：国家统计局网站）

加大服务业投资力度，对于稳增长、扩就业、促消费都具有不可或缺的作用。**稳增长的“基本盘”**。2024 年服务业增加值占 GDP 比重达 56.7%，对国民经济增长的贡献率为 56.2%，拉动国内生产总值增长 2.8 个百分点。**扩就业的“主力军”**。研究机构测算，每百万元服务业投资平均创造就业岗位比第二产业高 24%。2023 年，服务业新增就业超 500 万人，占全年新增就业总量的 65%。**促消费的“新引擎”**。服务业投资推动了消费基础设施不断完善、服务供给逐步优化、消费场景融合创新，有力促进了服务消费。2024 年，服务零售额同比增长 6.2%，高于同期商品零售额增速 3.0 个百分点。

今年扩大服务业投资，要从以下几个方面着力。**着力推进城市公共服务设施建设**。加大对保障性住房、地下管网、城市交通、教育、文化、体育等公共领域投资，不断改善和优化城市公共服务供给。**着力增强民生服务供给**。优化银发经济产业政策，建设一批示范园区。结合互联网和智能技术，创新消费情景体验，积极推动智慧养老、文化养老、健康养老等新兴业态发展。鼓励企业加大研发投入，围绕康复辅助器具、智慧康养等重点领域，大力发展养老机器人等智能设备。加快既有住宅区适老化改造，稳步推进既有住宅加装电梯。**着力促进生产性服务业发展**。以布局建设和全面提升工业设计中心、共性技术平台、中试基地、检验检测中心、质量认证中心为切入点，推动生产性服务业重点领域提质升级，为制造业高质量发展提供强有力支撑。

32. 支持和鼓励民间投资发展

扩大有效投资既需要政府投资做引导，更要靠民间投资增动能。民间投资占固定资产投资之比最高接近 60%，近两年民间投资增速连续为负，2024年民间投资仅占到固定资产投资的50.1%。《报告》提出支持和鼓励民间投资发展，强调让民间资本有更大发展空间。

强化法治保障提振民企投资预期。法治是最好的营商环境。民营经济促进法草案已提请全国人大常委会审议，促进民营经济发展壮大的法规政策不断完善，有利于提振民营企业家发展预期，形成促进民营经济发展的长效机制。

打破隐性门槛增加民企投资机会。一些行业存在限制性要求，民企想进也进不了。今年将修订新版市场准入负面清单，清理各类隐性和显性壁垒，改善民企市场准入环境。推动基础设施竞争性领域、重大科研基础设施等向民企公平开放，支持民间资本在国家重大战略实施中发挥更大作用。鼓励参与教育、医疗、养老等公共服务项目，助力社会民生事业发展。

加强政策支持保障民企投资资金需求。扩大民营企业债券融资规模，用好科技创新和技术改造再贷款政策，完善政府和社会资本合作新机制，提供多元化接力式金融服务。扩大基础设施领域不动产投资信托基金（REITs）资产类别，民企投资基建项目后，可以发行REITs回笼资金。强化源头治理和失信惩戒，落实解决拖欠企业账款问题长效机制，让民企投得出去，收得回来。

三

因地制宜发展新质生产力，加快建设现代化产业体系

当前，新一轮科技革命和产业变革深入演进，国际产业竞争日趋激烈。我国虽然已连续多年是世界第一制造大国，但面临发达国家先进制造业回流、新兴经济体加速工业化进程等挑战。巩固保持领先地位和优势，必须因地制宜发展新质生产力、加快建设现代化产业体系。其中的关键，在于要推动科技创新和产业创新融合发展，大力推进新型工业化，做大做强先进制造业，积极发展现代服务业，促进新动能积厚成势、传统动能焕新升级。为此，《报告》从培育壮大新兴产业未来产业、推动传统产业改造提升、激发数字经济创新活力三个方面，对2025年重点任务作出了部署安排。

（一）培育壮大新兴产业、未来产业

33. 推动商业航天、低空经济、深海科技等新兴产业安全健康发展

近年来，新兴产业技术创新持续突破，应用场景不断拓展，展现出广阔发展前景，同时由于尚处在早期阶段，技术往往还不够成熟，监管体系也有待健全，不可避免存在一定安全风险。例如，无人机“黑飞”扰航时有发生，对公共安全造成危害。今年将坚持统筹发展和安全，加大政策引导和支持力度，在确保安全前提下充分释放新兴产业发展潜力。

加强顶层设计。研究制定“十五五”时期战略性新兴产业发展总体思路。“一业一策”构建重点新兴产业发展政策体系，健全商业航天基础性制度，出台促进低空经济高质量发展的政策举措，制定促进深海科技发展的支持政策。

禁止无人机“黑飞”

（图片来源：新华社）

促进集群发展。深入实施国家战略性新兴产业集群发展工程，开展培育新兴

产业打造新动能专项行动，聚焦80个国家先进制造业集群进一步完善支持培育政策，引导技术、资金、人才等各类创新资源要素向集群集聚。

拓展场景应用。充分运用以旧换新补贴、政府采购、首台（套）首批次保险补偿等支持政策，开展新技术新产品新场景大规模应用示范行动，形成从技术突破到场景落地和规模化发展的良性循环。

守住安全底线。完善行业准入等管理制度，健全技术规范等标准体系，理顺行业、属地监管职责，强化安全技术平台和基础设施支撑，严格全链条日常监管，增强不同场景下的应急处置能力。

34. 培育生物制造、量子科技、具身智能、6G等未来产业

未来产业是用“明天的技术”锻造形成“后天的产业”。今年将持续加强前瞻谋划布局和政策引导支持，完善创新策源、成果转化、场景应用、生态营造的培育链条，使其加快成长壮大为新兴产业乃至支柱产业。

生物制造是利用微生物等生命体的代谢转化或催化功能来实现产品生产加工的先进制造方式。利用生物制造技术，地沟油、炼钢废气、废弃秸秆等都可以“变废为宝”。今年将持续推进工业菌种、关键酶制剂等创新研发，大力推动示范应用和规模化发展。

量子科技是通过量子效应实现信息获取、处理和传递，近年来正逐步从理论研究迈向量子计算、量子通信、量子精密测量等产业应用。今年将加快量子芯片、测控系统等关键核心技术攻关，推动在科学计算、金融、医疗成像和地质勘探测量等领域加快落地。

具身智能可以理解为“具有物理载体的智能体”，诸如机器狗攀爬台阶、人形机器人搬运货物等都是具身智能的典型应用。今年将在感知、决策和执行等方面持续攻关，支持底座模型等通用平台建设，加快开发低成本、规模化量产的产品，在工业、城市管理、灾害救援、家庭服务等领域探索更多应用场景。

生物制造实验室

（图片来源：新华社）

6G 即第六代移动通信技术，相比于 5G，不仅能实现超大规模连接、极高可靠低时延，还能实现通信感知计算一体化、空天地海立体覆盖等能力跃升。国际电信联盟（ITU）预计 6G 在 2030 年前后有望实现商用。今年将持续加强 6G 技术研究、标准研制、产业研发和测试验证，把握竞争主动权。

未来产业发展需要大量资金投入。今年将深入落实促进创业投资、政府投资基金高质量发展的有关政策，建立未来产业投入增长机制，引导各类资本投早、投小、投长期、投硬科技。

35. 加快发展服务型制造

服务型制造是制造与服务融合发展的新型产业形态，通过创新优化生产组织形式、运营方式和商业模式，增加服务要素在投入和产出中的比重，实现从单纯提供产品向提供“产品 + 服务”转变。诸如个性化定制、产品全生命周期管理、供应链金融等，都是服务型制造的典型模式。有研究表明，全球销售收入前 10 位的制造业企业中，服务业务收入占比平均超过 50%。今年将从政策、示范、保障等方面继续发力，加快发展服务型制造，推动制造业向价值链高端攀升。

加强政策引导。持续抓好《关于进一步促进服务型制造发展的指导意见》《关于推动先进制造业和现代服务业深度融合发展的实施意见》等落实，深化先进制造业和现代服务业融合发展试点，进一步破除制造业企业进入服务业的不合理限制，鼓励服务业企业通过委托制造、品牌授权等方式向制造环节拓展。

推进示范应用。截至目前，有关部门已开展五批服务型制造示范遴选工作。今年将继续组织服务型制造企业、示范平台、示范城市遴选，持续开展“服务型制造万里行”主题系列活动，发挥产业链龙头企业引领作用，带动更多企业积极发展服务型制造新业态新模式。

健全支撑保障。落实《服务型制造标准体系建设指南》，加快出台关键技术标准和细分行业应用标准。推动研发设计、系统集成、专业外包等服务资源优化整合，健全服务型制造公共服务体系。发展服务型制造离不开数字技术支撑，今年将加强数智技术普及应用，提升产业链数字化协同水平。

政策传真

服务型制造标准体系建设指南

2024 年 5 月，工业和信息化部发布《服务型制造标准体系建设指南》，该标准体系包含基础通用、核心要素、业务类型、融合业态应用等四个分体系。其中，基础通用标准用于统一服务型制造相关概念，规范服务型制造通用性技术和要求，包括术语定义、管理、统计评价等 3 个部分；核心要素标准用于规范发展服务型制造的关键要素，以实现产品服务组合的高效供给，包括产品服务组合、资源池、组织与流程、人才等 4 个部分；业务类型标准用于规范、指导产业实践中的服务型制造创新模式，包括工业设计服务、定制化服务、供应链管理、共享制造、检验检测认证服务、全生命周期管理、总集成总承包、节能环保服务、生产性金融服务和其他创新模式等 10 个部分；融合业态应用标准用于规范引导服务型制造新业态的体系架构、术语定义及各类应用场景中的产品服务组合内容等，包括面向生活的服务型制造新业态和面向生产的服务型制造新业态等 2 个部分。

36. 加快国家高新区创新发展

国家高新区是重要的科技创新“策源地”、深化改革“试验田”、创新企业“孵化器”和高端产业“集聚地”。截至 2024 年底，全国国家高新区达到 178 家，聚集了全国 33% 的高新技术企业、46% 的专精特新“小巨人”企业和 67% 的独角兽企业，园区生产总值突破 19.3 万亿元、占全国的比重为 14.3%，园区内企业研发经费投入、拥有发明专利数均占全国的 50% 左右，原创技术、首发产品不断涌现。今年将继续锚定“发展高科技、实现产业化”目标，重点从四个方面发力，推动打造世界一流的高科技园区和产业创新高地。

强化技术策源功能。布局建设更多高能级创新平台，集聚培育一批领军人才和创新团队，支持各类创新主体牵头或参与国家科技重大专项、国家重点研发计划重点专项等，聚焦关键共性技术、前沿引领技术、现代工程技术、颠覆性技术创新开展攻关。

强化企业主体地位。加强人才引进、金融信贷、供需对接等全周期全链条服务，持续优化高新区营商环境，促进各类所有制企业公平参与市场竞争，推动大中小企业融通发展。

强化科技成果转化。深入实施“百园百校万企”创新合作行动，加快建设一批概念验证、中试验证、检验检测、技术转移等服务机构，推广“中试＋投资＋孵化”运营模式，建强技术经理人队伍，推动更多科技成果在高新区落地转化。

强化高技术产业培育。启动实施国家高新区新赛道培育行动，支持园区积极面向传统产业升级衍生新赛道、面向新兴产业拓展新赛道、面向未来产业前瞻布局新赛道，推动园区产业高端化智能化绿色化，进一步做优做强主导产业，打造具有全球竞争力的高新技术产业集群。

某国家级高新区外景

（图片来源：人民网）

37. 梯度培育创新型企业

梯度培育创新型企业，是强化企业技术创新主体地位、实施创新驱动发展战略的重要举措。今年将进一步完善政策举措和服务体系，分类精准支持创新型企业由小到大、由弱到强。

促进专精特新中小企业发展壮大。今年将持续健全专精特新中小企业公共服务体系，加大人才、融资、数据、知识产权、产品应用推广等方面的支持保障。推行中小企业专精特新发展评价，完善专精特新中小企业认定培育机制，严防中介机构造假，把专精特新“金字招牌”擦得更亮。

支持独角兽企业、瞪羚企业发展。独角兽企业和瞪羚企业具有创新能力强、高成长性等特点，但由于处于前沿领域，发展不确定性也很大，特别需要长期资本和耐心资本支持。今年将设立国家创业投资引导基金，吸引带动地方资金、社会资本近 1 万亿元，进一步强化“滴灌式”服务，支持长期资本、耐心资本“长钱长投”、激励“长跑陪跑”，促进独角兽企业、瞪羚企业竞相涌现、茁壮成长。

做强做优做大科技领军企业。科技领军企业是开辟发展新领域新赛道、塑造发展新动能新优势不可或缺的重要力量。今年将进一步完善支持科技领军企业探索创新的激励机制，引导更多创新资源要素向科技领军企业流动，支持科技领军企业牵头承担国家重大科技任务和组建创新联合体，推动科技领军企业在创新驱动发展中更好发挥骨干支撑作用。

名词解释

专精特新中小企业、独角兽企业、瞪羚企业

专精特新中小企业是指具备专业化、精细化、特色化、新颖化优势的中小企业。独角兽企业一般是指成立不超过 10 年，估值 10 亿美元以上，且具备独有核心技术、独特竞争优势和市场潜力的未上市公司。瞪羚企业一般是指创新能力强、专业领域新、发展潜力大、进入高成长期的中小企业，往往被视作独角兽企业的预备队。

（二）推动传统产业改造提升

38. 深入实施制造业重大技术改造升级和大规模设备更新工程

实施制造业重大技术改造升级和大规模设备更新工程，是促进制造业转型升级、培育新质生产力、提升核心竞争力的重要举措，同时也能扩大有效投资。2024 年实施的大规模设备更新取得成效，今年将继续推动制造业设备更新、工艺升级、管理创新、数字赋能，加快迈向全球价值链中高端。

进一步扩大政策覆盖范围、降低门槛。在继续支持工业等领域设备更新基础上，将支持范围进一步拓展至电子信息、安全生产、设施农业等领域，重点支持高端化、智能化、绿色化设备应用。同时，鼓励有条件的地方以工业园区、产业集群为载体，整体部署并规模化实施设备更新，有效支持单体规模小的设备更新和技术改造。

进一步加大资金支持力度。增加超长期特别国债资金支持重点领域设备更新的规模。扩大科技创新和技术改造再贷款规模，对符合有关条件经营主体设备更新相关的银行贷款本金，在中央财政贴息 1.5 个百分点基础上，安排超长期特别国债资金进行额外贴息，降低经营主体设备更新融资成本。

进一步优化政策组织实施流程。滚动更新产业结构调整、设备淘汰等指导目录，开展存量设备评估诊断，定期组织开展项目储备，引导更多企业享受政策。完善项目申报、要件审核、清单推送、资金发放等全链条实施机制，简化申报审批流程，切实提高企业获取优惠政策的便利度。

钢铁企业铁炉和产线改造提升

（图片来源：人民网）

39. 加快制造业数字化转型

当前，实体经济与数字经济加快深度融合，制造业数字化转型正向更大范围拓展、更深程度渗透、更高层次演进。今年将深入落实制造业数字化转型行动方案，优化工作路径、强化统筹推进、做好供需对接，进一步推动制造业数字化转型走深走实。

“点线面”协同推进制造业数字化转型。在“点”上加快打造数字化、智能化转型标杆，深入开展智能工厂梯度培育行动，牵引带动更多企业有样学样。在“线”上加快推进重点产业链数字化协同改造，绘制重点产业链数字化转型标准化路线图，支持链主企业、龙头企业

加快制造业数字化转型

（图片来源：新华社）

建设智慧供应链、绿色供应链。在“面”上以国家高新区、国家先进制造业集群核心承载区为重点，强化园区数字化顶层设计和改造，提升面上推广水平。

培育一批既懂行业又懂数字化的服务商。当前市场上通用型的数字化解决方案比较多，专业化的方案供给仍显不足。今年将面向行业企业的实际需求，加快建设制造业数字化转型解决方案服务商资源池，建立解决方案和服务商评价机制，择优发布优质解决方案和服务商名录。坚持供需结合，聚焦重点行业挖掘共性应用场景，支持工业企业和数字化企业开展联合创新，避免“二次开发”。

加大对中小企业数字化转型的支持。中小企业量大面广，占制造业企业数量九成以上，是制造业数字化转型的重点难点。今年将建设一批制造业数字化转型促进中心，持续打造数字化转型公共服务平台，降低企业转型资金成本和技术门槛。我国已累计培育专精特新中小企业超 14 万家，今年将结合专精特新遴选、培育等工作，推动这些企业率先“上云用数赋智”。

40. 深入推进制造业“增品种、提品质、创品牌”工作

当前，消费者对产品和服务的需求越来越呈现个性化、时尚化、

品质化、品牌化等特点。今年将在“增品种、提品质、创品牌”方面持续用力，推动制造业提供更加高端和多样的产品供给，更好实现供给和需求良性互动。

在“增品种”上，大力开发新型产品。引导和支持企业再推出一批新型产品，努力增加多元化供给。比如，适应群众对智能、绿色生活的需要，加快开发智能家居、智慧照明、绿色建材等新型产品。针对“一老一小”特定群体，加快培育功能性老年用品、教育类婴童用品等新增长点。

智能家居、智慧照明

（图片来源：AI 生成）

在“提品质”上，加强全面质量管理。深入实施制造业卓越质量工程，强化从源头到终端的全链条质量管理，推动提高质量管理整体水平。持续弘扬工匠精神，推广运用精益制造等质量管理技术和方法，支持企业走以质取胜之路。加快布局建设一批质量基础设施项目，支撑质量管理目标实现。

在“创品牌”上，打造名品精品、经典产业。分级打造名品精品方阵，进一步加快企业品牌、产业品牌、区域品牌建设，形成具有国际竞争力的“中国制造”高端品牌。一些地方有具备深厚文化底蕴的特色产品产业，今年将持续推动提高老字号品牌竞争力，大力做好手艺传承，支持打造更多经典产业。

（三）激发数字经济创新活力

41. 持续推进“人工智能+”行动

2024年《政府工作报告》首次提出开展“人工智能+”行动，今年《报告》强调持续推进“人工智能+”行动，旨在将我国数字技术与制造优势、市场优势更好结合起来，确保在人工智能发展浪潮中始终走在全球前列。今年将着重从供给、场景、支撑三方面发力，促进人工智能科技创新和市场应用形成良性互动。

汽车智能工厂

（图片来源：新华社）

在供给方面，推动开发一批垂直领域人工智能产品。组织开展新一代人工智能产业创新重点任务“揭榜”工作，鼓励重点行业龙头企业和人工智能企业组建创新联合体，围绕智能工厂、智慧矿山等垂直行业和典型场景集中攻关，重点突破一批技术先进、性能优秀、应用效果好的人工智能标志性产品，培育一批垂直领域解决方案提供商。

在场景方面，推动人工智能在更多细分行业落地应用。围绕工业、交通、医疗、教育、农业、文旅等重点行业，“一业一策”研究推进“人工智能+”，聚焦重点环节提炼共性场景和智能化转型需求，形成一批可复制推广的典型案例并推动规模化应用。

在支撑方面，切实加大人工智能应用政策和要素保障力度。强化人工智能行业应用的资金支持。推进算力等基础设施建设，优化算力资源布局。加快完善数据基础制度，建设高质量行业数据集。大力推动产教融合，培养既懂人工智能技术、又熟悉行业需求和机理的复合型人才。完善人工智能伦理规范、安全标准和监管规则，守住安全底线。

42. 大力发展新一代智能终端以及智能制造装备

随着智能体、多模态交互能力持续发展以及端侧模型轻量化部署等技术日臻成熟，未来几年人工智能终端及智能制造装备应用有望迎来爆发。我国具有全球最大消费电子产销国和世界第一制造大国的叠加优势，今年将制定人工智能终端创新发展实施方案，深入实施智能制造工程，从技术、产品、市场、生态等方面不断健全支持政策体系，让老百姓更快享受智能生活。

加快发展大模型、智能体等技术。鼓励人工智能终端以及智能装备企业、大模型企业通过模型压缩、蒸馏等轻量化和优化技术，减小模型体积和计算量，提高人工智能终端模型部署效率。大力推动智能体、AI 操作系统开发，支持开发更多 AI 原生应用。

提升产品软硬件水平。支持终端智能芯片攻关，提高端侧计算效率。鼓励发展下一代显示、多模态传感器等技术，提升多模态感知能力和交互体验，探索新的人工智能终端产品形态。围绕智能制造装备，加快突破关键零部件，发展操作系统、仿真软件、应用工艺包等基础软件。

加大市场应用支持力度。用好“两新”加力扩围支持政策，鼓励地方将人工智能终端产品纳入消费品以旧换新补贴范围。在政务服务、城市治理、智慧教育、智慧医疗、文化旅游等领域开放应用场景，带动人工智能终端规模化应用。用好设备更新、数字化转型、首台（套）等支持政策，促进智能制造装备推广应用。

营造良好产业生态。布局人工智能终端以及智能制造装备产业链协同创新平台，推动大模型企业、终端企业、芯片企业、应用开发企业深度合作。建立健全标准体系，完善数据安全和隐私保护规则。

名词解释

新一代智能终端

新一代智能终端是指具备感知理解、多模态交互等能力的新型终端产品，包括智能网联新能源汽车、智能机器人、AI 手机、AI 电脑、AI 可穿戴设备、AI 视听设备等；智能制造装备是指具有信息深度感知、智慧优化自决策、精准控制自执行等功能的制造装备，包括数控机床、工业机器人等。

43. 打造具有国际竞争力的数字产业集群

目前我国在京津冀、长三角、粤港澳大湾区、成渝等地区已经形成一批数字产业集群，“光谷”“声谷”“视谷”“算谷”等科创“谷地”展现出蓬勃生机，但也存在部分集群产业结构趋同、创新能力不强、国际化水平不高等问题。今年将坚持规划引领、多维发力，加快推进建设一批具有国际竞争力的数字产业集群，为实现高质量发展提供强劲动能。

优布局：做好“十五五”数字产业集群发展布局规划。坚持全国“一盘棋”，立足不同地区资源禀赋与产业基础，加强集群发展分类指导。支持东部地区率先打造一批创新密度高、市场潜力大、具有国际影响力的数字产业集群，鼓励中西部地区因地制宜推动集群优化整合，提升集群发展质量，形成梯次布局、错位发展的集群体系。

促创新：提升集群协同创新能力。加强集群内数字创新基地、重大科技创新平台和产业技术创新联盟等建设，围绕集成电路、工业软件、核心电子元器件等重点领域，支持企业和科研机构组建创新联合体，攻关突破一批关键核心技术和底层技术。瞄准人工智能、人形机器人等颠覆性技术和前沿技术，打造一批原创技术策源地。

智慧微电网展示系统

（图片来源：人民网）

强产业：做大做强集群优势产业。引导集群突出特色，持续壮大云计算、大数据、新型显示、工业软件、通信设备等主导产业规模，前瞻性布局人工智能等新兴产业和未来产业，不断推动新产业“聚链成群”。推动以数字经济为主导产业的先进制造业集群、国家高新区提质升级，高质量建设中国软件名城、名园。

育生态：构建融通发展、融合共赢的产业生态。在集群内培育更多具有资源配置力、生态主导力、国际竞争力的数字经济领军企业，带动形成上下游企业紧密配套的产业生态，构建覆盖科创、企服、人才、商务等集群服务体系。坚持开放合作，打造一流营商环境，吸引国际领先数字企业落地集群。

44. 促进平台经济规范健康发展

平台经济是实体经济和数字经济深度融合的重要载体。2024 年 11 月 22 日国务院常务会议，专题研究部署推动平台经济健康发展有关工作。今年将坚持促进发展和监管规范两手抓、两手硬，在充分激发创新创造活力的同时，促进平台企业规范经营、有序竞争、提升质量。

支持平台经济创新发展。引导平台企业积极开展技术创新、模式创新和应用创新，面向中小企业开放创新资源、促进融通发展，提升数字技术、产品和服务水平。在支持消费互联网平台企业拓展场景、挖掘潜力的同时，鼓励积极发展工业互联网平台、数智化转型服务等新增长点。支持平台企业走出去在跨境电商、移动支付等领域开展务实合作，提升平台企业国际竞争力。

平台经济发展

（图片来源：《北京日报》）

支持平台经济在扩消费、稳就业中发挥更大作用。平台经济汇聚数千万经营主体、吸纳8400多万灵活就业人员、惠及9亿多网络消费者。今年将深入实施数字消费提升行动，加强网售商品和服务质量监督，构建高效的投诉与纠纷解决机制，推动提升线上商品和服务质量，促进激发消费潜力。建好用好公共实训基地，加强灵活就业和新就业形态劳动者技能培训和权益保障，助力实现高质量充分就业。

健全平台经济常态化监管制度。强化反垄断反不正当竞争监管执法，开展平台企业过度收费、"仅退款"等专项整治，纠正流量至上、低价竞争等行为，督促平台企业提高算法透明度、提升合规管理水平。建立健全透明可预期的常态化监管制度，提升智慧化、穿透式监管能力水平，加强与平台企业常态化沟通交流，不断优化平台经济发展环境。

四

深入实施科教兴国战略，提升国家创新体系整体效能

推进中国式现代化，科技是关键，人才是基础，教育是根本。党的二十届三中全会提出“统筹推进教育科技人才体制机制一体改革，健全新型举国体制，提升国家创新体系整体效能”。《报告》强调要深入实施科教兴国战略，坚持创新引领发展，一体推进教育发展、科技创新、人才培养，对做好 2025 年的教育、科技、人才工作提出明确要求。我们要认真贯彻落实党中央决策部署和《报告》要求，坚持教育科技人才一起抓，构建支持全面创新的体制机制。

（一）加快建设高质量教育体系

45. 深入实施基础教育扩优提质工程

建设教育强国，基点在基础教育。基础教育搞得越扎实，教育强国步伐就越稳、后劲就越足。2023 年 8 月，教育部、国家发展改革委、财政部联合印发《关于实施新时代基础教育扩优提质行动计划的意见》，从多方面采取措施，努力把我国基础教育越办越好，促进教育发展成果更多更公平惠及全体人民。今年将持续做好以下工作：

健全与人口变化相适应的基础教育资源统筹调配机制。我国学前教育、义务教育、高中阶段的学龄人口将依次达峰，统筹配置基础教育资源，做好不同学段、区域、城乡之间的教育资源供需结构平衡至关重要。将进一步加强学龄人口预测和学位需求预警研究，前瞻研判不同区域、不同学段人口变化情况，科学规划布局城乡学校，加强资源跨学段动态调整和余缺调配。

加强义务教育学校标准化建设。义务教育是国民教育的重中之重。在初步解决义务教育学校“有没有”“够不够”的基础上，今年将重点解决“好不好”“优不优”的问题。推动义务教育优质均衡发展和城乡一体化，逐步缩小城乡差距、区域差距、民族差距。提升寄宿制学校办学条件和管理水平，办好必要的乡村小规模学校，逐步实现义务教育学校标准化建设全覆盖，推动义务教育优质均衡发展。

提升县域高中质量。县域普通高中在推进教育高质量发展和乡村振兴战略中承担着重要使命，寄托着广大农村学生对接受更好教育的美好期盼。深入实施县域普通高中振兴计划，加大县域普通高中支持力度，扩大高中阶段教育学位供给，扩大省属高校、城市优质高中对口帮扶县域普通高中覆盖范围，使县中振兴成为深化基础教育扩优提质的关键枢纽点。

基础教育在校生人数（单位：万人）

学段	2020 年	2021 年	2022 年	2023 年	2024 年
学前教育	4818	4805	4628	4093	3584
小学	10725	10800	10700	10836	10584
初中	4914	5018	5120	5243	5386
普通高中	2494	2605	2713	2803	2922

（数据来源：国家统计局及教育部全国教育事业发展统计公报）

46. 逐步推行免费学前教育

学前教育是国民教育体系的组成部分，是重要的社会公益事业，关系到亿万儿童的健康成长，承载着人民群众对幼有所育的期盼。逐步推行免费学前教育，能够起到“一举两得”的政策效果。一方面，降低家庭保育教育成本，服务国家人口发展战略；另一方面，推进学前教育普及普惠发展，为加快教育强国建设提供基础支撑。

抓紧研究制定具体的实施举措。党的二十届三中全会提出，探索逐步扩大免费教育范围。今年《报告》提出逐步推行免费学前教育。《中华人民共和国学前教育法》即将于 2025 年 6 月 1 日起施行。这些都对做好学前教育提出了更高要求，创造了更好条件。从提高学前教育普及普惠水平、健全学前教育保障机制、完善学前教育监督体系、提高保教质量等方面入手，把相关要求进一步实化细化具体化，稳妥推进相关工作，构建覆盖城乡、布局合理、公益普惠、安全优质的学前教育公共服务体系，为适龄儿童接受学前教育、健康快乐成长创造良好环境。

继续优化学前教育资源配置。今年将指导、推动各地持续关注人口发展趋势，优化城乡幼儿园布局，着力增加普惠性学前教育资源供给，进一步提高学前教育普及水平。推动有条件的地方完善办园标准，全面改善办园条件，提高学前教育资源配置水平。加快教师队伍建设，优化班额、师生比，提高教师专业素质和实践能力。保障适龄的家庭经济困难儿童、孤儿、残疾儿童和农村留守儿童等接受普惠性学前教育，让优质教育资源惠及更多儿童，更好地满足人民群众“幼有所育，幼有优育”的美好期盼。

优化学前教育资源配置

（图片来源：新华网）

47. 增强职业教育适应性

职业教育与经济社会发展紧密相连，对促进就业创业、助力经济社会发展、增进人民福祉具有重要意义。我国建成世界上最大规模的职业教育体系。近年来，现代制造业、战略性新兴产业和现代服务业

70% 以上的新增一线从业人员来自职业院校。职校要更好适应现实的供需要求。今年将主要从以下几个方面开展工作：

深化现代职业教育体系建设改革。构建职普融通、产教融合的职业教育体系，推动形成同市场需求相适应、同产业结构相匹配的现代职业教育结构和区域布局，大力培养大国工匠、能工巧匠、高技能人才，形成有利于职业教育发展的制度环境和生态。

建强市域产教联合体、行业产教融合共同体。围绕经济要素聚集区、产业发展功能区需求，围绕先进制造业等重点产业链，推进职业教育与地方、行业融合试点，优化职业教育服务区域、支撑产业发展的布局。

职业教育蓬勃发展

（图片来源：新华网）

深化职普融通试点。探索职普转换、学生多元选择的有效途径，鼓励应用型本科学校举办职业技术学院或开设职业技术专业，拓宽学生成长成才通道，让不同禀赋和需要的学生能够多次选择、多样化成才。

提升职业学校关键办学能力。推动专业、课程、教材、教师、实习实训等要素改革，及时把新方法、新技术、新工艺、新标准引入教育教学实践，加快推动职业学校办学条件全面达标。完善高水平职业教育教师培养培训和企业实践制度，支持职业学校公开招聘行业企业业务骨干、优秀技术和管理人才任教，提升“双师型”教师队伍建设水平。

48. 加快“双一流”建设

建设教育强国，龙头是高等教育。放眼全球，任何一个教育强国都是高等教育强国。现在，我国高等教育毛入学率60.2%，已经进入世界公认的普及化阶段，但总量不足、结构不优、基础较弱等问题仍然存在。今年将通过分类推进高校改革，加快建设中国特色、世界一流的大学和优势学科。

扎实推进优质本科扩容。有效扩大优质高等教育资源供给，进一步增加“双一流”建设高校本科招生规模，在2024年扩招1.6万人的基础上，2025年力争再增加2万人。近期，北大、清华等多所高校已宣布扩招计划。新增高等教育资源向中西部、民族地区倾斜，推进高等研究院建设，把高校优势学科建设与区域发展重点特色结合起来，以学科、人才、科研和区域发展“四位一体”构建高质量、有特色学科建设和人才培养机制。

完善学科设置调整机制。当前，高校学科设置与人才培养、国家战略需求、科技发展不匹配的矛盾比较突出。按照分类施策的原则，科学合理做好学科设置调整。超常规布局重点学科专业，对于服务国家重大战略、短期需求集中激增的学科专业，提升快速响应能力。适度超前提前布局新兴交叉学科专业，比如，面向科技前沿和未来产业、需求具有一定不确定性的学科专业，提升快速适应能力。同时，对于人才需求相对稳定的学科专业，注重更新内涵、提高质量，加强培养方案与教学内容的迭代升级，更好满足实践需求。

自主科学确定“双一流”标准。围绕中国式现代化的本质要求，坚持扎根中国大地办大学，遵循人才培养和科技创新的内在规律，提出关键要素指标，完善“双一流”建设遴选办法和监测评价体系，引导建设高校在不同领域和方向追求卓越，形成中国高校与世界一流大学同台竞技、争创国际一流的良好局面。同时，深化高校评估改革，优化整合“双一流”建设成效评价和高校学科评估，引领带动整个高等教育质量和水平的跃升，真正实现学生成长、国家选才、社会公平的有机统一。

部分高校优质本科扩容情况（截至 2025 年 3 月）

学校名称	扩招人数	招生方向
北京大学	150 人	元培学院、信息科学技术学院、工学院、临床医学专业
清华大学	150 人	人工智能、多学科交叉复合型人才培养
中国农业大学	500 人	粮食安全、生物智造、人工智能与装备制造、绿色能源与可持续发展、食品安全与人类建康等学科
上海交通大学	150 人	人工智能、集成电路、生物医药、新能源等前沿学科
西安交通大学	200 人	人工智能、信息技术、储能技术、电气能源、医工交叉等学科

（数据来源：根据各有关高校官网综合）

49. 普及心理健康教育

当前，我国学生心理健康问题仍不容乐观，呈现低龄、多发态势。今年将继续坚持健康第一的教育理念，切实把心理健康工作摆在更加突出位置，培养思想道德素质、科学文化素质和身心健康素质协调发展的时代新人。

发挥课堂教学主渠道作用。分层分类开展心理健康教学，配齐心理健康教育教师，按规定开齐开好心理健康课程，帮助学生掌握心理健康知识和技能。组织编写《中小学心理健康读本》《高职大学生心理健康自助手册》，加强心理健康教育机构建设，将心理健康教育纳入辅导员、班主任、导师的日常工作，经常性开展心理健康教育与服务。

学生在做心理游戏

（图片来源：新华网）

稳妥开展全国学生心理健康监测。健全心理问题预防和监测机制，按要求开展学生心理健康测评并建立“一生一策”心理健康档案，准确掌握学生心理健康状况，为科学决策提供依据。重点关注面临学业就业压力、经济困难、情感危机、家庭变故、校园欺凌等风险因素以及校外实习、社会实践等学习生活环境变化的学生，增强学生心理健康工作科学性、针对性和有效性。

关爱师生身心健康。健全健康教育、监测预警、咨询服务、干预处置完整的科学工作体系，坚持思想引导、情绪疏导、专业辅导一体推进，把工作触角延伸到班级、宿舍，覆盖全体学生，增强问题发现与精准干预能力。建立心理健康问题高危学生发现及应急处置机制，最大限度防止极端事件发生。

（二）推进高水平科技自立自强

50. 加强企业主导的产学研深度融合

企业是科技和经济紧密结合的重要力量。企业主导产学研深度融合，有利于打通科技供给与产业需求之间的通道，发挥各类创新主体优势，促进创新链产业链资金链人才链深度融合。这方面今年重点做好以下工作：

支持企业成为创新“出题者”。企业对产业链供应链安全稳定需求的了解最到位，对关键核心技术“卡脖子”的感受最突出，能够精准识别重点难点问题、组织开展靶向攻关。将支持科技领军企业牵头梳理“卡点”“堵点”难题，明确任务目标，形成重大攻关任务清单。对于基础研究、应用基础研究和前沿性、颠覆性技术攻关，也将鼓励科技领军企业联合上下游企业和高校院所，组织凝练问题。建立供需对接机制，引导高校院所主动对接企业攻关需求，组织开展科研活动。

支持企业成为创新“组织者”。产学研融合要奔着问题去，在重大项目攻关中实现融通创新，这也有利于促进成果转化和产业化。将围绕实施国家战略任务、培育战略性产业、解决行业关键共性技术等重大需求，发挥新型举国体制优势，支持科技领军企业联合高校院所和上下游企业，牵头组建体系化、任务型创新联合体，一体化配置项目、基地、人才、资金等创新要素，建立健全产学研各方利益分配、成果转化、人才激励等机制，畅通技术研发、中试验证、产业化应用全链条。

支持企业成为创新成果“阅卷人”。以产业应用为导向的项目做得怎么样，企业最有发言权，让企业成为“阅卷人”、谁使用谁评价，也可以促进高校院所围绕企业需求开展创新。要坚持应用导向、实践检验，技术开发类项目要发挥企业和用户单位主导作用，将测试验证结果、市场应用情况和用户评价意见作为主要依据，应用研究类项目评价也要充分听取企业意见，以市场应用成效推动创新成果持续升级。

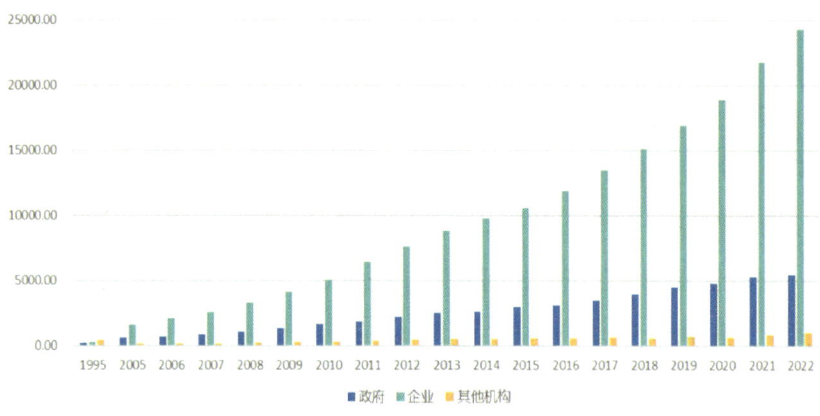

企业投入研发经费情况（单位：亿元）

（数据来源：大连理工大学《中国研发经费报告（2024）》）

51. 完善中央财政科技经费分配和管理使用机制

近年来，财政把科技创新作为重点支出领域予以优先保障，2018—2024 年，财政科技支出从 8327 亿元增长到 11505 亿元，年均增长 5.5%。2025 年财政科技支出安排 12464 亿元，同比增长 8.3%。今年要把宝贵的财政资金用好，更好发挥对科技创新的支撑促进作用。

在经费分配上，向重点领域和关键环节倾斜。**一是强基础，**加大基础研究、应用基础研究和前沿研究的投入力度，支持提升原始创新能力。2025年，中央本级财政安排基础研究支出1029亿元，增长12.1%。**二是强攻关，**大力支持保障打赢关键核心技术攻坚战，加快抢占科技制高点。目前，国家科技重大专项已全面启动，财政资金要足额保障到位，引导撬动企业和社会加大投入力度。**三是强力量，**以国家实验室、国家科研机构、高水平研究型大学、科技领军企业为重点，支持强化国家战略科技力量，长期稳定支持一批基础研究创新基地和优势团队，加大对重点学科、新兴学科、冷门学科和薄弱学科发展的支持力度。

在管理使用上，把为科研人员减负松绑和提高经费投入绩效统筹起来。科技创新本质上是人的创造性活动，要充分尊重科研规律，充分信任科研人员，赋予科学家更大技术路线决定权、更大经费支配权、更大资源调度权。将在总结科研项目经费使用“包干制”试点经验的基础上，扩大“包干制”范围。同时，强化项目、资金、人才、基地创新资源的统筹，全面加强绩效管理，着力提升科技资金的使用效果。

基础研究投入占研发投入比重

年份	占比
2020年	6.01%
2021年	6.50%
2022年	6.57%
2023年	6.77%
2024年	6.91%

（数据来源：国家统计局网站）

52. 健全科技成果转化支持政策和市场服务

我国有 14 亿多人口，正在整体迈向现代化，具有超大规模市场的需求优势和产业体系配套完善的供给优势。长期以来，我国科技创新有一大薄弱环节，就是成果转化率偏低，一些科技成果成不了产品、更难以形成产业。今年将着力提升科技成果转化效能，促进自主攻关产品推广应用和迭代升级。

2024 年中国高校科技成果交易会，全国 425 所高校的
2700 多项科研成果参展

（图片来源：人民网）

一方面，完善支持政策，解决好一些单位与科研人员“不敢转”“不想转”的问题。比如，针对科研人员和技术经理人成果转化激励不足问题，将赋予科研人员职务科技成果所有权或长期使用权试点政策向全国推广，将成果所有权赋予成果完成人（团队），赋予科研人员不低于 10 年的成果长期使用权，建立健全成果转化收益分配机制，使科研人员收入与对成果转化的实际贡献相匹配。又如，针对职务科技成果国有资产管理模式与科技成果转化规律不适应问题，聚焦职务科

技成果及其作价投资形成的国有股权，建立更符合市场规律和成果转化特点的管理考核机制，细化实化尽职免责规定，打消管理人员和科研人员的顾虑。

另一方面，优化市场服务，解决好“不会转”“不能转”的问题。科技成果转化往往要经历复杂的对接、试错和迭代过程，离不开专业人员和服务平台的支撑。技术经理人被称为科技与产业间的“红娘”，目前规模和质量尚难以满足成果转化的现实需要。将加快建设标准化、规范化、专业化的培养体系，完善评价、使用、激励机制，拓宽其职业发展路径，吸引优秀人才加入这个队伍。概念验证、中试验证等平台搭建了新产品从试制阶段到生产过程的桥梁。将进一步完善平台体系、加强能力建设，推动龙头企业建设产业链中试平台，建设提供跨行业、跨领域中试服务的公共机构，布局特色鲜明、优势突出的专业化中试机构，推动中试线建设与产业链深度融合。

53. 加快发展创业投资、壮大耐心资本

科技创新和成果转化需要金融的强有力支持。目前，我国金融体系以银行信贷间接融资为主，同科技创新轻资产、长周期、高风险、高收益的要求不匹配。今年将大力推动发展创业投资和资本市场，围绕“募投管退”全链条打通政策堵点，引导金融资本投早、投小、投长期、投硬科技。

在募资端，解决好行业“缺长钱”和“无米下锅”的问题。比如，保险资金就是传统意义上的“长钱”，要进一步完善监管政策，更好引导保险资金在依法合规、风险可控的前提下，加大创业投资基金的配置力度。又如，近几年我国创业投资出现了较大幅度下滑，需要国

资和政府投资基金发挥更大作用。完善容错免责、绩效评价等机制，更加注重整体业绩和长期回报考核，引导“国家队”不追求短期收益、提高耐心程度，进而撬动更多社会资本转化为耐心资本。

在投资端，解决好创投机构找不到好项目的问题。创业投资既要衔接上游的研发端，又要适配下游的应用端。将围绕培育新兴产业和未来产业、破解“卡脖子”技术，加强科技研发、成果转化与创业投资的对接，引导创业投资聚焦硬科技赛道。

在管理端，解决好支持政策和监管机制不适应创业投资特点的问题。2023 年颁布的《私募投资基金监督管理条例》明确提出，对创业投资基金实施区别于其他私募基金的差异化监督管理。将完善登记备案、资金募集、投资运作、风险监测等方面的监管政策，支持创业投资基金规范发展。

在退出端，解决好创业投资退出渠道单一、流程不畅等问题。2024 年，有关部门先后发布了“资本市场服务科技企业高水平发展的十六项措施”和“深化科创板改革八条措施”，今年将下力气落实好相关政策措施，优化多层次资本市场功能和机制，为硬科技企业开辟股权融资和并购重组“绿色通道”。支持发展并购基金和创业投资二级市场基金，继续保持境外上市通道畅通，多措并举拓展多元化退出渠道。

政策传真

创投十七条

（一）加快培育高质量创业投资机构。

（二）支持专业性创业投资机构发展。

（三）发挥政府出资的创业投资基金作用。

（四）落实和完善国资创业投资管理制度。

（五）鼓励长期资金投向创业投资。

（六）支持资产管理机构加大对创业投资的投入。

（七）扩大金融资产投资公司直接股权投资试点范围。

（八）丰富创业投资基金产品类型。

（九）建立创业投资与创新创业项目对接机制。

（十）实施专利产业化促进中小企业成长计划。

（十一）持续落实落细创业投资企业税收优惠政策。

（十二）实施符合创业投资基金特点的差异化监管。

（十三）有序扩大创业投资对外开放。

（十四）拓宽创业投资退出渠道。

（十五）优化创业投资基金退出政策。

（十六）优化创业投资行业发展环境。

（十七）营造支持科技创新的良好金融生态。

（资料来源：2024 年 6 月，国务院办公厅印发的《促进创业投资高质量发展的若干政策措施》）

（三）全面提高人才队伍质量

54. 加强拔尖创新人才、重点领域急需紧缺人才和高技能人才培养

科技竞争归根结底是人才竞争，拔尖创新人才的培养水平在很大程度上决定了自主创新能力。今年将统筹基础教育、本科教育、研究生教育，推动各类人才选拔培养计划有效衔接。建立拔尖创新人才差异化选拔办法，完善高考与校考相结合的招录办法，分类拓宽基础学科拔尖创新人才本科阶段选拔通道，促进拔尖创新人才早发现、早培养。探索拔尖创新人才培养新模式，汇聚头部高校、企业和科研机构力量，促进校企协同攻关、协同育人，以超常规的师资队伍、培养模式、资源配置、评价标准、组织架构，打造拔尖创新人才培养高地。

近年来，围绕重点领域急需紧缺人才培养，相关部门设立了特色培养项目并开展专项试点，取得了较好效果。比如，针对高层次工程师短缺的问题，深化工程硕博士产教融合培养改革。2022 年联合建设首批 18 家国家卓越工程师学院，2023 年又布局第二批建设 14 家。今年将发挥“双一流”建设高校和研发实力强的领军企业双方优势，打破人才培养“学科化、院系制”传统组织模式，实现校企共同招生、共同培养、共同选题、共享成果，促进师资互通、课程打通、平台融通、政策畅通。总结经验、加强支持，聚焦招生、课程建设、入企培养、导师队伍和评价改革等关键环节持续探索，做实做优项目和平台，

培养行业急需的高层次人才。

技能人才是支撑中国制造、中国创造的重要力量。今年将推进构建以行业企业为主体、职业学校为基础、政府推动与社会支持相结合的高技能人才培养体系，探索中国特色学徒制，深化产教融合、校企合作，开展订单式培养、套餐制培训，健全使用、评价、激励机制，打造一支爱党报国、敬业奉献、技艺精湛、素质优良、规模宏大、结构合理的高技能人才队伍。

浙江湖州春晖小学科创空间实验室里，小学生学习操控智能组件

（图片来源：《人民日报》）

55. 建设一流产业技术工人队伍

产业工人是工人阶级的主体力量，是创造社会财富的中坚力量，是实施创新驱动发展战略、加快建设制造强国的骨干力量。2024 年

10 月，中共中央、国务院印发《关于深化产业工人队伍建设改革的意见》，明确提出以培养更多大国工匠和各级工匠人才为引领，带动一流产业技术工人队伍建设，今年要全力抓好贯彻落实。

抓思想。强化思想政治引领，推动党的创新理论在产业工人中落地生根，加强产业工人队伍党建工作，大力弘扬劳模精神、劳动精神、工匠精神。在劳动模范、五一劳动奖章、青年五四奖章、三八红旗手等评选工作中，加大对产业工人的宣传力度。

抓培养。适应新型工业化发展需求，推动现代职业教育高质量发展，培育一批行业领先的产教融合型企业，打造一批核心课程、优质教材、教师团队、实践项目。健全产业工人终身职业技能培训制度，全面推进工学一体化技能人才培养模式，落实企业培养产业工人的责任，促进产业工人知识更新和学历提升。

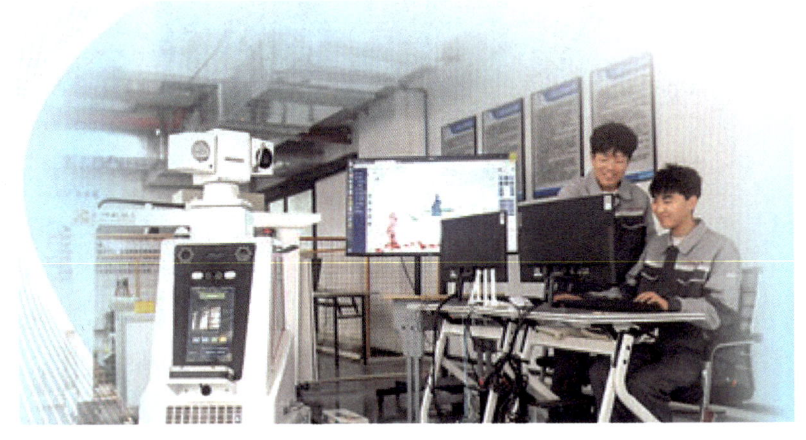

安徽阜阳技师学院内，学生借助人工智能技术进行实训学习

（图片来源：《人民日报》）

抓激励。建立以创新能力、质量、实效、贡献为导向的技能人才评价体系，健全专业技术岗位、经营管理岗位、技能岗位互相贯通的长效机制，促进产业工人成长成才。鼓励产业工人立足工作岗位、解

决现场实际问题，引导和支持大国工匠、高技能人才参与重大技术革新、科技攻关项目，激发产业工人创新创造活力。

抓保障。完善收入分配制度，多措并举推动企业建立健全基于岗位价值、能力素质、创新创造、业绩贡献的技能人才薪酬分配制度。对推进产业工人队伍建设改革成效显著的企业，按规定予以表彰和相应政策支持。加强产业工人服务保障，有效维护安全健康权益，做好新就业形态劳动者维权服务工作，增强产业工人成就感获得感幸福感。

56. 促进人才区域合理布局

人才是第一资源，是促进区域协调发展的关键因素。深入实施人才强国战略，优化人才区域布局是题中之义。当前，我国人才资源总量、科技人力资源、研发人员总量均居全球首位，但人才主要聚集在东部沿海地区，区域布局不够均衡合理，人才流动、交流和合作仍存在一些障碍。今年，要结合“十四五”规划收官和“十五五”规划制定，加强人才发展的统筹规划，促进人才区域合理布局和协调发展。

推动区域人才交流协作。着力优化人才政策措施，吸引和激励更多人才扎根西部，积极参与西部大开发。精准实施“博士服务团”“西部之光”访问学者项目、专家服务基层行动，开展高层次专家咨询服务活动。实施专业人才服务东北、东北专业人才跟岗学习等项目，推动东北地区人才振兴。采取针对性政策措施，促进中部地区人才队伍发展壮大。

促进人才合理有序流动。加强对人才流动的政策引导和监督，完善人才计划入选者流动管理制度，加快建立高层次人才流动监测和流失预警机制，引导各地区特别是东部地区把重心放在引进海外高层次人才和加强人才自主培养上，不从中西部和东北地区抢挖人才。建立健全区域间人才流动调节机制，推动人才以项目合作、技术咨询等方式在区域间柔性流动，实现人才资源的优化配置。

加快壮大乡村人才队伍。改进人才帮扶项目，做好国家乡村振兴重点帮扶县教育、医疗人才“组团式”帮扶和选派科技特派团工作。统筹实施农村教师特岗计划、“三支一扶”计划、西部计划等高校毕业生基层服务项目。深入实施“神农英才”计划、乡村产业振兴带头人培育“头雁”项目、大学生村医专项计划，优化实施高素质农民培育、农村实用人才带头人培训和乡村工匠培育工程。

典型案例

加快推进乡村人才振兴

全国农业农村系统坚持分类施策，着力搭建平台载体、强化服务保障、创新评价机制，重点建设高水平的农业生产经营带头人、高质量的农业技术推广人才、高技艺的农业农村技能人才、高适配的乡村规划建设人才、高素质的乡村治理人才 5 支队伍，为农业农村发展持续保持稳中向好态势提供有力支撑。通过不懈努力，已培养造就 40 多万人的农业科研队伍；打造形成 3.6 万名“头雁”领飞、620 多万新型农业经营主体跟进的乡村产业发展“雁阵”；累计培育 900 多万名高素质农民。

（资料来源：《人民日报》）

57. 深化人才分类评价改革和科教界“帽子”治理

人才评价是人才发展的指挥棒。近年来，有关部门深入开展“唯论文、唯职称、唯学历、唯奖项”专项清理，取得积极成效。但“唯帽子”问题治理还需进一步加大力度，很多单位仍将人才“帽子”作为招聘用人、资源分配、定岗定薪等的直接依据，导致科研人员争相竞争“帽子”，滋长急功近利、浮躁浮夸等不良风气，不利于科研人员潜心致研。今年将标本兼治、破立并举，加快完善人才评价体系，促进形成良好学风和科研环境，更好发现、培养、集聚优秀人才。

改进和创新人才评价方式
建立以同行评价为基础的业内评价机制，注重引入市场评价和社会评价
创新多元评价方式
对基础研究人才
以同行学术评价为主，加强国际同行评价
对应用研究和技术开发人才
突出市场评价，由用户、市场和专家等相关第三方评价
对哲学社会科学人才
评价重在同行认可和社会效益
科学设置人才评价周期
●遵循不同类型人才成长发展规律
●探索实施聘期评价制度
●突出中长期目标导向，适当延长基础研究、青年人才等评价考核周期
畅通人才评价渠道
●进一步打破户籍、地域、所有制、身份、人事关系等限制，依托具备条件的行业协会、专业学会、公共人才服务机构等，畅通非公有制经济组织、社会组织和新兴职业等领域人才申报评价渠道
●对引进的海外高层次人才和急需紧缺人才，建立评价绿色通道
促进人才评价和项目评审、机构评估有机衔接
●在各类工程项目、科技计划、机构平台等评审评估中加强人才评价，完善在重大科研、工程项目实施、急难险重工作中评价、识别人才机制
●深入推进项目评审、人才评价、机构评估改革，进一步精简整合、取消下放、优化布局评审事项，简化评审环节，改进评审方式

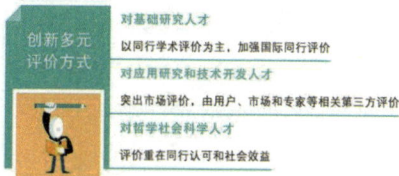

人才分类评价改革

（图片来源：新华网）

从“破”的方面，深化科教界“帽子”治理。巩固深化部委和地方人才计划优化整合工作成果，针对项目评审、人才评价、机构评估标准中与人才称号、学术头衔直接挂钩的规定，开展排查和清理。国家设立人才计划的初衷是吸引和激励人才，要持续推动人才“帽子”回归学术性、荣誉性，避免简单以“帽子”确定薪酬待遇、配置学术资源的倾向，防止“帽子”终身化，对以抬高薪酬和配套投入抢挖重点领域“帽子”人才的行为，也将有一定约束。

从“立”的方面，建立以创新能力、质量、实效、贡献为导向的人才评价体系。分类

构建符合科研活动特点、体现人才成长规律的评价机制，按照基础研究、应用研究、技术开发和承担国家重大攻关任务等类别，分类建立科学合理的评价标准，形成可量化、成体系、立得住、有说服力的指标支撑。聚焦新技术、新业态、新模式，制定新职业、新领域人才评价办法。现在很多地方和单位都做了积极探索，将在总结经验的基础上形成制度规范，引导激励人才把精力放在创新创造、施展才干、实现价值上。

五

推动标志性改革举措加快落地，更好发挥经济体制改革牵引作用

深化经济体制改革是进一步全面深化改革的重点，主要任务是完善有利于推动高质量发展的体制机制，塑造发展新动能新优势，坚持和落实“两个毫不动摇”，构建全国统一大市场，完善市场经济基础制度。充分发挥经济体制改革牵引作用，需要扎实推进重点领域改革，着力破除制约发展的体制机制障碍，构建高水平社会主义市场经济体制，激发全社会内生动力和创新活力。

（一）有效激发各类经营主体活力

58. 实施国有经济布局优化和结构调整指引

在整个国民经济的大盘子中，国有经济要有效发挥主导作用，必须坚持有所为、有所不为，持续推进布局优化和结构调整，推动国有企业进一步聚焦主业、做强主业。2024 年建立了国有经济布局优化和结构调整指引制度，2025 年将进一步完善细则、抓好实施。

强化目标引领。围绕“三个集中”发力，推动国有资本向关系国家安全、国民经济命脉的重要行业和关键领域集中，向关系国计民生的公共服务、应急能力、公益性领域等集中，向前瞻性战略性新兴产业集中。出台的指引目录重点是对照目标细化分解，明确国有资本重点投资领域和方向，完善主责主业管理，从评价制度、考核制度、监督制度等方面消除“模糊地带”，为推进国有企业布局优化和结构调整提供清晰的“操作说明书”。

强化双力驱动。国有企业是经营主体，同时承担着服务国家战略目标等任务，推进布局优化和结构调整指引实施，需要有为政府和有效市场“两只手”共同发力。一方面，指引目录要聚焦国之大者、服务国之所需，把提升国有企业战略功能价值放在优先位置，充分体现国家战略导向；另一方面，指引目录要遵循市场规律、适应市场需要，增强可操作性。在适时评估实施效果的基础上，动态调整优化，更多以市场化法治化方式推动国有资本合理流动、优化配置。

强化路径协同。国有企业千差万别，实施好布局优化和结构调整指引，需要灵活用好进退留转等不同方式。突出重组整合优存量，推进横向战略性重组、纵向产业链上下游整合、专业化整合，继续开展新公司组建。突出精准投资扩增量，抓好新兴产业的战略布局，深入实施央企产业焕新行动和未来产业启航行动，推动战略性新兴产业投入倍增计划落地生效，健全新兴产业培育机制。突出结构调整促变量，抓好传统产业的强基转型，统筹推进设备更新、工艺升级、数字赋能、管理创新，改造提升传统产业，推动高端化、智能化、绿色化发展。

热点链接

部分正在开展的国有企业相关行动

行动名称	主要任务
国有企业改革深化提升行动	国有企业改革
国有企业数字化转型行动计划	数字化转型
中央企业产业焕新行动	发展战略性新兴产业
中央企业未来产业启航行动	未来技术产业化
中央企业产业链融通发展共链行动	带动产业链上下游协同发展

59. 扎扎实实落实促进民营经济发展的法律法规和政策措施

民营经济是社会主义市场经济的重要组成部分。这些年，各方面制定出台了不少支持民营经济的政策，但有的还没有完全落实到位，部分民营企业反映获得感不强。今年，各地区各有关部门将认真学习贯彻习近平总书记在民营企业座谈会上的重要讲话精神，扎扎实实落实促进民营经济发展的法律法规和政策措施。

保障公平竞争。有关部门将开展公平竞争审查能力提升行动，把《公平竞争审查条例》等法规政策落到实处。吸引民营企业参与重大项目建设，既能拓宽资金来源，又能助力企业成长，下一步应进一步完善民营企业参与国家重大项目建设长效机制，持续推进基础设施竞争性领域向各类经营主体公平开放。2025 年将把铁路、核电、油气勘探开发等项目建设作为支持民营企业参与的重点，让民营企业有更大空间“施展拳脚”。

加大金融支持。着力扩供给，增加对民营和中小微企业信贷投放，加大首贷、续贷、信用贷支持力度。着力优服务，健全民营和中小微企业增信制度，实施好《政府性融资担保发展管理办法》，充分发挥支持小微企业融资协调工作机制作用，加强科技赋能普惠金融，提高民营企业融资的可得性便利性。着力拓渠道，今年将进一步畅通股、债、贷等多元化融资渠道，丰富保险产品，汇聚支持民营经济发展的金融“活水”。

保护合法权益。企业闯市场，既需要政策支持，更需要法治保障。民营经济促进法草案已提请全国人大常委会审议，将按法定程序出台实施。保护民营企业和民营企业家合法权益重在行动，需要对各地涉企行为严加规范，防止利用行政、刑事等手段对经济纠纷进行不当干预，同时健全依法甄别和纠正涉企冤错案件机制，完善惩罚性赔偿制度，以法治为民营经济发展护航。

政策传真

近两年促进民营经济发展的部分法律法规和政策

法律法规和政策	出台时间
中共中央　国务院关于促进民营经济发展壮大的意见	2023 年 7 月
中共中央办公厅　国务院办公厅关于完善市场准入制度的意见	2024 年 8 月
公平竞争审查条例	2024 年 6 月
国家发展改革委关于进一步抓好抓实促进民间投资工作努力调动民间投资积极性的通知	2023 年 7 月
国家税务总局关于接续推出和优化“便民办税春风行动”措施促进民营经济发展壮大服务高质量发展的通知	2023 年 8 月
中国人民银行　金融监管总局　中国证监会　国家外汇局　国家发展改革委　工业和信息化部　财政部　全国工商联关于强化金融支持举措　助力民营经济发展壮大的通知	2023 年 11 月

60. 加力推进清理拖欠企业账款工作

解决好企业账款拖欠问题，事关企业生产经营和经济持续回升向好。2024 年中共中央办公厅、国务院办公厅印发《关于解决拖欠企业账款问题的意见》，对推进解决拖欠企业账款问题作出系统部署。相关部门持续组织开展清欠专项行动，取得积极成效。今年将坚持标本兼治、综合施策，加力推进清理拖欠企业账款工作。

着力化解存量拖欠。落实地方政府属地责任，将清欠与化债工作统筹推进，通过盘活闲置资产等方式统筹安排清偿资金，加快偿还拖欠企业账款。今年地方政府专项债券规模比上年增加，将安排一定比例专项用于清欠，发挥最大效应。此外还将优化应收账款质押融资、供应链融资等金融工具，缓解被拖欠企业资金压力。

着力遏制新增拖欠。针对拖欠账款不同类型和形成机理，采取治本之策，堵住拖欠源头。例如一些工程领域拖欠与政府投资项目资金不到位有关，今年将严格执行《中华人民共和国预算法》《政府投资条例》相关规定，严把项目审批关，严处筹资不实、垫资建设等问题，防止因投资违规超概算、资金不到位、支付不及时、拖延验收审计等形成拖欠。

着力突出重点领域。工程建筑领域拖欠企业账款较为集中，特别是一些地方政府拖欠大企业、大企业又拖欠中小企业的“连环欠”问题比较突出。今年将在强化政府投资项目资金保障的同时，加强对大企业签署“背靠背”条款、利用市场优势地位设立不合理付款条件和时限、滥用商业票据等行为的监管。督促央企国企发挥带头作用，做到应付尽付。

着力完善长效机制。拖欠账款成因复杂，很多与体制机制等深层次矛盾有关。今年将健全清欠法律法规体系和司法机制，加强政府采购支付监管，建设全国统一的违约拖欠中小企业款项登记（投诉）平台并加大投诉处理督办力度。继续把清欠工作纳入绩效考核、营商环境评价、信用惩戒，加大执行力度，切实预防拖欠问题发生。

政策传真

保障中小企业款项支付

修订后的《保障中小企业款项支付条例》已经发布，自2025年6月1日起施行。条例共5章37条，进一步强化款项支付责任。明确机关、事业单位和大型企业支付中小企业款项的期限要求，增加规定大型企业应当自货物、工程、服务交付之日起60日内支付款项；按照行业规范、交易习惯合理约定付款期限的，不得约定以收到第三方付款作为向中小企业支付款项的条件或者按照第三方付款进度比例支付中小企业款项。增加规定机关、事业单位和大型企业与中小企业的交易，部分存在争议但不影响其他部分履行的，对于无争议部分应当履行及时付款义务。

61. 深化政企常态化沟通交流

有效沟通能够促进有力行动。开展政企常态化沟通交流，对倾听企业心声和诉求、促进涉企政策落实、引导市场预期都有积极作用。2023年以来，国务院推动建立了政企常态化沟通交流机制，各地各相关部门积极探索政企常态化沟通交流的有效做法。今年将进一步优化完善这类机制，把作用和潜力真正发挥出来，切实帮助企业解决实际困难和问题。

聚力协同，健全沟通机制。突出上下联动，推动建立健全国家、省、市、县不同层级与经营主体常态化沟通交流的机制，不同层级既各有侧重，又形成合力。突出左右协同，有关部门与经营主体开展常态化沟通交流，应加强信息共享、行动协调，在察实情、解难题、出政策等方面做好统筹。

聚焦重点，完善平台渠道。有关部门已经开通民营经济发展综合服务平台，设置惠企政策直达、诉求和建议、经验交流等栏目，集成项目推介、银企对接、问题收集与解决等功能，下一步将做好运行管理，提高转办和跟踪处理等效率。外资企业可通过“投资中国”诉求直报平台反映诉求，相关部门还将发挥各级外资专班作用，畅通与外资企业沟通交流的渠道。

聚积实效，增强作用发挥。政企常态化沟通交流需要政府和企业两方面投入精力和资源，不能摆样子、走形式，而要注重沟通交流实效，真正发挥作用。通过深入沟通，加强政策宣介，精准答疑解惑，有效引导市场预期。通过倾听企业诉求，既帮助解决个性难题，又推动解决共性问题。通过了解政策落实情况，科学评估涉企政策实施效果，及时优化调整政策。有关部门将开展“一起益企”中小企业服务行动、“中小企业服务月”活动、“服务保障外企”工作、“全国个体工商户服务月”活动，融沟通交流于服务之中。

热点链接

国务院有关部门建立的政企常态化沟通交流机制举例

部门	机制种类
国家发展改革委	民营企业沟通交流机制
工业和信息化部	专精特新中小企业沟通交流机制
商务部	外资企业圆桌会议制度
国务院国资委	国有企业经济运行圆桌会议沟通交流机制
市场监管总局	个体工商户常态化沟通交流机制

62. 开展规范涉企执法专项行动

涉企执法是有关部门依法履职、管理经济社会事务的重要方式。但一些违规异地执法、趋利性执法等乱象，损害营商环境，影响市场预期，破坏政府公信力。今年将开展规范涉企执法专项行动，公安、检察、审判、司法行政等机关联动，集中整治乱收费、乱罚款、乱检查、乱查封等问题，做到涉企执法不越位、不缺位。

大力查纠违规涉企执法。一切涉企执法行为都必须遵守法律法规。针对违规异地执法，出台跨区域执法协作指导意见，研究制定规范办理跨区域涉企刑事案件的工作意见，进一步规范管辖权。针对趋利性执法，细化“过罚相当”的具体标准，坚决防止以罚增收、以罚代管、小过重罚，重点关注罚没收入异常增长、大额顶格处罚等情况，及时纠正存在的问题。针对滥用强制措施，聚焦违法立案、插手经济纠纷、违法“查扣冻”等企业反映强烈的问题，建立健全甄别、处置、防范机制。

加强违规涉企收费治理。落实《国务院办公厅关于建立健全涉企收费长效监管机制的指导意见》，主要从防范、监督、惩戒三个方面加大力度。防范方面，健全涉企收费目录清单制度，实现每个部门涉企收费一张目录清单全覆盖。各地区各有关部门将及时更新发布收费目录清单，清单之外一律不得收费，同时依法依规对存量涉企收费政策进行清理。监督方面，完善涉企收费政策评估审核工作机制，健全涉企收费跟踪监测制度、问题线索收集和处理机制，修订完善各领域涉企收费执法指南，推动乱收费问题整改到位。惩戒方面，出台实施涉企收费违法违规行为处理办法，细化涉企收费违法违规行为认定标准，加大违规收费治理力度。

严格规范涉企行政检查。坚持问题导向，提高涉企行政检查规范化水平。突出立好标准。清理并公布行政检查事项，严格行政检查标准和程序，制定公布统一的行政检查文书基本格式标准，从源头上遏制乱检查。突出减负提效。建立分级分类检查制度，设置差异化的检查频次要求。针对检查过多问题，明确同一行政机关对同一企业实施行政检查的年度频次上限。同时通过联合检查、技术赋能等方式，提升行政检查效率，努力做到“无事不扰”。

名词解释

涉企收费目录清单制度

涉企收费是对企业进行的收费，包括行政事业性收费、政府性基金、政府定价的经营服务性收费等类型，收费主体有政府部门及下属单位、行政审批中介服务机构、行业协会商会、自然垄断环节业务企业等。所谓涉企收费目录清单制度，就是对涉企收费实行清单化管理的制度。此前，国家层面及各省区市已经公布政府性基金和涉企行政事业性收费、政府定价的经营服务性收费、行政审批中介服务收费等目录清单。2025 年 3 月 21 日召开的国务院常务会议进一步提出，健全涉企收费目录清单制度，将所有收费项目纳入清单并对社会公开，明确服务内容、服务标准、收费额度，清单之外一律不得收费。

（二）纵深推进全国统一大市场建设

63. 打通市场准入退出、要素配置等方面制约经济循环的卡点堵点

这几年，在破除地方保护和市场分割上做了很多工作，但在市场准入退出、要素配置、招标投标等方面还有不少堵点卡点。2025 年 1 月 7 日，国家发展改革委会同有关部门研究制定的《全国统一大市场建设指引（试行）》，对此提出了具体举措。今年有关部门将重点推进相关举措落地见效，打通关键瓶颈，促进商品要素资源畅通流动，把全国统一大市场的优势更好发挥出来。

在市场准入退出方面，实行统一的市场准入制度，严格落实“全国一张清单”管理模式。各地区不得妨碍经营主体依法平等准入、退出和迁移，要求经营主体必须在某地登记注册，以备案、注册、年检、认定、认证、指定等形式设定或者变相设定准入障碍，或者通过增设审批条件、暂停办理流程、故意拖延办理等为经

《全国统一大市场建设指引（试行）》对外发布

（图片来源：新华社）

营主体跨区域经营或迁移设置障碍。

在要素配置方面，深化要素和资源市场化配置改革，全面推进要素市场化配置综合改革试点，持续推进土地、资本、劳动力、技术、数据等要素市场建设。各地区不得限制要素跨区域自由流动，不得设置不合理条件排斥、限制或者禁止本地经营主体向外地提供商品和服务，不得以定向补贴、地方推荐目录等形式强化对本地产品或特定产品保护以及变相限制外地产品进入本地市场。

在招标投标方面，推动修订招标投标法，纵深推进招标投标全流程电子化数字化智能化，减少人为干预。推动修改政府采购法。各地区、各部门不得在招标投标和政府采购中违法限定或者指定特定的专利、商标、品牌、零部件、原产地、供应商，违法设定与招标采购项目具体特点和实际需要不相匹配的资格、技术、商务条件，违法限定投标人所在地、组织形式，或者设定其他不合理的条件以排斥、限制经营者参与投标采购活动。

64. 综合整治“内卷式”竞争

2024 年 7 月召开的中央政治局会议明确提出，要强化行业自律，防止“内卷式”恶性竞争；2024 年 12 月召开的中央经济工作会议强调，综合整治“内卷式”竞争，规范地方政府和企业行为；《报告》对此作出明确部署。“内卷式”竞争有一些主要特点：内耗性，采取同质化或过度消耗资源等方式进行竞争，往往无法带来效率提升、技术发展、行业进步。隐蔽性，有的企业为降低成本，压低报价、拖欠款项、偷工减料，破坏产业生态；有的企业运用市场支配地位左右合同协议签订，长期侵害其他经营者合法利益。破坏性，在相同领域内重复建设或同一行业内低水平竞争，盲目跟风照搬照抄，短期行为导向严重。

“内卷式”恶性竞争是一种低质量的“卷”

（图片来源：新华社）

综合整治“内卷式”竞争，要多措并举、标本兼治，既要发挥政策引导作用，也要发挥改革破题作用。

统筹做优增量和盘活存量。加快全国统一大市场建设，运用市场化、法治化手段，完善技术、环保、安全、能耗等标准，强化标准引领，化解结构性矛盾，避免同质化竞争，促进产业迈向中高端。

着力规范地方政府经济促进职能。规范地方政府招商引资行为，防止地方政府过度主导项目投资和企业经营决策，坚决破除地方保护，有效避免资源浪费和低效竞争，提高资源配置效率，支持地方发展符合本地实际、体现本地特色、彰显本地优势的产业体系。

深入化解重点产业结构性矛盾。从供需两侧发力，促进产业健康发展和提质升级。引导企业以科技创新推动产业创新，增强核心竞争力，克服一哄而起上项目、急功近利挣快钱等行为，不断激发内生动力、增强竞争能力。

65. 修订出台新版市场准入负面清单

市场准入负面清单制度既是公平统一、开放透明的市场准入规则，更是政府管理方式的深刻变革。自 2018 年全面实施这项制度以来，已经发布 5 版《市场准入负面清单》，禁止准入或许可准入事项总数从 151 项缩减至 117 项。

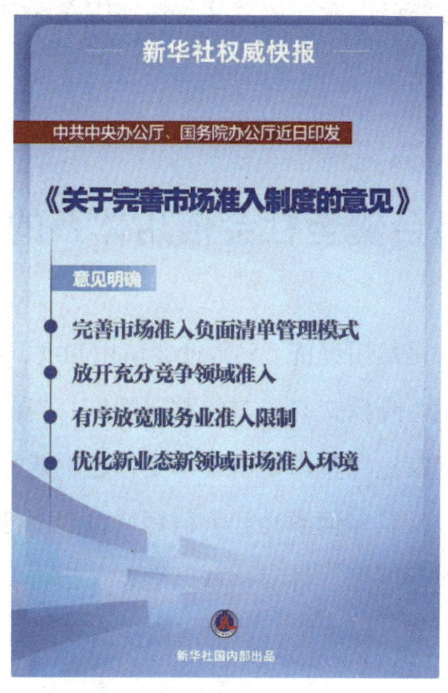

关于完善市场准入制度的意见

（图片来源：新华社）

《报告》强调，要修订出台新版市场准入负面清单，优化新业态新领域市场准入环境。今年，新版清单将根据法律法规“立改废释”、行政审批制度改革、机构改革情况，对现行版清单作出多方面修订，推动事项数量进一步缩减、准入管理更加优化。对短期不具备面上放开条件的，通过放宽准入试点先行探索。同时，严格落实“全国一张清单”管理模式，全国层面准入类清单目录和产业政策、投资政策、环境政策、国土空间规划等涉及市场准入的，全部纳入市场准入负面清单管理。

为确保市场准入制度扎实落地，国家有关部门将加快推进市场准入效能评估全覆盖，准确客观反映市场准入制度建设成效和存在问题，以评促改、以评促建，促进准入环境不断优化。同时，继续抓好海南、深圳、横琴、南沙等已出台的放宽准入特别措施落实落地，及时推动成熟经验复制推广。

66. 出台健全社会信用体系的政策

现代市场经济是信用经济。完善社会信用制度，是规范市场秩序、改善社会信用环境、降低交易成本的重要举措。当前，我国社会信用体系建设工作还存在一些突出矛盾和不足，还不能完全适应高质量发展要求，比如地方反映守信激励和失信惩戒机制不健全，信用修复难特别是异地办理难等问题。针对这些问题，《报告》提出，出台健全社会信用体系的政策，构建统一的信用修复制度。

今年将持续抓好《2024—2025年社会信用体系建设行动计划》落地见效，进一步推动社会信用体系建设高质量发展。提升信用建设法治化规范化水平，加快推动出台社会信用建设法，依法保护信用主体合法权益。

统筹推进信用基础设施建设，优化信用信息平台功能，加强个人隐私、商业秘密的保护。强化信用信息共享应用，建立标准统一、权威准确的信用记录，全面推广信用报告代替无违法违规证明。

提升信用监管效能，建立健全统一规范、协同共享、科学高效的信用修复机制。加快推进重点领域信用建设，畅通政府违约失信投诉渠道，全面健全政务信用记录。

客观的信用评价是企业经营发展的重要保障。最高人民法院今年2月17日发布6个企业名誉权司法保护典型案例，涉及传统产业、中介行业、科技企业、征信机构等不同领域，体现了人民法院对企业名誉权的全面平等保护和及时充分救济。

健全社会信用体系

（图片来源：新华社）

67. 完善企业简易退出制度

随着商事制度改革的持续深化，企业简易退出制度持续完善，在多个方面形成了一些好的做法。主要包括：营业执照“免回收”，企业申请简易注销时，无需缴回营业执照正副本，只需在审批系统中声明营业执照作废即可；注销即到即办，对于公告期届满无异议且提交材料齐全、符合法定形式的企业简易注销申请，实行即到即办；拓展简易注销登记适用范围，将简易注销登记适用范围拓展至未发生债权债务或已清偿债权债务的经营主体；实施个体工商户简易注销登记，个体工商户在提交简易注销登记申请后，无需提交承诺书，等等。但实际执行中，仍有不少经营主体反映注销存在流程复杂、部门协同难等问题，特别是很多企业反映异地迁移困难。

针对这些问题，《报告》强调，要完善企业简易退出制度。今年将在几个方面进一步优化经营主体登记事项管理制度：

一是进一步扩大适用范围，探索建立覆盖所有经营主体的强制退出和简易退出机制。

二是进一步优化注销流程，完善事前提醒、事中办理、事后服务流程，减少不必要的申请材料，对于能通过后台数据库直接调用的信息，不再要求企业重复提供；对于不适用简易注销程序的企业，待异常状态消失后，允许其再次依程序申请简易注销登记，无需重新提交全部材料。

三是进一步加强部门协同，加强市场监管、税务、人社、银行等部门单位之间的信息共享，优化部门单位之间协同工作机制。

四是进一步强化信用监管，完善信用承诺制度，通过加大守信激励和失信惩戒力度，增强简易注销相关承诺的效力。

特别是针对企业异地迁移困难的问题，今年将总结推广部分地方推行企业迁移“一件事”改革的经验做法，推动企业异地迁移直接到迁入地办理，通过建立完善统一的企业登记信息平台，使迁入地和迁出地登记机关实时共享企业档案等信息，为直接在迁入地办理迁移提供技术支撑。同时，提升税务、人社等部门迁移即办服务，便利经营主体退出。

68. 实施降低全社会物流成本专项行动

物流是实体经济的“筋络”，联接生产和消费、内贸和外贸，降低全社会物流成本是提高经济运行效率的重要举措，国际上比较一国物流费用水平高低的指标通常是社会物流总费用与 GDP 比率，2024 年我国这一比率下降到 14.1%，但与欧美日等发达经济体 8%—9% 的水平相比，仍有一定差距。我国全社会物流费用仍然偏高的问题，既有我国作为制造业大国的因素，也存在一些需要降本的空间，包括我国公路运输在货物中长距离运输上占比过高，公路、铁路、水路等运输方式结构失衡等。

为进一步推动有效降低全社会物流成本，2024 年 8 月 23 日，中共中央办公厅、国务院办公厅印发《有效降低全社会物流成本行动方案》，11 月 27 日正式向社会公开发布。

2024 年我国社会物流成本节约情况

（图片来源：央视网）

今年，国家有关部门将协调推动贯彻落实《行动方案》各项工作任务。深化铁路货运等重大改革，推进铁路重点领域改革，综合施策推动解决公路货运经营主体“小、散、弱”等问题，推进物流数据开放互联。推动制造业供应链融合创新，优化调整国家物流枢纽规划，加快实施内河水运联通工程、铁路货运网络工程，提高多式联运发展水平，推进优化运输结构攻坚工程，促进物流数智化绿色化标准化发展。加大投融资、用地用海、人才培养等政策保障力度，推进交通物流、商贸流通领域降成本。

（三）深化财税金融体制改革

69. 开展中央部门零基预算改革试点

传统预算编制主要采取基数预算法，即以上一年的支出为基数，适当考虑一定增长比例来安排有关项目的支出预算。零基预算是指在预算编制时不考虑以往预算安排基数，而是“以零为基点”，对各项支出逐项重新审查审核，根据实际支出需求和财力状况，按照轻重缓急的原则来安排支出。作为现代预算管理的重要工具，零基预算对于打破财政支出固化僵化格局、优化财政资源配置、提升财政治理效能，具有重要的作用。今年将选取财政部等 16 个中央部门开展零基预算改革试点，支持地方深化零基预算改革。零基预算改革系统性、综合性强，预算编制的工作量和技术难度都将大大增加，不仅需要科学完备的支出标准、绩效评价等关键制度和技术作支撑，还要冲破传统观念的束缚、破除利益固化的藩篱。为此，需要加快推进相关制度机制建设和配套改革。

一是强化财政资源和预算统筹。财政部门应强化预算“一盘棋”统筹，加强项目梳理、评审和优化，推动政策、资金、工作的跨部门整合协同，更好集中财力办大事。预算支出部门应摒弃“护盘子”“守基数”的意识，以实际需求和绩效结果导向申报预算，提高财政资金使用效率。

二是全面推进支出标准体系建设。支出标准是预算编制的重要依据。要全面推进支出标准体系建设，重点是根据支出政策、项目要素及成本等并结合财力水平，建立和完善分行业、分类别、分档次的预算项目支出标准体系。同时，建立健全支出标准的动态调整机制，强化支出标准应用。

三是创新构建预算绩效评价体系。将绩效理念和方法深度融入零基预算编制全过程，加快构建分行业、分领域、分层次的核心绩效指标和标准体系，强化绩效目标的导向和约束作用。高质量开展绩效评价并加大评价结果应用力度，健全绩效评价结果与预算安排、支出政策调整挂钩机制，对绩效较差的项目予以调减预算或取消安排预算，对绩效好的项目优先安排或加大资金支持。

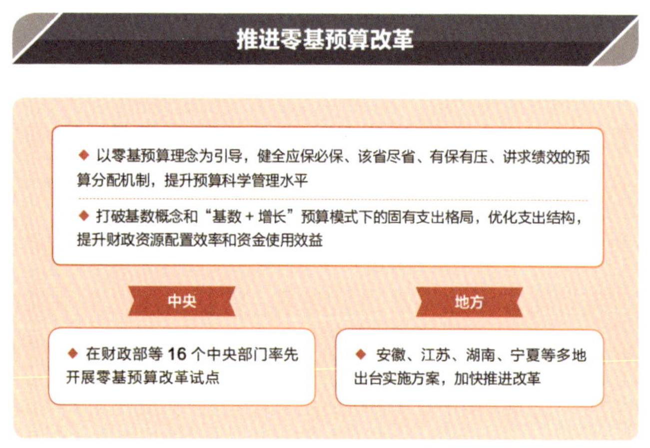
推进零基预算改革
◆ 以零基预算理念为引导，健全应保必保、该省尽省、有保有压、讲求绩效的预算分配机制，提升预算科学管理水平
◆ 打破基数概念和“基数＋增长”预算模式下的固有支出格局，优化支出结构，提升财政资源配置效率和资金使用效益
中央
地方
◆ 在财政部等16个中央部门率先开展零基预算改革试点
◆ 安徽、江苏、湖南、宁夏等多地出台实施方案，加快推进改革

推进零基预算改革有关安排

（图片来源：财政部网站）

70. 加快推进部分品目消费税征收环节后移并下划地方

消费税在我国税制中占有重要地位，主要是对特定消费品和消费

行为征收。从收入规模看，2024 年我国国内消费税收入 1.65 万亿元，约占全部税收收入的 9.45%，是仅次于增值税和企业所得税的第三大税种，目前消费税全部归属中央。从征收范围看，消费税的课税商品主要包括：一是对生态环境有不利影响和消耗自然资源的消费品，如汽车、摩托车、成品油、实木地板、木制一次性筷子等；二是过度消费不利于居民健康的消费品，如烟、酒等；三是以少数高收入群体为消费主体的奢侈类消费品，如高尔夫球及球具、游艇、高档手表、贵重首饰及珠宝玉石等。从征收环节看，我国消费税主要集中在生产、委托加工或进口环节征税，个别品目在批发或零售环节有加征。

消费税税目税率表

税　目	税　率
一、烟	
1. 卷烟	45% 加 0.003
(1) 甲类卷烟	元 / 支
(2) 乙类卷烟	30% 加 0.003
2. 雪茄烟	元 / 支
3. 烟丝	25%
	30%
二、酒及酒精	20% 加 0.5
1. 白酒	元 /500 克 (或
2. 黄酒	500 毫升)
3. 啤酒	240 元 / 吨
(1) 甲类啤酒	
(2) 乙类啤酒	250 元 / 吨
4. 其他酒	220 元 / 吨
5. 酒精	10%
	5%
三、化妆品	30%
四、贵重首饰及珠宝玉石	
1. 金银首饰、铂金首饰和钻石及钻石饰品	5%
2. 其他贵重首饰和珠宝玉石	10%

（续表）

税　　目	税　　率
五、鞭炮、焰火	15%
六、成品油	
1. 汽油	
（1）含铅汽油	0.28元/升
（2）无铅汽油	0.20元/升
2. 柴油	0.10元/升
3. 航空煤油	0.10元/升
4. 石脑油	0.20元/升
5. 溶剂油	0.20元/升
6. 润滑油	0.20元/升
7. 燃料油	0.10元/升
七、汽车轮胎	3%
八、摩托车	
1. 气缸容量（排气量，下同）在250毫升（含250毫升）以下的	3%
2. 气缸容量在250毫升以上的	10%
九、小汽车	
1. 乘用车	
（1）气缸容量（排气量，下同）在1.0升（含1.0升）以下的	1%
（2）气缸容量在1.0升以上至1.5升（含1.5升）的	3%
（3）气缸容量在1.5升以上至2.0升（含2.0升）的	5%
（4）气缸容量在2.0升以上至2.5升（含2.5升）的	9%
（5）气缸容量在2.5升以上至3.0升（含3.0升）的	12%
（6）气缸容量在3.0升以上至4.0升（含4.0升）的	25%
（7）气缸容量在4.0升以上的	40%
2. 中轻型商用客车	5%
十、高尔夫球及球具	10%
十一、高档手表	20%
十二、游艇	10%
十三、木制一次性筷子	5%
十四、实木地板	5%

（资料来源：2008年修订的《中华人民共和国消费税暂行条例》）

将消费税征收环节后移并下划地方，有助于拓展地方财政的收入来源、增加地方自主财力，同时不会增加纳税人负担，反而有助于减轻生产企业的资金压力。这项改革已提出多年，各方面期待较高。今年《报告》明确要“加快推进部分品目消费税征收环节后移并下划地方”，有关部门将制定方案，推动改革加快落地。由于批发零售环节的纳税人数量多、征管难度较大，为顺利推进改革，将优先选择消费终端明确、征管可控的品目开展试点，在此基础上逐步扩大后移品目范围。

71. 大力推动中长期资金入市

稳定股市对于当前稳定市场预期、促进经济持续向好具有重要作用。从发达国家成熟市场的经验看，中长期资金是维护资本市场平稳健康运行的“压舱石”和“稳定器”。今年，相关部门将重点加快建设培育鼓励长期投资的资本市场生态，打通资金入市堵点卡点，促进社保基金、保险资金、年金、理财等领域国有金融资本发挥好“头雁”作用，带动其他类型中长期资金加大入市力度。

稳步提高中长期资金投资股市的规模和比例。目前，保险资金、公募基金等中长期资金配置股票资产还有比较大的提升空间，今年将重点挖掘他们的投资潜力。一方面，推动保险资金加大投资力度，通过加强监管引导，完善考核政策等措施，推动大型国有保险公司力争每年新增保费的30%用于投资股市；另一方面，大力发展权益类公募基金，加大政策支持力度，推动公募基金持有A股流通市值未来三年每年至少增长10%。

完善激励中长期资金入市的配套政策。多年来，考核周期过短是制约中长期资金入市投资的突出障碍，很大程度上导致了部分机构投资行为的短期化。今年，相关部门将推动公募基金、国有商业保险公司、基本养老保险基金、年金基金等全面建立实施 3 年以上长周期考核，大幅降低国有商业保险公司当年度经营指标考核权重，细化明确全国社保基金 5 年以上长周期考核安排，让“长钱”真正能够“长投”。

大力推动中长期资金入市

（图片来源：AI 生成）

72. 改革优化股票发行上市和并购重组制度

我国资本市场股票发行上市制度从建立初期实行的审批制到 2023 年全面实行注册制，经历了 30 多年的演变发展，市场化、法治化、国际化程度不断提高，有力支持了实体经济发展。但相对于国际成熟资本市场而言，我们实行注册制的时间还很短，还有不少制度建设需要逐步调整完善优化。今年，相关部门将继续推动股票发行注册制走深走实，使发行上市全过程更加规范、透明、可预期。

股票发行注册制的核心是信息披露，深化改革将围绕这个重点，进一步完善信息披露制度，严格把好信息披露质量关，让企业充分、真实披露信息，严厉打击各类造假和违规行为。特别是压实中介机构的“看门人”责任，推动他们忠实履职，为投资者负责。同时，更好发挥证券交易所和证监会各自职能，完善证券交易所审核和证监会注册各有侧重、相互衔接的基本架构，加强发行上市全链条监管。

并购重组制度也是资本市场的重要基础制度，对于优化上市公司结构，促进企业特别是科创企业做大做强十分重要。当前，推进并购重组制度改革，重点是完善相关监管机制，支持上市公司向新质生产力方向转型，加强产业整合力度。主要包括完善限售期规定、大幅简化审核程序、进一步提高监管包容度、支持企业灵活发行股权融资工具、更好发挥中介机构作用等。通过这些措施，支持上市公司围绕科技创新并购产业链上下游资产，开展基于转型升级等目标的跨行业并购，以及有助于补链强链和提升关键技术水平的未盈利资产收购，促进企业更好整合资源，实现强强联合和健康发展。

热点链接

我国股票发行上市制度的发展历程

20 世纪 90 年代我国资本市场建立至今，股票发行上市制度大体经历了 4 个发展阶段。第一个阶段是审批制，主要是沪深市场建立初期至 2000 年，股票发行上市实行额度管理和指标管理。第二个阶段是核准制，从 2001 年《中华人民共和国证券法》修订后开始实施，主要由券商和保荐机构进行申报，证监会负责合规性和实质性审核。第三个阶段是试点注册制，从 2019 年起在新设立的科创板试点实施注册制，股票发行上市以信息披露为核心，证监会不再实施行政审批，2020 年推广到创业板，2021 设立的北交所也实行了注册制。第四个阶段是全面实行注册制，从 2023 年起将注册制进一步推广到主板，所有板块和交易所股票发行上市均采用注册制。

73. 加快多层次债券市场发展

债券市场是重要的直接融资渠道，我国债券市场自建立以来快速发展，当前规模稳居世界第二，为经济社会发展作出了积极贡献。随着我国高质量发展持续推进，新质生产力不断发展壮大，对债券市场功能提出了更高的要求。特别是近两年，科创企业对债券融资的需求非常突出，而由于企业体量小、发展阶段早，发债难度很大，需要通过进一步深化改革有效解决这些问题。当前重点是进一步健全债券发行、交易和管理制度，扩大债券市场容量，丰富债券产品谱系，进一步完善市场基础制度，更好满足不同类型企业和机构融资需求。

建立债券市场“科技板”。这是多层次债券市场建设的一项重大改革，也是金融支持科技创新的又一重大举措。相关部门将进一步完善科技创新债券发行管理机制，创设信用保护工具、担保等方式为企业和机构提供增信支持，鼓励金融机构、科创企业、股权投资机构等主体加大科技创新债券发行力度，拓宽资金来源。通过多元化债券产品、政策激励与市场化机制相结合，进一步缓解科技企业融资难题。

进一步丰富债券品种。加强对民营企业、绿色发展、小微企业、“三农”等领域的支持。引导金融机构加大专项金融债券的发行力度，积极发展碳中和债券、转型债券、乡村振兴债券等特色产品。积极发展相关领域资产证券化，更好服务做好“金融五篇大文章”。

加强市场制度建设。进一步完善信息披露、风险防范和预警、违约处置等机制，压实中介机构和信用评级机构责任。进一步加强市场互联互通，提高市场透明度，增强投资者保护，夯实债券市场健康发展的制度基础。

政策传真

债券市场“科技板”

为进一步加大对科技创新的金融支持力度，中国人民银行将会同证监会、科技部等部门，创新推出债券市场的“科技板”。支持金融机构、科技型企业、私募股权投资机构等三类主体发行科技创新债券，丰富科技创新债券的产品体系。一是支持商业银行、证券公司、金融资产投资公司等金融机构发行科技创新债券，拓宽科技贷款、债券投资和股权投资的资金来源。二是支持成长期、成熟期科技型企业发行中长期债券，用于加大科技创新领域的研发投入、项目建设、并购重组等。三是支持投资经验丰富的头部私募股权投资机构、创业投资机构等发行长期限科技创新债券，带动更多资金投早、投小、投长期、投硬科技。同时，债券市场“科技板”会根据科技创新企业的需求和股权基金投资回报的特点，完善科技创新债券发行交易的制度安排，创新风险分担机制，降低发行成本，引导债券资金更加高效、便捷、低成本投向科技创新领域。

（资料来源：中国人民银行）

六

扩大高水平对外开放，积极稳外贸稳外资

以开放促改革、促发展是我国现代化建设不断取得新成就的重要法宝。《报告》提出，无论外部环境如何变化，始终坚持对外开放不动摇，稳步扩大制度型开放，有序扩大自主开放和单边开放，以开放促改革促发展。今年，面对更加严峻复杂的外部环境，将稳定对外贸易发展，大力鼓励外商投资，推动高质量共建“一带一路”走深走实，深化多双边和区域经济合作，以高水平对外开放促进深层次改革、高质量发展。

（一）稳定对外贸易发展

74. 优化融资、结算、外汇等金融服务

外贸稳定发展离不开金融的助力。近年来，金融部门主动引导融资成本下行，优化跨境人民币结算环境，指导金融机构为外贸企业提供汇率避险服务，取得积极成效。2024 年 12 月新发放的企业贷款利率约为 3.43%，同比下降 0.36 个百分点；货物贸易人民币收付金额占本外币跨境收付金额的比重和企业外汇套期保值比率处于较高水平。2025 年，有关部门将根据形势变化和企业需求进一步加大金融支持，帮助企业纾困解难。

加大对外贸企业的融资支持。2024 年 11 月，商务部印发的《关于促进外贸稳定增长的若干政策措施》中，明确提出“加大对外贸企业的融资支持力度”。支持金融机构丰富信贷产品和服务，加大供应链金融、产业链承保、无形资产质押融资、保单融资等产品供给。鼓励商务主管部门和金融机构之间开展多层次合作，促进数据共享，更好满足外贸企业的融资需求。对有订单、有信用但受外部遏制打压或加征关税影响的外贸企业，金融机构应及时伸出援手，在做好贸易背景真实性审查的前提下积极提供融资支持，帮助企业渡过难关。

优化跨境支付结算服务。推动支付结算机构“走出去”，提供更加高效、便捷、安全的结算服务，帮助外贸企业提高资金周转效率。引导银行机构持续优化跨境人民币融资和结算产品。完善跨境贸易人民币结算等基础性制度，推动进一步扩大人民币跨境使用。

丰富外汇避险工具。支持银行机构丰富小币种套期保值工具，推动发展中长期外汇衍生品交易市场。鼓励有条件的地方推动政银企担多方联动，帮助中小微企业降低汇率避险成本。加大对《企业汇率风险管理指引》（2024 年版）等汇率避险知识的宣传，引导更多外贸企业牢固树立风险中性意识，主动管理汇率风险。

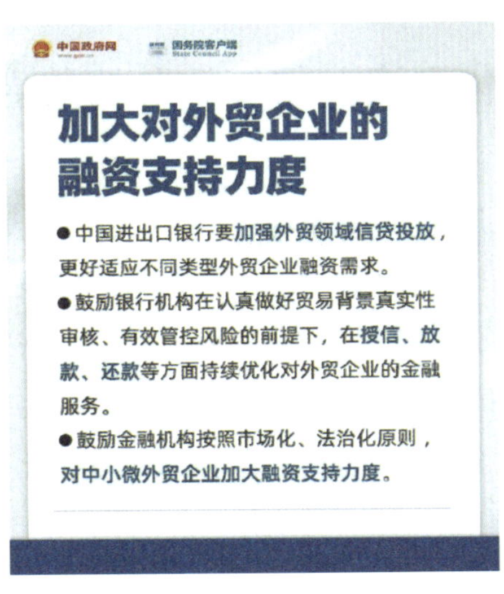

加大对外贸企业的融资支持力度

（图片来源：中国政府网）

75. 扩大出口信用保险承保规模和覆盖面

出口信用保险是为保障出口企业收汇安全提供的政策性保险服务，也是世界贸易组织规则允许、各国普遍采用的风险保障工具。2024 年，中国出口信用保险公司（以下简称“中信保公司”）的总承保金额首次超过 1 万亿美元、同比增长 10%，服务客户 22.7 万家、同比增长 12.4%，为促进外贸稳定增长、保障重点产业链供应链安全稳定发挥了积极作用。2025 年，随着一些国家单边主义、保护主义加剧，我国外贸企业开拓国际市场的难度很可能增加，需要进一步扩大出口信用保险承保规模和覆盖面，为企业当好“后盾”。

丰富信用保险产品和服务供给。对跨境电商、市场采购贸易等外贸新业态新模式，继续扩大出口信用保险的覆盖面，加大政策引导和资源投入。比如，针对跨境电商特点开发相应的风险保障产品，围绕知识密集型服务出口等推进承保模式创新，围绕发展中间品贸易、绿色贸易扩大承保规模等。同时，用好中信保公司贴近市场一线的优势，密切跟踪外贸形势变化，优化对企信息服务。

加强对共建“一带一路”重点项目的支持。除了短期信用保险外，还要创新发展中长期信用保险服务，统筹推进标志性工程和“小而美”项目。推动“丝路电商”合作先行区、境外经贸合作区等建设，强化贸易畅通与资金融通联动发展。

2024《国家风险分析报告》发布会暨国家风险管理论坛在京举办

（图片来源：中信保公司网站）

牢牢守住风险底线。在推动信用保险扩面加力、履行政策性职能的同时，也要坚决防范化解各类风险。需要以系统思维谋划风险管理工作，持续健全合规管理、风险控制等制度，探索实施人工智能、大数据在风险管理领域的应用，提高风险管理效能。

76. 促进跨境电商发展

促进跨境电商发展，对培育壮大我国外贸新动能新优势、促进外贸持续健康发展，有着重要意义。当前，跨境电商面临不少挑战，今年有关部门将进一步加大政策支持力度，推动跨境电商持续建康发展。

培育壮大跨境电商经营主体。截至2024年底，我国从事跨境电商业务的企业超过15万家，不仅新注册企业数量迅速增长，不少传统外贸企业也主动转型、积极拓展跨境电商业务，在开拓出口新空间的同时，也为国内消费者提供了更丰富的购物选择。有条件的地方要依托跨境电商综合试验区、跨境电商产业园区等，积极发展“跨境电商+产业带”，探索与境外经贸合作区协同发展。对规模大、带动效应好的跨境电商企业可通过“一企一策”帮助其增强创新能力、加强品牌建设，带动产业链上下游企业共同开拓境外市场。

完善跨境寄递物流体系。支持物流企业结合跨境电商特点，加强海运、空运、铁路运输、多式联运等运输保障能力，完善邮快件货运设施，持续推进海外智慧物流平台建设。鼓励有条件的国内物流、运输企业与东道国寄递企业合作发展海外尾程物流配送，提升“最后一公里”履约能力。

加强海外仓建设。落实好跨境电商出口海外仓“离境即退税、销售再核算”等政策。发挥服务贸易创新发展引导基金、股权投资基金等各类资金作用，为海外仓企业发展“加油添力”。优化海外仓布局，鼓励相关企业入驻商贸物流型境外经贸合作区。促进中欧班列沿线海外仓建设，积极发展“中欧班列+跨境电商”模式。

促进跨境电商海外仓发展

（图片来源：央视网）

提升企业合规经营水平。引导跨境电商企业遵守东道国法律法规和风俗习惯。支持地方加大知识产权保护等针对性培训。加快建设跨境电商合规出海平台，为企业提供海外法务、税务资源对接，指导企业妥善应对海外纠纷。

77. 拓展境外经贸合作区功能

境外经贸合作区是中国企业在有关国家投资建设或与当地企业共同建设的产业园区。在共建“一带一路”倡议引领下，境外经贸合作区建设取得积极成效，对于支持国内企业开拓国际市场、深化互利合作、促进当地经济社会发展和工业化进程发挥了重要的作用。截至2024年底，境外经贸合作区累计投资约840亿美元，上缴东道国税费近150亿美元，为当地创造了超过58万个就业岗位。柬埔寨西哈努克港经济特区等一批合作效果好、辐射效应大的园区，已成为开展互利合作的投资热土。

今年将继续按照“互利共赢、共同发展”的原则，以深化产业链供应链国际合作、完善海外综合服务作为主要方向，更好发挥境外经贸合作区独特平台优势，持续拓展合作区功能，打造双边经贸合作典范。

一方面，拓展产业链供应链国际合作功能，推动境外经贸合作区深度参与全球产业分工。结合东道国产业发展需求，加强基础设施建设、生产要素集聚、产业空间承载、产供链配套协同和区域市场辐射，支持合作区向产业链上下游延伸，进一步增强对中国企业、东道国企业和其他国家企业的吸引力。加快推进绿色低碳发展和数字化引领赋能，为境外经贸合作区发展注入持续动力。

柬埔寨西哈努克港经济特区

（图片来源：中新网）

另一方面，强化海外综合服务功能，提升境外经贸合作区的竞争优势。探索“一站式”综合服务平台建设，持续丰富合作区服务供给，优化拓展专业咨询、运营管理、融资支持、商贸物流、金融、法律等方面服务功能，进一步提升服务质量和能力，更好满足入区企业的多样化需求。

78. 支持内外贸一体化发展

内外贸一体化是加快构建新发展格局、推动高质量发展的内在要求。在外部环境复杂多变的情况下，内外贸一体化有助于帮助企业在国内外市场之间自如切换，在一个市场遇到困难时能迅速转向另外一个市场，实现两个市场相互支撑、协调发展。近年来，有关部门和地方在内外贸一体化方面做了大量工作，取得了积极进展。但从微观层面看，内外贸一体化不是市场简单切换，而是有效打通渠道、结算、标准等方面的卡点堵点，这需要持续用力、久久为功。今年将重点做好以下工作：

加强内外贸市场渠道对接。一方面，支持外贸企业拓展国内市场，鼓励出口代工企业与国内的知名品牌商、采购商合作，充分利用国内品牌和成熟销售渠道打开内销市场；另一方面，发挥好广交会、链博会等各类展会以及跨境电商、海外仓、市场采购贸易等新业态新模式的作用，支持内贸企业拓展国际市场。

有效降低销售回款风险。着眼于改善国内贸易信用环境，鼓励保险机构开展国内贸易信用保险业务，完善拖欠账款常态化预防和清理机制，为出口企业转内销解除后顾之忧。

促进内外贸标准衔接。对标国际先进水平，及时将先进适用的国际标准转化为国内标准。对已经取得发达国家认证的产品，在安全风险可控前提下，探索在内销时采信已有认证结果，避免进行重复认证。推动与更多国家和地区开展检验检疫电子证书国际合作，扩大第三方检验检测结果采信范围，促进内外贸检验认证衔接。

政策传真

党中央文件多次对内外贸一体化作出部署

2003 年 10 月，《中共中央关于完善社会主义市场经济体制若干问题的决定》提出，按照市场经济和世贸组织规则的要求，加快内外贸一体化进程。

2020 年 10 月，《中共中央关于制定国民经济和社会发展第十四个五年规划和二 O 三五年远景目标的建议》提出，完善内外贸一体化调控体系，促进内外贸法律法规、监管体制、经营资质、质量标准、检验检疫、认证认可等相衔接，推进同线同标同质。

2024 年 7 月，《中共中央关于进一步全面深化改革、推进中国式现代化的决定》提出，加快内外贸一体化改革。

79. 推动服务贸易创新发展

2024 年我国服务贸易规模首次突破 1 万亿美元、同比增长 13.2%，对外贸发展的拉动作用日益凸显。在全球服务业加快发展、国内服务消费扩容升级的背景下，服务贸易发展潜力仍然较大。今年将重点做好以下工作：

积极鼓励服务出口。近年来，我国知识密集型服务出口保持良好发展态势，企业竞争力持续增强，服务外包规模也快速增长。但服务出口在退税、融资、监管等方面仍有一些堵点，需要加快研究解决，提高支持政策的精准度和覆盖面。要发挥好特色服务出口基地的作用，提升传统优势服务竞争力，通过数字技术、人工智能等为服务贸易赋能，促进中国服务“走出去”。

通过高水平开放扩大优质服务进口。这是我国扩大自主开放、深化双多边经贸关系的重要方面。要实施好跨境服务贸易负面清单，及时调整与负面清单不符的法规规章和其他规范性文件，推动服务贸易梯度开放。要做好服务业扩大开放综合试点示范工作，支持试点地区立足自身开展差异化探索。我国已经在增值电信、生物技术、医疗领域推出了一批新的开放举措，需要推动试点尽快落地，及时复制推广相关经验。

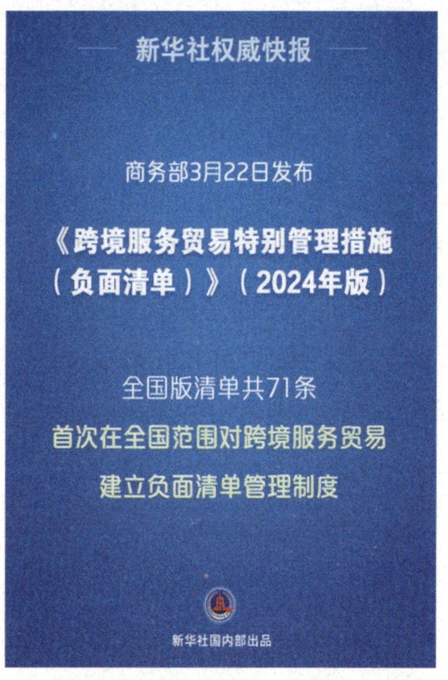

商务部发布《跨境服务贸易特别管理措施（负面清单）》（2024 年版）

（图片来源：新华社）

促进服务贸易和服务消费联动发展。一方面，积极发展入境旅游，优化签证、通关等政策措施，加快完善相关基础设施，培育教育、医疗、康养、体育赛事等服务出口新增长点；另一方面，建设国家服务贸易创新发展示范区，打造服务贸易综合改革开放平台，吸引更多外资来华提供服务或设立服务企业，增加高品质服务供给。

80. 培育绿色贸易、数字贸易等新增长点

绿色贸易是注重环境保护和资源节约，减少对生态系统的负面影响，促进可持续发展的贸易形式。数字贸易是以数据为关键生产要素，通过数字化方式开展商品服务和数据交易的贸易形态，涵盖数字货物贸易、数字技术贸易数字服务贸易和跨境数据流动贸易等领域。在严峻复杂的外部环境下，积极培育绿色贸易、数字贸易等新增长点，对

于有效应对风险挑战、稳定外贸基本盘十分重要。2025 年将重点做好以下工作：

在绿色贸易方面：促进发展转型。推动产品研发、原料采购、生产制造、仓储物流、市场营销等外贸产供链各环节、全过程绿色低碳发展，带动相关产品和服务进出口。**优化公共服务。**持续提升服务平台、专题培训等公共服务水平，加强政策规则解读、市场信息共享、优秀经验分享，提升外贸企业绿色低碳意识和绿色发展能力。推动第三方碳服务机构与外贸企业加强对接，提升碳足迹认证等碳服务的质量和效率。**推进国际合作。**继续通过经贸领域多双边渠道加强沟通磋商，积极参与高标准经贸协定涉绿色议题谈判，拓展绿色低碳领域国际经贸合作，为促进全球绿色贸易发展作出积极贡献。

在数字贸易方面：培育壮大经营主体。重点培育一批具有较强创新力和影响力的领军企业，以及外向度高、具有独特竞争优势的中小型数字贸易企业，打造具有国际竞争力的数字产业集群。**推进数字贸易对外开放。**完善准入前国民待遇加负面清单管理模式，鼓励外商扩大数字领域投资；在保障重要数据和个人信息安全的前提下，建立高效便利安全的数据跨境流动机制，促进数据跨境有序流动。**建设数字贸易平台。**鼓励数字领域各类改革开放措施在有条件的数字服务出口平台、自贸试验区和自贸港开展先行先试和压力测试。建设好数贸会等平台，支持其发挥更大作用，推进数字贸易领域交流合作。**深化数字贸易国际合作。**积极参与数字贸易国际规则制定，加强人工智能、大数据、跨境结算、移动支付等领域国际合作，深化数字基础设施互联互通。

此外，跨境电商、保税维修等外贸新业态新模式近年来发展较快，将支持其进一步发展壮大，为外贸发展增动力、添活力。

第三届全球数字贸易博览会

（图片来源：新华网）

81. 推进智慧海关建设与合作

2024 年，智慧海关建设聚焦安全、便利、高效，在精准防范化解风险、便利人员和货物跨境流动、系统推动高效监管方面取得显著成效。海关大数据池已积累数据超 2600 亿条，为精准识别监管对象提供多维度数据支撑。在国际贸易“单一窗口”推出智能辅助申报功能，有效提高申报准确性。推广应用单证智慧审核、视频远程检查等创新手段，智慧属地查检压缩单票报关单作业时间 90%。2025 年，将以集成、合作、赋能为着力点，加快推进智慧海关建设，努力营造海关智治新生态。

聚焦系统集成，加快整体建设。在全面推进各项目建设的基础上，重点推动各项目系统集成，力争完成智慧海关知识库、模型库、运行监控平台等九大标志性工程主体功能和主要场景项目建设，全面开展试点应用和复制推广，同步推进关联场景前伸后延，实现海关作业转型升级、业务流程优化再造，为 2026 年建成智慧海关基本框架奠定坚实基础。

深化成果应用，促成更多合作。2024 年 12 月，中国海关与世界海关组织合作开发的全球“智慧海关”在线合作平台——“智慧海关社区门户”网站上线。这是依托世界海关组织官网建设的首个以智慧海关为主题、聚焦技术与创新交流合作的专题网站。接下来，将以建设全球“智慧海关”在线合作平台和金砖国家海关示范中心作为重要任务，全面总结提炼智慧海关建设经验，建立国际合作项目库，积极宣介智慧海关建设成果，为世界海关现代化建设贡献“中国方案”。

强化科技赋能，提升监管能力。准确把握人工智能、大模型等新技术发展带来的深刻变革，主动引入人工智能等先进技术，加快 DeepSeek 等大模型部署，推动在申报、审单、查检等业务环节取得应用突破，加快中国海关现代化进程，更好履行守国门、促发展的职责使命。

旅客在横琴口岸旅检通道过关

（图片来源：《人民日报》）

（二）大力鼓励外商投资

82. 推进服务业扩大开放综合试点示范

国家服务业扩大开放综合试点示范是我国推进高水平对外开放的重要举措。自 2015 年启动以来，试点示范实施范围拓展到全国 20 个省市，基本形成覆盖东南西北中、引领产业发展的开放布局，试点示范省市形成 9 批 190 多项创新成果，向全国进行复制推广。2024 年，试点示范省市服务业吸收外资 412.6 亿美元，占全国服务业吸收外资的 50.2%，“为国家试制度、为地方谋发展”的作用充分显现。

下一步，将进一步优化国家服务业扩大开放综合试点示范，更好为全国服务业高水平开放、高质量发展积累经验、探索路径。

扩大重点领域开放。当前，服务业开放合作日益成为推动全球发展的重要力量。2019—2023 年，全球服务业跨国投资年均增长 6.7%，占跨国投资总量的比重从 49.2% 上升到 51.4%。要积极扩大服务业领域开放合作，在电信、医疗、金融等领域推出更多自主开放措施，优先在试点示范省市实施，赋予试点新内容新任务。

持续推进制度型开放。试点示范既是产业开放平台、投资贸易合作平台，也是重要的制度建设平台。要主动对接国际高标准经贸规则，积极参与服务业领域规则标准国际合作，促进相通相容。支持试点示范省市专项推进标准化建设，以标准制订更好促进开放、引领创新。

优化试点区域布局。试点示范省市对外开放各具特色优势，在推动区域合作方面具有较大潜力。要适时将更多服务业发展基础好、区域和产业代表性强的地方纳入试点范围，促进区域间创新协同、市场共建、产业联动、要素融通，推动落实国家区域发展战略，更好服务构建新发展格局。

加强创新成果复制推广。加快试点实施节奏，提高试点任务更新频次，支持试点示范省市深入探索实践，在服务业新兴业态发展、现代服务业同先进制造业融合发展、国际区域合作等领域，加快形成更多创新成果，及时向全国复制推广。

政策传真

服务业扩大开放

2024 年 2 月，国务院办公厅印发《扎实推进高水平对外开放更大力度吸引和利用外资行动方案》提出，发挥国家服务业扩大开放综合示范区开放引领作用，精准对接产业发展需求，率先建设与国际高标准经贸规则相衔接的服务业开放体系，并适时在服务业扩大开放综合试点地区梯次对接。

2024 年 7 月，《中共中央关于进一步全面深化改革、推进中国式现代化的决定》提出，推进服务业扩大开放综合试点示范。

2025 年 4 月，国务院关于《加快推进服务业扩大开放综合试点工作方案》的批复提出，将大连市、宁波市、厦门市、青岛市、深圳市、合肥市、福州市、西安市、苏州市等 9 个城市纳入试点范围。

83. 扩大电信、医疗、教育等领域开放试点

我国制造业领域外资准入限制措施已“清零”，稳步推进服务业开放成为扩大高水平对外开放的重要内容。2024 年，我国在北京、上海、海南、深圳开展增值电信业务扩大对外开放试点；在北京、上海、

广东自由贸易试验区和海南自由贸易港，试点允许外商投资企业从事人体干细胞、基因诊断与治疗技术开发和技术应用；在北京、天津、上海等9个地方，试点允许设立外商独资医院。相关试点取得积极进展，截至2024年底，有2343家外资企业获准在华经营电信业务，首家外商独资三级综合医院2025年2月已开诊。

下一步，将扩大电信、医疗、教育等领域开放试点，更好发挥试点示范引领作用。

抓好试点政策落实。加快推进增值电信、生物技术、外商独资医院等领域试点开放工作，加强政策宣传解读，支持外资企业积极参与试点，探索更多新业态，激发市场活力。加强服务保障，对相关领域外商洽谈项目开展“专班式”跟踪服务，及时协调解决外资企业面临的问题，推动项目尽早落地。

适时扩大试点地区范围。根据试点实施情况和外资企业意愿，不断完善开放政策，主动对接国际高标准经贸规则，持续提升试点领域对外开放水平，适时扩大试点地区范围，选取部分具备条件的自贸试验区、服务业扩大开放试点示范省市开展试点。及时总结推广试点地区好的经验做法，释放政策示范效应。

首家外商独资三级综合医院正式开诊

（图片来源：人民网）

积极拓展试点行业领域。随着我国人民生活水平不断提高，对服务领域的需求呈现多层次、多元化、国际化等新特点，通过先试点再评估推广的方式扩大服务业开放，有利于进一步提升服务市场供给能力和水平，更好满足人民对优质服务的需求。要在前期试点基础上，研究制定教育、文化等领域扩大开放试点实施方案，成熟一批推出一批。

84. 鼓励外国投资者扩大再投资

我国超大规模市场和良好的营商环境为外资企业带来了丰厚利润，大量外资企业将在华所获利润用于再投资，充分体现了中国市场对外资的强大吸引力。特别是 2018 年以来，我国实施外商再投资递延纳税政策，对外资企业以分配利润直接投资暂不征收预提所得税，有效促进了外资企业再投资。2024 年，享受递延纳税政策的外商在华再投资金额达 1622.8 亿元，同比增长 15%。

政策传真

2024 年外商在华再投资三大亮点

主要国家投资者再投资金额稳步增长。日本、新加坡、韩国、美国投资者再投资金额同比分别增长 1.6 倍、1.4 倍、66.5% 和 26%。

外商再投资行业持续扩围。再投资资金流向 68 个行业大类，较 2023 年增加 3 个，专用设备制造业、医药制造业吸引外商再投资金额同比分别增长 1.3 倍和 24%。

西部地区再投资吸引力增强。西北、西南等西部地区再投资增长较快，吸引外商再投资金额同比增长 60.6%。

（资料来源：《人民日报》）

从相关部门调研情况看，外资企业用在华所获利润扩大再投资的潜力仍然很大。下一步，将加快研究制定鼓励外资企业境内再投资的政策措施，加大支持力度，促进外资企业继续在华增资扩产、发展壮大。

加强服务保障。简化外资企业境内再投资相关事项办理程序，提高项目审批工作效率，优化项目备案管理，进一步提升外资企业再投资的便利度。在优化各类生产要素配置、强化重大外资项目工作专班支撑、加强项目全流程服务等方面，统筹对符合条件的再投资项目予以支持。

强化金融支持。对有再投资意向但流动资金不足的外资企业，鼓励金融机构按照市场化原则，为符合条件的再投资项目提供金融服务和融资支持。取消外商投资性公司使用境内贷款限制，允许外商投资性公司使用境内贷款开展股权投资。

拓展投资领域。落实全面取消制造业领域外资准入限制要求，修订市场准入负面清单，进一步压减清单事项，畅通外资企业再投资渠道。修订扩大《鼓励外商投资产业目录》，引导外资企业将在华所获利润更多投向现代服务业等领域。再投资项目符合鼓励外商投资产业目录等条件的，按规定享受进口自用设备免征关税等优惠政策。

85. 切实保障外资企业国民待遇

外资企业国民待遇是指把外资企业当作本国企业平等对待。保障外资企业国民待遇是我国优化营商环境的重要举措，也是加快建设全国统一大市场的重要内容。近年来，我国全面清理违反公平竞争的行为和政策措施，确保外资企业平等享受大规模设备更新和消费品以旧换新等补贴政策，受到外资企业广泛好评。

商务部召开大规模设备更新和消费品以旧换新政策专场解读外资企业圆桌会

（图片来源：商务部网站）

下一步，将聚焦外资企业关注和诉求，进一步完善相关举措，切实保障外资企业在要素获取、资质许可、标准制定、政府采购等方面的国民待遇，不断优化公平竞争环境。

建立政府采购本国产品标准体系。尽快制定出台相关文件，明确政府采购本国产品标准，确保不同所有制企业在中国境内生产的产品平等参与政府采购活动。加快推进《中华人民共和国政府采购法》修订，研究制定“中国境内生产”的具体标准。完善政府采购相关质疑投诉和行政裁决机制，做好外资企业投诉处理工作。

支持外资企业公平参与标准制修订。提高国家标准制修订工作的透明度、开放性，支持外资企业通过全国标准信息公共服务平台参与标准立项、组织制定、征求意见、审查等各环节。提升先进制造、工程材料、信息通信等标准化技术委员会委员组成的广泛性，在标准化组织的组建、换届中，吸收更多外资企业委员。

拓宽外资企业融资渠道。开展重点外资企业贷款需求及投资经营情况调研，有针对性地举办银企对接活动，鼓励金融机构按照市场化原则为外资企业提供融资服务。引导各类基金与外资企业开展股权投资合作，支持在华外资企业扩大投资经营规模、深耕中国市场。

86. 推动自贸试验区提质增效和扩大改革任务授权

建设自贸试验区是党中央在新时代推进改革开放的重要战略举措。2013 年以来，我国先后设立 22 个自贸试验区，形成了覆盖东西南北中的改革开放创新格局，推出了外资准入负面清单、跨境服务贸易负面清单等一大批标志性、引领性制度创新成果，有效发挥了改革开放综合试验平台作用。

上海自由贸易试验区临港新片区景观

（图片来源：人民网）

下一步，将全面贯彻落实中央全面深化改革委员会第六次会议审议通过的《关于实施自由贸易试验区提升战略的意见》，鼓励首创性、集成式探索，推动自贸试验区制度型开放水平、系统性改革成效、开放型经济质量全面提升。

对接国际高标准经贸规则，打造制度型开放新高地。2023 年以来，国家支持有条件的自贸试验区试点对接国际高标准经贸规则推进制度型开放，取得积极成效。要做好试点实施情况总结评估，及时将具备条件的试点措施推广至其他自贸试验区。研究制定进一步深化对接的方案，开展更广领域、更深层次、更大力度的制度型开放试验。进一步扩大外资市场准入，在跨境服务贸易等领域加大开放压力测试力度。

扩大改革任务授权，为全面深化改革积累新经验。加强改革整体谋划和系统集成，围绕贸易、投资、数据、金融、人才、科技创新和产业发展等重点领域，因地制宜开展新一轮系统性、集成化改革赋权。集中推出一批引领性、集成性改革举措，助力解决科技创新、数据流动、贸易新业态新模式发展等领域痛点难点问题，更好发挥自贸试验区在改革创新方面的“头雁”效应。

推动全产业链创新发展，为高质量发展培育新动能。支持自贸试验区发挥产业基础好、集聚度高、创新力强的优势，围绕大宗商品、生物医药、海洋经济等重点领域深入开展差别化探索，推动全产业链集成创新，打造更多世界领先的产业集群。

同时，加紧推进海南自由贸易港核心政策落地，精心做好各项准备工作，确保封关运作平稳有序。聚焦实现贸易、投资、跨境资金流动、人员进出、运输来往自由便利和数据安全有序流动，对标国际高水平经贸规则，大力推进制度型开放。

87. 持续营造市场化、法治化、国际化一流营商环境

营商环境是经营主体生存发展的土壤。党的十八大以来，我国持续推进营商环境建设，在经济合作与发展组织发布的全球营商环境排

名中，位次逐步提升。营商环境只有更好，没有最好。面对新形势新任务，我国将持续营造市场化、法治化、国际化一流营商环境，打造“投资中国”品牌。

完善现代市场体系，营造公平高效的市场化营商环境。统一开放、竞争有序、制度完备、治理完善的高标准市场体系，是一流营商环境的重要体现。要加快完善产权、市场准入、公平竞争等制度，建设高标准市场体系。持续改善市场环境，加强公平竞争审查刚性约束，清理和废除妨碍全国统一市场和公平竞争的各种规定和做法，加快建设高效规范、公平竞争、充分开放的全国统一大市场。

深入推进法治建设，营造公开透明的法治化营商环境。法治是最好的营商环境。要持续提升营商环境法治化水平，不断健全营商环境法律制度体系，加快完成与《中华人民共和国外商投资法》《优化营商环境条例》等要求不一致的法规政策文件修订废止工作，不断完善政策制定实施机制。规范涉企行政执法，突出体现公平执法的要求，推动监管信息共享互认，避免多头执法、重复检查。加强产权执法司法保护，建立高效的知识产权综合管理体制。

加快制度型开放，营造开放包容的国际化营商环境。主动对接国际高标准经贸规则，在产权保护、产业补贴、环境标准、劳动保护、政府采购、电子商务、金融等领域实现规则、规制、管理、标准相通相容。依法保护外商投资权益，切实保障外资企业国民待遇。加强服务保障，完善境外人员入境居住、医疗、支付等生活便利制度。扩大鼓励外商投资产业目录，推动电信、互联网、金融、教育、文化、医疗等领域有序扩大开放。

（三）推动高质量共建“一带一路”走深走实

88. 统筹推进重大标志性工程和“小而美”民生项目建设

当前，共建“一带一路”已进入高质量发展新阶段，如果说重大标志性工程像是动脉血管，那么“小而美”民生项目就像是毛细血管，两者相互补充、相得益彰。中老铁路等重大标志性工程搭建起联通发展的骨架，有力促进了国际贸易往来和产业合作；农业技术示范中心等“小而美”项目则深耕民生领域，实实在在提升了当地民众福祉。下一步，将同共建国家共同努力，更好统筹推进重大标志性工程和“小而美”民生项目建设，加强一体谋划、一体推进、一体评估，实现相互支撑、协同增效。今年重点将抓好以下工作：

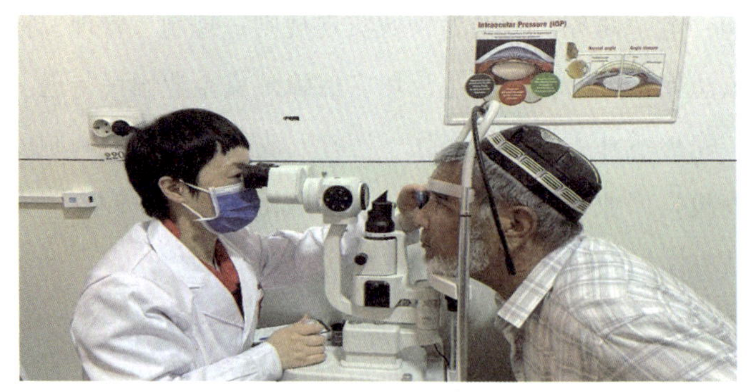

中方医疗团队为乌兹别克斯坦白内障患者提供诊疗服务

（图片来源：新华网）

确保标志性工程高质量建设和运营。加强与共建国家发展战略和市场需求对接，充分考虑共建国家政府、地方和民众利益和关切，做好规划和布局，不断提升项目规划、建设、运营的系统性、协调性和可持续性。制定严格的施工质量标准和验收程序，建立健全涵盖设施建设、设备安装调试、运营管理等环节的质量监管机制，确保工程质量。关注项目对当地经济社会发展和环境保护的影响，同步建设社区发展和民生配套设施，推动可持续发展。

不断擦亮“小而美”项目“金字招牌”。精准对接当地需求，充分调研，聚焦共建国家民众“看得见、摸得着”的教育培训、卫生健康、农业水利、绿色生态等重点领域，打造一批新的有示范效应的代表性项目。实施好1000个小型民生援助项目，做优做强鲁班工坊、菌草、“光明行”等品牌项目，注重当地人才培养，提供技术转移培训等，提高自我造血能力，提升项目影响力和美誉度。

89. 保障中欧班列稳定畅通运行

历经10多年发展，中欧班列路网越织越密、通达越来越广，截至2024年底，累计开行超过10万列，运输货物超1100万标箱，货值超4200亿美元，联通我国境内125个城市，通达欧洲25个国家227个城市以及亚洲11个国家超100个城市。运输货物品类日益丰富，“钢铁驼队”跨越山海、奔流不息，成为高质量共建“一带一路”的生动实践。站上新的起点，中欧班列面临新的发展机遇，但也需应对地缘政治影响、通行效率下降、市场需求变动等挑战。当前重点是提升运输能力与效率、拓展市场与服务、加强国际合作与协调，保障班列稳定畅通运行。

保安全稳定。加强同沿线国家协调，提高通关效率，有效解决货物滞留等问题。拓展南通道班列常态化开行，促进多种运输方式有效衔接，推进包括铁路、港口、海运在内的全程运输服务优化。加快港口进港铁路建设，优化口岸功能布局，加强沿线仓库、堆场、装卸等配套设施建设，确保货物运输畅通。

提质量效益。推动各地加强协调，科学制定开行方案，统筹考虑货物分布、口岸能力、运输成本等因素，动态调整优化线路，实现运力与需求的精准匹配，避免重复建设和无序竞争。提升经营能力，从装卸、仓储、分拨等各环节入手降低全链条成本，推动运营企业向供应链服务企业转型。

拓回程货源。提升集货、装车、沿途追踪、清关、配送等服务质量，实现“门到门”运输，增强中欧班列在国际物流市场的竞争力，吸引更多欧洲企业选择班列运输货物。加强市场调研和分析，及时调整运输计划，有针对性组织回程货源。

促国际合作。加强与沿线国家沟通磋商，做好市场、规划、项目等全方位对接。参与国际铁路联运规则和标准制修订。发掘中欧班列人文交流功能，探索开行特色班列。

带区域发展。发展“班列 + 口岸”“班列 + 园区”等模式，加强产业链供应链合作，带动沿线城市物流、仓储、加工等产业发展。

中欧班列

（图片来源：新华社）

90. 加快西部陆海新通道建设

西部陆海新通道起自成渝地区，终至北部湾出海口，由东中西三条通道组成，北接丝绸之路经济带，南连 21 世纪海上丝绸之路，协同衔接长江经济带，参与省份包括西部 12 省区市和海南省，以及广东湛江市、湖南怀化市，形成了“13+N”合作共建机制。当前，西部陆海新通道建设进展顺利、成果显著。截至 2024 年底，常态化开行铁海联运班列 1.5 万列，通达全球 126 个国家和地区的 548 个港口，运输品类增加到 1166 种，为服务西部地区开放发展、推进通道沿线国家和地区间经贸往来提供了强劲动能。针对西部陆海新通道建设中一些亟待解决的瓶颈，接下来将抓好以下工作，进一步提升通道建设和发展水平。

提升运输物流效率。围绕通道高质量发展目标任务，进一步完善东中西通道互联互通基础设施，加强铁路运输与国际海运衔接，提升中转衔接效能，加大推广运用多式联运“一单制”，挖掘去回程货运潜力，促进通道提质、降本、增效。

加强信息数据联通。进一步推动通道运营管理服务数字化智能化，推进海港、公路港、铁路港、内河港、空港“五港”信息联动，打造全通道综合性服务平台，深化国际贸易“单一窗口”建设，利用数字技术优化运输组织、物流配送和通关流程。

促进产业融合发展。紧密结合各地产业发展实际，提高沿线通道物流及产业要素适配性，引导通道沿线上下游产业、生产力布局相互协同、良性互动，推动物流链、贸易链、产业链深度融合和联动发展。

推动对外开放合作。加强与东盟等沿线国家和地区的合作，推动政策、规则、标准等高效联通，共同开展物流、产业等方面的合作项目，有效提升通道国际影响力、扩大辐射范围。

重庆国际物流枢纽园区西部陆海新通道重庆无水港

（图片来源：新华社）

91. 引导对外投资健康安全有序发展

我国已是对外投资大国，2024 年，全行业对外直接投资 1.16 万亿元人民币，同比增长 11.3%，连续多年保持较高增速。但横向对比看，我国企业走出去时间普遍不长，国际经营能力仍较为欠缺，对国际规则掌握也不够。需要深化对外投资管理体制改革，加快构建与我国对外投资体量规模和发展态势相匹配的海外综合服务体系，保障企业合法权益，助力开展国际化经营。今年将抓好以下工作。

持续优化公共服务。围绕对外投资全周期。建好走出去公共服务平台，积极为企业提供政策咨询、业务办理、信息共享、合作促进等一站式服务，做优《对外投资合作国别（地区）指南》，帮助企业了解东道国营商环境、政策法规、文化习俗、环保要求等，更好把握投资机遇。

创新金融服务手段。引导金融机构针对企业不同需求，开发特色金融产品，量身定制跨境结算、贸易融资、汇率及利率避险等一揽子服务方案，创新供应链金融、特定行业融资等工具，为企业走出去提供全方位金融支持。

织密涉外法律网络。不断加强涉外法治建设，支持商协会、专业机构提高咨询、调解、仲裁、诉讼、知识产权保护等涉外法律服务水平，积极帮助企业应对国际贸易投资纠纷，切实维护企业合法权益。

完善风险防控体系。落实对外投资合作有关管理制度，密切跟踪研判重点国别、重点领域和重点项目风险，及时发布风险预警，帮助企业提高风险防范意识和能力，指导企业规范海外经营行为。

热点链接

对外投资合作国别（地区）指南

商务部每年定期更新发布《对外投资合作国别（地区）指南》，介绍投资合作目的国（地区）的基本情况、经济形势、政策法规、投资机遇和风险等内容，为我国企业开展对外投资合作提供了丰富的基础信息。资料主要来自我国驻外使领馆经商处、所在国（地区）政府部门、官方或半官方机构以及有关国际组织和机构，针对性、客观性、权威性较强。目前，该指南已涵盖 180 多个国家和地区，作为公共信息服务产品供有关机构、企业和个人免费下载使用，用户可通过中国投资指南网进行浏览、下载。

（四）深化多双边和区域经济合作

92. 持续扩大面向全球的高标准自由贸易区网络

扩大面向全球的高标准自由贸易区网络，是我国推进高水平对外开放、促进贸易自由化便利化、增强产业链供应链韧性的重要举措，我国已与30个国家和地区签署了23个自贸协定，自贸区网络不断扩展和深化，自贸协定的内容和质量也在不断丰富提升。今年将重点做好以下工作。

积极推动加入《数字经济伙伴关系协定》（DEPA）和《全面与进步跨太平洋伙伴关系协定》（CPTPP）进程。继续按照有关程序，与各成员开展多渠道、各层次沟通交流。充分发挥自贸试验区和海南自贸港先行先试作用，对标高标准国际经贸规则，深化国内相关领域改革，为高水平自贸安排开展压力测试。

与更多有意愿的国家和地区商签自贸协定。与日韩继续就加快中日韩自贸协定谈判进行讨论，以期达成一个自由、公平、全面、高质量、互惠且具有自身价值的自贸协定。在中国—海合会自贸协定第十一轮谈判基础上加快推进后续工作，争取尽快结束整体谈判。加快与洪都拉斯、萨尔瓦多自贸协定谈判，推动与有关国家商签更多双边、小多边贸易投资协定。

推动已有自贸协定扩容升级。《区域全面经济伙伴关系协定》

（RCEP）生效实施三年多来，国际吸引力不断增强，中国香港、斯里兰卡、智利已提出加入正式申请，还有一些经济体对加入 RCEP 表达了浓厚兴趣，下一步，将积极推动完善扩容机制。中国—东盟自贸区 3.0 版、中国—秘鲁自贸协定升级谈判已实质性完成，其中纳入了数字经济、绿色经济、供应链等新兴领域规则，接下来将推动协定尽早签署。同时，继续推进与韩国、瑞士、新西兰自贸协定升级谈判。

高质量实施已生效自贸协定。加强与各成员合作，优化 RCEP 区域产业链供应链安排，鼓励区域内企业用好 RCEP 原产地累积规则，加强跨国生产布局，促进成员之间的产业分工和资源优化配置。加强 RCEP 规则应用培训，解决企业对协定优惠政策“不知道、不熟悉、不会用”问题。同时，积极引导企业用好其他已生效自贸协定，充分释放制度红利。

名词解释

《数字经济伙伴关系协定》（DEPA）

旨在加强数字贸易国际合作并建立相关规范的数字贸易协定。目前成员包括智利、新西兰、新加坡和韩国。

《全面与进步跨太平洋伙伴关系协定》（CPTPP）

主要由亚太国家组成的自由贸易协定，前身是跨太平洋伙伴关系协定。目前成员包括日本、加拿大、澳大利亚、智利、新西兰、新加坡、文莱、马来西亚、越南、墨西哥、秘鲁、英国共 12 国。

《区域全面经济伙伴关系协定》（RCEP）

由东盟发起，包括中国、日本、韩国、澳大利亚、新西兰和东盟十国共 15 个成员国的自贸协定。

93. 坚定维护以世界贸易组织为核心的多边贸易体制

世界贸易组织是多边主义的重要支柱，是全球经济治理的重要舞台。面对复杂严峻的国际环境，中国将以更积极主动的姿态全面深入参与世界贸易组织改革，完善高水平对外开放机制体制，推动实现更加包容、更加普惠、更有韧性的全球发展。

践行真正的多边主义，凝聚维护多边贸易体制的国际共识。积极参与二十国集团、亚太经合组织、金砖国家等机制，发挥“1+10”对话会的作用，积极推动各方就维护自由贸易、反对单边主义和保护主义形成共识。

践行全球发展倡议，推动世界贸易组织第 14 届部长级会议取得发展导向型成果。积极参与渔业补贴、农业、争端解决机制改革等议题谈判。呼吁更多成员对进口自最不发达国家的产品实施零关税。推动将《促进发展的投资便利化协定》《电子商务协定》纳入多边法律框架。

世界贸易组织第 13 届部长级会议在阿布扎比召开

（图片来源：商务部网站）

推进世界贸易组织改革，激发多边在应对全球挑战方面的活力。推动贸易与环境、产业链供应链等议题讨论取得新进展，积极推动人工智能与贸易讨论。建设性参与产业补贴、政府采购等议题讨论。继续探索改进世界贸易组织机构效率和决策机制改革，推动世界贸易组织运转更加高效。

发挥世界贸易组织“聚光灯”效应，发出更多中国声音。利用例会等机制介绍和解读中国政策。深度参与世界贸易组织公共论坛、南南对话会等活动，精心主办中方活动，增强世界贸易组织成员对中国国情和政策的认识理解。

提升合规履约能力，推动建设更高水平开放型经济。加大贸易政策合规力度，研究建立健全符合国际惯例的补贴体系。继续及时全面履行世界贸易组织各项通报义务，稳步扩大制度型开放。

七

有效防范化解重点领域风险，牢牢守住不发生系统性风险底线

发展是基础，安全是底线，发展和安全要动态平衡、相得益彰。近年来，重点领域风险化解有序有效，房地产市场出现积极变化，地方政府债务风险、中小金融机构风险有效缓解和管控。要进一步树立发展是硬道理、安全也是硬道理的理念，更好统筹发展和安全，坚持在发展中逐步化解风险，努力实现高质量发展和高水平安全的良性互动。

（一）持续用力推动房地产市场止跌回稳

94. 优化城市空间结构和土地利用方式

近些年，越来越多的城市正利用“边角料”空间进行改造，高架桥下建起篮球场，废弃厂房成了健身场所，社区夹缝中出现“口袋公园”，让人们的城市生活更加健康舒适。随着大规模城市建设逐渐进入尾声，城市空间不能再搞外延式扩张，今年进一步聚焦完善土地利用配套政策，提高建设用地使用效率，向着更加节约集约利用土地的方向发展，推动形成生产、生活、生态空间的合理结构。

优化城市内部功能区布局。各项城市功能离不开空间的有效配置。在国土空间规划“一张图”背景下，围绕城市核心功能定位，按需规划好存量土地，在不新增用地的情况下，也能释放城市发展空间。有些城市持续推动旧城镇、旧厂房改造，工业用地“腾笼换鸟”转为科创园区、旅游综合体，支撑了新产业新业态发展。还要保障好各类民生用地，打造人民安居乐业的生活空间。

加强土地综合利用。这是增强城市活力、提高实际功能效益的重要手段。比如，商办用地叠加职住、养老医疗等公共设施，推动产城融合。公共绿地可以混合设置文化、体育等公共服务设施，挖掘生态价值。今年将逐步完善土地用途转换规则，在符合国土空间规划、保障安全的前提下，允许闲置土地依法调整土地用途，畅通土地资源从低价值用途向高价值用途转换的路径。

科学供应住宅用地。继续严格落实“以人定房、以人定地”，控制住宅用地供应计划，将土地供应与库存挂钩。对于库存压力大、去化周期超长的城市，减少甚至暂停新增商品住宅用地供应，缓解供需失衡。

科学供应住宅用地

（图片来源：AI 生成）

95. 盘活存量用地和商办用房

当前一些地方积极探索盘活存量用地和商办用房，积累了有益经验。今年将支持各地加大探索推进力度，缓解房地产市场供需矛盾，提高资源利用效率，推动房地产市场止跌回稳。

增强规划和土地政策的灵活性。调整未开发土地的规划用途，相对于已建成的商品住宅更为便利，但存量土地涉及的土地权利人多，往往有着复杂的抵押、债权关系，存在配建等规划要求。今年将加强规划与土地政策融合，用好分割宗地转让、“收回—供应”并行等方式，开展土地二次开发的审批和供应。充分激活土地二级市场，促进市场流通转让。

探索收购商办用房后的多元化用途。商办用房价格一般比同地段商品住宅低，往往位于城市核心地段或产业集聚区。地方可以和特定群体住房保障相结合，收购商办用房用于养老公寓或医院病房、学生宿舍，在人口流入城市可以更多用于保障房。商办用房建筑标准与住宅不同，改造后需满足采光、通风等标准和疏散距离等消防验收要求，这需要在确保安全前提下增加建设标准弹性，简化水电、消防等变更手续，以满足作为保障性住房的相关条件。

加大低成本资金支持力度。2025 年地方政府专项债规模同比增加 13%。各地可以按照自然资源部和财政部联合发布的《关于做好运用地方政府专项债券支持土地储备有关工作的通知》要求，加大收回收购力度，同时，探索多种资金平衡方式，使收购更具商业可持续性。

2025 年广东省 7 城首批专项债收储土地概况

城市	收储地块数量（宗）	收储用地面积（万平方米）	收储价格（亿元）
珠海	14	41.48	66.52
惠州	8	34.69	49.75
茂名	4	30.00	14.08
中山	3	21.38	12.69
河源	3	28.87	11.52
云浮	13	54.00	9.64
潮州	3	14.18	6.83
总计	48	224.60	171.03

（数据来源：中国房地产决策咨询系统）

96. 推进收购存量商品房，在收购主体、价格和用途方面给予城市政府更大自主权

地方政府以适当方式推进收购存量商品房，是推动房地产市场止跌回稳的一个重要抓手。2024 年以来，有关地方和部门积极推进收购存量商品房用作保障性住房工作，出台了相关政策文件，形成了一些典型案例。今年要推进收购存量商品房工作取得更大实效，给予城市政府更大自主权。

收购存量商品房用于保障性住房

（图片来源：新华网）

《中共中央关于进一步全面深化改革、推进中国式现代化的决定》中明确提出，充分赋予各城市政府房地产市场调控自主权。城市政府对地方商品房库存、各类住房需求、房地产企业等具体情况比较熟悉。在收购主体方面给予城市政府更大自主权，可以使收购主体限定条件与房地产开发运营需要更好匹配。在收购价格方面给予城市政府更大自主权，可以从实际出发使存量商品房收购价格与房企愿意出售价格

之间更好匹配。在收购用途方面给予城市政府更大自主权，收购的商品房优先用于保障性住房、城中村改造安置房、人才房、青年公寓和员工、学生宿舍等，可以使住房用途与地方发展需要之间更好匹配。

今年拟安排新增地方政府专项债券 4.4 万亿元，其中有相当部分将用于土地收储和收购存量商品房。还将拓宽保障性住房再贷款使用范围。这些举措都将有助于推动收购存量商品房政策落实落地，更好发挥稳楼市、惠民生的政策效能。

97. 推动建设安全、舒适、绿色、智慧的“好房子”

当前，房地产市场供求关系发生新变化，我国城镇居民人均住房面积已超过 40 平方米，群众住房需求正在从“有没有”转向“好不好”。同时，人居科学、建筑设计等理念方法的进步，新一代信息技术、新材料、新能源等先进技术的应用，正在催生建筑革命。市场变化和科技赋能叠加，推动住房发展进入新阶段，建设好房子成为房地产业高质量发展的新赛道。

什么是好房子？不同人会有不同的具体感受，但归纳起来，从功能、质量、体验等方面出发，以提升居民居住品质和幸福感为导向，应当具有四个基本特征：安全、舒适、绿色、智慧。“安全”，就是房屋本体要安全，设施设备使用要安全，居民在家能够得到保护，让居民住得安心放心。“舒适”，就是房间高度、温度、湿度、净度、亮度等适合人的栖居，通俗地讲，就是好房子要层高高一点，通风采光好一些，室内空气洁净、温度适宜，隔音性能强一些等，让居民住得健康舒适。“绿色”，就是房子生产、建造、使用全过程符合绿色低碳要求，形成绿色建造方式和生活方式。“智慧”，就是通过全屋智能建设，实现房屋设备智能控制、温度湿度智能调节、工作生活智能链接等，让居家生活拥有“智能管家”。好房子的内涵还将在实践中不断丰富和发展。

在工作推进中将充分考虑不同居住习惯、不同年龄段、不同经济能力等群体的需求，因地制宜推进好房子建设。今年重点是完善标准规范，有关部门已发布《住宅项目规范》，将通过标准引领和政策支持，提升各类房子设计、建造、维护水平。好房子不全是“贵”的房子，也不全是“大”的房子，不同面积、不同价位都有不同的好房子。新房子应当建成好房子，老房子也可以改造成好房子。商品房应当建成好房子，保障性住房也要建成好房子。同时，以建设好房子为突破口，统筹推进好小区、好社区、好城区建设，全方位改善城乡人居环境。

热点链接

住宅项目规范

2025 年 3 月，住房城乡建设部发布国家标准《住宅项目规范》，自 2025 年 5 月 1 日起实施。该规范为强制性工程建设规范，明确提出新建住宅建筑层高不低于 3 米，4 层及以上住宅设置电梯，提高墙体和楼板隔声性能等，为好房建设提供了重要指引。

（二）稳妥化解地方政府债务风险、积极防范金融领域风险

98. 做好地方政府隐性债务置换工作

2024年，我国推出一揽子、综合性、靶向准的隐性债务化解政策。一是一次性增加6万亿元地方专项债务限额，分三年安排，用于置换存量隐性债务。二是2024至2028年每年从新增专项债务中安排8000亿元专门用于化债，五年累计可置换存量隐性债务4万亿元。三是明确2029年及以后年度到期2万亿元棚户区改造存量隐性债务，可按原合同约定履行偿还责任。这一政策举措有利于缓解地方化债压力、降低债务利息负担，有利于推动地方融资平台改革转型，帮助地方把原本用于化债的资源腾出来，用于促进发展、改善民生。截至2025年3月5日，地方已发行置换债券2.96万亿元。今年有关部门将继续坚持科学分类、精准置换，持续用力做好隐性债务置换工作，充分释放政策效应。

一方面，合理分配使用置换债券额度。指导各地用好包括财政政策、金融政策在内的各项化债政策资源，区分轻重缓急，统筹好置换债务优先序和各年度置换安排。推动存量隐性债务置换政策靠前发力，支持市县政府腾出资金和精力更大力度谋划和推动高质量发展。加强对政策落实情况的跟踪督促，对置换债券资金进行全流程、全链条监管，全面精准核查隐性债务化解情况，保证置换债券合规使用。

另一方面，严防违法违规新增隐性债务。进一步完善监测体系，将

不新增隐性债务作为“铁的纪律”，坚决防止化了“旧账”又添“新账”。

工作推进过程中，有关部门还将及时总结各地开展隐性债务置换的经验做法和典型案例，有效解决化债过程中出现的新情况、新问题。

置换存量隐性债务

（图片来源：央视网）

99. 一体推进地方中小金融机构风险处置和转型发展

经过不懈努力，我国地方中小金融机构改革化险工作取得较好成效，存量风险正在有序处置，增量风险得到明显遏制。目前金融体系总体稳健，金融机构整体健康，高风险中小银行数量相比高峰期下降了一半。也要看到，地方中小金融机构面临潜在信用风险上升、竞争压力加大、数字化转型步伐加快等挑战，改革化险的任务依然艰巨复杂。今年将继续按照市场化、法治化原则，一体推进地方中小金融机构风险处置和转型发展。

综合施策、分类推进。不同类型、不同地区的中小金融机构差异较大，任何一种改革化险方案都很难“放之四海而皆准”。实践中各类地方中小金融机构的改革化险方式也有差异，比如，农村信用社多是“一省一策”，城商行和其他中小金融机构由于个体差异大，需要采用“一行一策”或“一企一策”。目前，高风险机构聚集地区都已形成了具体的改革化险方案，将稳妥有序地推进实施。其他地区和机构也将综合采取补充资本金、兼并重组、市场退出等方式分类化解风险。

兼并重组、减量提质。截至2024年末，我国现存银行业金融机构法人4295家，比2023年末减少195家，减少的多数是农商行、农信社、村镇银行等地方中小金融机构。下一步将统筹推进高风险中小金融机构减量提质和优化布局，在提高单个机构抗风险能力的同时加速整体风险出清。

落实责任、形成合力。推进地方中小金融机构改革化险，需把机构、股东、高管、监管、属地、行业等各方面责任落实到位，形成工作合力。剩余的问题机构有些情况比较复杂，风险处置难度较大。要综合考虑各方面因素，把握好时机、力度和节奏，防止引发处置风险的风险。

热点链接

地方中小金融机构改革重组扎实推进

从2021年末至2024年末，我国银行业金融机构法人（包括农村中小金融机构、信托公司、金融租赁、消费金融等）合计减少307家，其中农村中小金融机构减少283家，占比超过90%，2022年、2023年、2024年分别减少了27家、64家和192家。

2025年中央一号文件要求，坚持农村中小银行支农支小定位，“一省一策”加快农村信用社改革，稳妥有序推进村镇银行改革重组。从改革模式看，不少省份开展兼并重组，在省区或地级市层面设立统一法人，有望出现一批新的“万亿级”农村商业银行。这有助于农村金融机构集中资源，提升抗风险能力。

（资料来源：《证券时报》）

100. 完善中小金融机构功能定位和治理机制

在中小金融机构改革化险取得突破性进展、金融风险稳步收敛后，如何防范重大风险滋生、夯实发展基础成为当前和今后时期亟待解决的重要问题。从已处置的风险案例看，一些中小金融机构之所以产生风险，除了行业发展周期、地区经济环境等外部影响外，深层次的原因是自身治理、管理、风控等不到位。今年将把完善中小金融机构功能定位和治理机制作为一项重点任务来抓，促进中小金融机构差异化、内涵式发展。

立足本地，找准自身定位。与大型金融机构相比，中小金融机构在规模、客群、人才等方面不同程度存在差距，应避免与大型金融机构的同质化竞争，走差异化发展道路。一方面，坚持区域性定位，引导中小金融机构立足当地，聚焦区域特色产业、小微企业和“三农”需求，发挥“小而美”的优势，提供灵活的小额信贷和供应链金融等服务；另一方面，突出功能性定位，主动选择金融“五篇大文章”中与自身定位和能力相契合的领域，提供专业化精细化金融服务，加快产品创新，提升服务质量。

中小金融机构服务“三农”

（图片来源：新华社）

优化股权结构，完善公司治理。这有利于防范内部人控制、大股东操纵、利益输送和违法违规关联交易。应不断健全现代金融企业治理机制，完善并严格执行相关的管理制度，把对高管、主要股东的监管落实到位。

加强风险内控，夯实发展基础。面对经济社会发展的新形势、新挑战，应推动中小金融机构拿出切实措施防控重点领域风险，强化信用风险管理，加大不良资产处置力度，积极应对净息差收窄等风险。支持中小金融机构根据自身情况，针对性地加强数据安全、网络安全、信息科技外包、算法模型、新技术运用等风险管理，推进人工智能、大数据等技术创新在风险控制中的应用，逐步建立科学有效的风险管理体系。

101. 健全金融监管体系

近年来，我国在完善金融监管体系方面做了不少工作，取得了明显成效。目前，金融行业主要监管指标都处于健康区间，金融风险逐步收敛，强监管严监管持续深化。也要看到，面对新形势下新的风险挑战，需要持续深化金融体制改革，不断提高监管有效性。今年，将健全金融监管体系，加强跨部门合作，强化央地监管协同，保持对非法金融活动的高压严打态势，实现金融监管横向到边、纵向到底。

加强金融监管的跨部门合作。随着非法金融活动花样不断翻新，隐蔽性、跨界性、危害性都在增强，加大了监管和打击的难度。应坚持全国一盘棋，加强立法和执法，充分调动各部门积极性。一方面，推动重大金融法律法规的立改废释工作，包括制定金融法等，推动形成比较完备的金融法律体系；另一方面，加大金融执法力度，加强金融监管部门和行业管理、司法、宣传等部门的协同，形成监管合力，既纠正持牌金融机构的“有照违章”问题，也打击各类“无照驾驶”的金融活动。

强化央地监管协同。中央和地方在风险处置上各有侧重，既要分工也要配合。中央负责牵头处置一些具有全国性、系统性影响的金融风险，地方在属地维稳、追赃挽损、打击犯罪等方面予以配合；地方牵头处置地方性金融风险，中央在方案制定、资源协调等方面给予指导。

加强金融监管

（图片来源：防范和打击非法金融活动部际联席会议办公室）

保持对非法金融活动的高压严打态势。金融监管要坚持“长牙带刺”，有棱有角。一方面要前移风险关口，严把市场准入，及时阻断非法金融活动传播路径；另一方面要全面加强风险监测，建立健全监测预警体系。需要指出的是，资本市场是国民经济“晴雨表”，涉众性强、影响大，必须严厉打击财务造假、欺诈发行、违规信息披露、操纵市场等违法违规行为，加强投资者保护，促进资本市场健康发展。

八

着力抓好“三农”工作，深入推进乡村全面振兴

农为邦本，本固邦宁。当前，我国发展进入战略机遇和风险挑战并存、不确定难预料因素增多的时期，越是形势复杂严峻，越要稳住“三农”基本盘。今年将锚定推进乡村全面振兴、建设农业强国目标，以改革开放和科技创新为动力，深入学习运用“千万工程”经验，确保国家粮食安全，确保不发生规模性返贫致贫，提升乡村产业发展水平、乡村建设水平、乡村治理水平，千方百计推动农业增效益、农村增活力、农民增收入，为推进中国式现代化提供基础支撑。

（一）持续增强粮食等重要农产品稳产保供能力

102. 主攻粮食单产和品质提升

在高基数上促进粮食稳产增产，潜力主要在提单产，2024 年粮食单产提升对增产贡献率超过 80%。同时，城乡居民生活日益改善，对粮食品质要求更高。今年将主攻粮食单产和品质提升，重点在技术集成、推广应用、支持保障上下功夫，促进粮食丰产又增效。

强化技术集成。粮食生产涉及“耕、播、管、收”多个环节和“地、种、水、肥”多个要素。把各项适宜技术集成组装起来，协同发挥作用，粮食单产才会高，品质才会好。今年将进一步推动良田良种良机良法综合集成，发挥技术的乘数效应，确保种好地、管好苗、治好虫、防好灾、收好粮。

突出大面积推广应用。过去一些地方打造高产优质试验示范，取得良好效果。这些好技术需要进一步从试验田走向大田，让“一枝独秀”变成“百花齐放”。今年将深入推进粮油作物大面积单产提升行动，聚焦玉米、水稻、小麦、大豆、油菜五大作物，以 702 个整建制推进县为重点，大面积推广应用增产提质技术。

调动多元主体积极性。提单产、提品质，最终要靠千家万户的小农户和各类新型经营主体。家庭农场、合作社等采用新技术的积极性高，将支持他们率先应用，发挥好示范引领作用。鼓励社会化服务组织以增产提质为导向，开展形式多样的生产托管服务，带动广大小农户提升单产和品质。

采用全智能化玉米密植高产精准调控技术，玉米亩均产量超 1000 公斤

（图片来源：新华网）

103. 支持发展现代设施农业

过去北方地区冬天萝卜白菜当家，现如今一年四季餐桌常有新鲜菜，设施农业功不可没。现代设施农业通过应用先进技术和设施装备，破解资源约束，重塑生产模式，提高生产效率和效益。今年将加大对现代设施农业发展的支持力度，重点从三个方面发力：

推进老旧设施改造升级。今年国家将设施农业更新改造纳入“两新”政策支持范围，率先从设施种植业开始，推进老旧棚体结构改造和基础生产设备更新，适时扩大支持设施畜牧业、设施渔业等，助力传统优势产区焕发新活力。

补齐配套设施短板。当前粮食等重要农产品仓储、物流等配套设施仍存在不足。今年将继续推进设施农业产业链的配套建设，提升粮食产地烘干能力，完善产地仓储保鲜冷链物流设施，切实减少粮食和“菜篮子”产品的产后损失，提高流通效率。

强化科技创新牵引。设施农业需要通过应用新型材料、先进技术装备等，持续迭代升级。比如，数控温室大棚“看得懂”作物长势，精准浇水施肥、调温调湿，产量和质量较传统大棚大幅提高。今年将推动更多先进生产要素向设施农业聚集，支持拓展人工智能、大数据等技术应用场景，为设施农业插上科技的翅膀。

政策传真

《全国现代设施农业建设规划（2023—2030年）》部分重点任务

一是以节能宜机为主的现代设施种植业。主要包括：传统优势产区设施改造提升、非耕地设施农业园区开发建设、现代都市型智慧设施农业建设、现代设施育苗（秧）中心建设等。

二是以高效集约为主的现代设施畜牧业。主要包括：规模养殖场设施化改造升级、生猪家禽立体化设施养殖建设、肉牛肉羊集约化设施养殖建设、奶牛智慧养殖场建设等。

三是以生态健康养殖为主的现代设施渔业。主要包括：传统养殖水域设施提档升级、深远海大型智能化养殖渔场建设、沿海主要渔区渔港设施升级改造等。

104. 全方位开发食物资源

从吃饱到吃好，不仅要有米面油，还要有肉蛋奶、果菜鱼、菌菇笋等多样食物。今年将深入践行大农业观、大食物观，在保护好生态环境的前提下，充分开发多种资源，加快构建多元化食物供给体系。

拓宽食物开发空间。“靠山吃山唱山歌，靠海吃海念海经。”国家鼓励各地因地制宜开发利用优势资源，宜经则经、宜牧则牧、宜渔则渔、宜林则林。今年将支持发展深远海养殖、森林食品、食用菌、藻类食物等产业，培育发展生物农业，开拓新型食品资源。

提升食物开发质量和效益。今年重点是完善三个体系。科技支撑体系，重在推动食物开发基础研究、育种创新、关键装备研发等。加工转化体系，重在做足做活“粮头食尾”“畜头肉尾”“农头工尾”文章，打造食品产业集群。食品安全监管体系，重在深化农产品药物残留治理，推进兽用抗菌药减量使用，更好保障“舌尖上的安全”。

完善支持政策体系。今年将加快建立粮食和大食物统计监测体系，推动信贷、保险等政策更多支持多元化食物生产。针对当前肉牛奶牛产业发展面临的困难，将一手抓养殖场户纾困支持，保护好基础产能；一手抓转型升级，推进现代化养殖加工一体化发展，加强产销衔接，提高肉牛奶牛产业综合效益和竞争力。

政策传真

践行大食物观有哪些支持政策?

2024 年 9 月，《国务院办公厅关于践行大食物观构建多元化食物供给体系的意见》明确提出，强化融资、保险等政策扶持，充分利用现有政策和资金渠道支持食物开发，实施现代设施农业建设贷款贴息试点，鼓励金融机构创新中长期信贷产品支持生物育种、智能设施研发等；鼓励地方推进农业设施、活体畜禽和水产等抵质押融资，发展特色农产品保险等。

105. 严格耕地占补平衡管理

耕地是粮食生产的命根子。这几年我国耕地持续减少的态势得到初步遏制，但占补平衡管理中只占不补、占多补少、占优补劣等问题仍然存在。今年将强化耕地保护，严格耕地总量管控和“以补定占”。

严把耕地占用审批关。修路架桥、盖楼办厂、城镇扩围等，都需要占用耕地。只有拧紧耕地占用“阀门”，才能更好从源头守住 18 亿亩耕地红线。今年将严格非农建设占用耕地审批，严格控制耕地转为其他农用地规模。对未批先建、造林绿化随意占用耕地、挖湖造景占用耕地的，将严肃处理。

严把耕地数量平衡关。前些年耕地数量下降，一个重要原因是耕地转化为林地和园地没有纳入占补平衡。今年将把非农建设、造林种树、种果种茶等各类占用耕地行为，纳入占补平衡统一管理，确保省域内年度耕地总量动态平衡。因造林种树、种果种茶等造成耕地减少的，由县级政府负责补充。

严把补充耕地质量关。这些年有的地方占水田、补旱地，占连片平原耕地、补山区零散耕地，数量是补上了，但好地变差地，质量下降了。长此以往，耕地的产能就会下降，影响粮食安全。今年将健全补充耕地质量验收制度，实行统一的质量鉴定方法和标准，严格做好验收，确保耕地质量不下滑。

政策传真

补充耕地质量责任主体相关规定

县级以上地方农业农村主管部门负责对补充耕地质量进行鉴定，包括农业生产符合性评价和耕地质量等级评价，鉴定结果作为补充耕地质量验收的依据。

县级人民政府要加强垦造和恢复耕地的质量建设，制定实施改土培肥方案，持续熟化土壤、培肥地力、提升质量，确保补充耕地质量平均水平不低于各类占用耕地质量平均水平。

（资料来源：2024 年 9 月，《自然资源部　农业农村部关于改革完善耕地占补平衡管理的通知》）

106. 高质量推进高标准农田建设、管护、利用

“小田变大田，大田变良田，农民心里甜。”近年多地建成一批集土壤墒情、苗情、虫情以及气象监测于一体，耕种管收、水肥管理全程智能化的高标准农田，大幅提升了农业稳产增产、节本增效能力。数据显示，高标准农田亩均粮食增产 10%—20%。同时，一些地方也不同程度存在建设质量不高、管护机制不健全等问题。今年将高质量推进高标准农田建设、管护、利用，扎实打牢农业现代化和粮食安全的“地基”。

聚焦提升粮食产能。建设高标准农田，重点在于提高耕地地力。今年将围绕提升产能这个根本导向，把资金投向、建设重点进一步放到田里去。在推进田块整治及灌排设施、田间沟渠等建设的同时，持续推进土壤改良培肥，真正把农田改造成适宜耕作、旱涝保收、高产稳产的现代化良田。

明确建设优先序。推进高标准农田建设，既不能搞平均分配，也不能搞简单全覆盖。今年将坚持先易后难，分区分类推进，优先支持东北黑土地区、平原地区、具备灌溉条件地区以及粮食产量高和增产潜力大的地区。对于 25 度以上坡耕地、严格管控类耕地等禁止建设，防止破坏生态环境。

加强工程质量和资金监管。高标准农田建设工程质量不过关，既浪费财政资金，也损害政府公信力。今年将持续推进工程质量问题整改和“回头看”，健全工程质量监督检查体系、常态化抽检制度，守住建设质量的生命线。严格建设资金监管，依纪依法严肃查处挪用、侵占、贪污等行为。

强化建后管护利用。“三分建设，七分管护。”确保高标准农田长久发挥作用，今年将下大力气抓好建后管护利用。落实“先建管护机制、后建工程项目”的要求，在项目规划前期，同步谋划管护主体、管护机制、管护标准和保障措施。对田间地头日常使用率高的小型设施，鼓励交给村级组织、新型农业经营主体、农民管护运营。

高标准农田

（图片来源：人民网）

107. 深入实施种业振兴行动

春播一粒粟，秋收万颗籽。自 2021 年我国启动实施种业振兴行动以来，一批高油高产大豆、耐密宜机收玉米、耐盐碱作物等优良品种加快选育推广，国产白羽肉鸡、南美白对虾从无到有，为推动农业高质量发展奠定了坚实根基。今年将加大工作力度，深入推进种业振兴。

强化协同攻关。我国农业科研机构、人员数量众多，尤其需要聚合力量、协同创新。今年将强化创新资源统筹，发挥“南繁硅谷”等重大农业科研平台作用，推动优异种质资源共享利用，深入实施育种联合攻关，突破一批核心种源和关键技术。同时，优化重大品种研发推广一体化试点政策，加快品种更新换代。

新中国历史上规模最大的
农业种质资源普查已完成
覆盖
2323个农业县（市、区、旗、团场）
62.5万个行政村
92万个水产养殖场户
新收集和发现了一批宝贵资源
农作物
新收集农作物种质资源
13.9万份
国家库长期保存资源种类增加
370个
增幅达21.4%
水产
摸清312个重点水产养殖
种类的生物学特性
采集制作遗传材料12万余份
畜禽
新发现和鉴定具有潜在
利用价值的畜禽种质资源
51个
采集制作各类遗传材料
107万份

农业种质资源普查

（图片来源：人民网）

培优种业企业。企业是创新的主体，实现由种业大国向种业强国的转变，迫切需要培优做强种业企业。今年将加快构建产学研用深度融合的商业化育种体系，支持种业企业与科研单位、金融机构、种业基地对接，共建研发平台或产学研创新联合体，引导资源要素向优势企业聚集，培育壮大一批种业领军企业。

建强种业基地。保障优良品种的有效供给，离不开现代化的育种基地。今年将优化调整种业基地布局，加快推进黑龙江大豆等国家级育制种基地建设。实施制种大县奖励、现代种业提升工程等项目，推进优势基地与龙头企业结合共建，提升种业基地现代化水平。

保护知识产权。一些种业企业反映，用心研发出好种子，谁料却败给了“仿冒种子”。今年将落实加大对原始育种创新的保护力度，加强种子执法监管，发布一批典型案例，以案示警、以案促治，营造种业振兴良好环境。

108. 加快先进适用农机装备研发应用和农业科技成果大面积推广

精量播种机定播 5000 粒种子，精度瞄准“一粒不差”；智能温室实时监测 50 项环境参数，配合水肥一体化技术，显著提升作物产量……先进适用农机装备和农业科技成果日益走进田间地头，有力提升农业发展的质量、效益和竞争力。今年将加快促进农机装备迭代升级，促进农业科技成果大面积推广，更好满足农业生产需求。

一体推进农机装备研发应用。着眼农业急需、农民急用，继续聚焦大型高端智能农机装备、丘陵山区适用农机装备两个重点方向，一体推进农机研发、生产、推广，做到实用好用，不一定都要“高精尖”。

为推动一批定型农机装备加快一线推广应用，今年将进一步优化农机购置与应用补贴政策实施方式，推进“优机优补、有进有出”，支持先进优质创新机具，有序淘汰过时落后农机。“两新”政策将加力支持老旧农机报废更新，促进农业机械化高质量发展。

提高农业科技成果推广成效。长期以来有不少农业科技成果研发出来后就被“束之高阁”，没有真正转化应用到田间地头。今年将搭建农业科技成果供需对接平台，开展科技需求挖掘、技术成果筛选、技术供需对接等服务，引导各类科研机构聚焦大面积单产提升技术需求和产业发展技术瓶颈，加快攻克突破性品种和装备，并能在较短时间内落地、大面积推广应用。同时，积极推进多元化农技推广服务体系建设，支持新型农业经营主体等市场化力量参与农技推广，鼓励涉农院校创新完善科技推广模式，通过科技特派员、科技小院等方式拉近农民与农技的距离，让农业科技成果更接地气，从源头上破解“两张皮”问题。

政策传真

农业机械报废更新补贴政策

2025 年 2 月，农业农村部等四部门的办公厅（室）联合印发《关于实施好 2025 年农业机械报废更新补贴政策的通知》，明确提出扩大报废补贴范围，各省可结合实际将自行确定的报废更新补贴农机种类范围上限由 6 个提高至 12 个；测算和提高报废补贴标准，报废水稻抛秧机并新购置同种类机具，按不超过 50% 提高报废补贴标准，单台最高报废补贴额不超过 3 万元；报废并更新购置采棉机，单台最高报废补贴额由 6 万元提高到 8 万元等。

109. 综合施策推动粮食等重要农产品价格保持在合理水平

粮价是百价之基，农产品价格变化关系民生。这两年粮食等重要农产品价格总体较低，同样的钱可以买到更多农产品，消费者得到了实惠。但对生产者来说，农产品卖不上价，成本却降不下来，农业种植养殖收益低，有的甚至在亏本，影响生产积极性。今年将打好市场调控“组合拳”，努力把粮食等重要农产品价格保持在合理水平。

价格支持。落实稻谷、小麦最低收购价政策，综合考虑国内农业生产成本、市场需求以及国际市场价格变动等因素，合理确定小麦、稻谷最低收购价和限定收购总量。比如，今年小麦最低收购价确定为 1.19 元 / 斤，比去年提高了 1 分钱，价格一年一调改为两年一定，最低价限定收购总量 3700 万吨。如果出现“卖粮难”问题，将适时启动托市收购，加大收储力度，引导市场预期，稳定市场价格。

奖补激励。为调动生产积极性，国家先后出台了不少奖补政策，将继续落实到位。同时，鼓励地方开展粮油种植专项贷款贴息试点，支持有条件的地方探索与农资价格上涨幅度挂钩的动态补贴办法。今年，还将降低产粮大县农业保险县级保费补贴承担比例，扩大主粮完全成本保险和种植收入保险投保面积，启动实施中央统筹下的粮食产销区省际横向利益补偿机制等，让种粮农民和主产区得到更多实惠。

市场调控。重点是促进产加销衔接，加强储备调节，着力稳预期、稳价格、稳市场。比如，推动落实灭菌乳国家标准，促进鲜奶消费。同时，完善农产品贸易与生产协调机制，管好“进”的关口，严厉打击农产品走私等违法行为，加强口岸生物安全体系建设，健全农产品产业损害预警体系，多措并举推动价格保持在合理水平，维护好国内生产者利益。

政策传真

耕地地力保护补贴

补贴对象原则上为拥有耕地承包权的种地农民，具体补贴依据由各省级人民政府结合实际确定，补贴资金通过“一卡通”或“一折通”等方式直接兑现到户。对已作为畜牧养殖场使用的耕地、林地、草地、成片粮田转为设施农业用地的耕地、非农业征（占）用耕地等已改变用途的耕地不得再给予补贴，对抛荒一年以上的，取消次年补贴资格。

（资料来源：农业农村部网站）

110. 启动中央统筹下的粮食产销区省际横向利益补偿

粮食主产区贡献了全国75%以上的粮食产量、90%左右的粮食调出量，是保障粮食安全的“压舱石”。但种粮对地方财政贡献有限，粮食主产区特别是产粮大县往往财力薄弱、发展滞后。今年将启动实施中央统筹下的粮食产销区省际横向利益补偿，目的是增强主产区重农抓粮积极性。实施好这一政策，关键有三点：

加强中央统筹。主销区从主产区调粮食，一定意义上相当于调耕地、调水资源，获得了发展其他产业的空间。因此，由主销区对主产区给予适当经济补偿是合理的。但利益补偿谁来补？补偿谁？怎么补？这些都需要中央层面统筹协调。今年将重点考虑粮食生产、流通、消费等因素，合理确定“贡献”省份及贡献大小、“受益”省份及出资标准，将“受益”省份缴纳资金补偿给“贡献”省份，支持主产区发展粮食生产。

公正合理补偿。对主产区来说，当然希望补偿力度稍大一些，但对主销区来说，也有个承受能力的问题。这就需要充分考虑相关省份发展实际和财力条件，合理把握补偿的节奏和力度，不断调整优化，让主销区可承受、主产区得实惠、机制可持续运行。

深化产销合作。在实施横向补偿的同时，推动产销区加强多渠道产销协作，实现优势互补、互利共赢。鼓励产区和销区签订产销战略协议，通过共建粮食物流园区和优质商品粮基地、开展粮油产业转移和人才培训等多种方式，推动产销区从"供需合作"向"供应链合作"升级。

北粮南运

（图片来源：人民网）

（二）毫不松懈巩固拓展脱贫攻坚成果

111. 提高监测帮扶效能

对脱贫不稳定户、边缘易致贫户以及突发严重困难户等开展监测帮扶，是防止返贫致贫的重要基础工作。今年将持续发挥监测帮扶机制作用，及时识别发现，落实好针对性帮扶举措，进一步提高工作效能。

优化监测识别方式。天有不测风云。客观上，总会有个别群众因病、因灾、因意外事故、因产业项目失败、因就业不稳等出现返贫致贫风险。为及时把出现返贫致贫风险的农户找出来，各方面下了大力气。工作中有的地方搞多头筛查、重复算账。今年将更加注重发挥大数据信息系统作用，聚焦收入、支出以及“三保障”和饮水安全，优化监测识别方式方法，推动监测由主要依靠基层干部入户排查，转为更多依靠农户自主申报、部门筛查预警、基层干部日常走访等，减轻基层工作负担。

强化帮扶措施落实。针对监测对象不同的返贫致贫风险，进一步完善帮扶政策“工具箱”，强化部门协同，分类施策落实好针对性措施，让脱贫成果更加稳固。对缺乏劳动能力和生活出现困难的农户，重点落实兜底式救助，做好低保、医保等制度衔接，确保基本生活不出问题。对有劳动能力的农户，重点落实开发式帮扶措施，加强易地搬迁后续扶持，抓紧抓好产业和就业帮扶，增强他们的内生发展能力。

政策传真

监测对象的认定条件是什么?

监测对象的认定条件是一套综合体系。工作中，以家庭为单位开展识别认定，重点关注农户“三保障”和饮水安全等方面出现的突出问题，同时关注就医、就学、就业、产业等方面存在的实际困难和潜在风险，统筹考虑收入支出情况，以及农户自主应对能力，进行综合研判。

（资料来源：2023 年 3 月，国家乡村振兴局印发的《健全防止返贫动态监测和帮扶机制工作指南》）

112. 分类推进帮扶产业提质增效

脱贫攻坚以来，各地打造形成了不少各具特色的帮扶产业。有的做大做强，形成了品牌，比如河北阜平食用菌、山西大同黄花菜、陕西柞水木耳，等等；有的产业起步晚、培育时间短，基础还不牢固，仍然需要政策支持；也有的受价格波动等多种因素影响，出现经营困难。今年将按照“四个一批”原则，分类推进帮扶产业高质量发展。

巩固一批。对市场效益好、链条较完备且发展前景广的帮扶产业，重点是巩固住良好发展势头，支持发展精深加工，提高产品附加值。同时，支持开拓市场，打造“金字招牌”，让更多帮扶产品走进全国大市场，推动产业发展综合效益和竞争力再上一个新台阶。

升级一批。对资源有支撑、发展有基础、效益有待提升的帮扶产业，针对性地补上技术、设施等短板，在农产品产地配套建设一批原料加工、冷藏保鲜等设施，促进强链补链延链，促进全产业链升级，让帮扶产业发展更具韧性。

盘活一批。对暂时出现经营困难但市场仍有潜力、前景依然看好的帮扶产业，可给予租金减免、金融信贷等支持，帮助其渡过难关。对停产闲置的项目，重点是创新运营模式，探索委托经营、合作经营、资产资源整合等方式，让资产盘活起来。

调整一批。对确实难以为继、起不到带动作用且技术落后、市场前景不看好的帮扶产业，将按照程序进行调整，逐个销号退出，规范处置好帮扶产业项目退出后的资产，立足当地实际重新谋划市场前景好、具备支撑条件、群众乐意干的新产业。

脱贫地区帮扶产业

（图片来源：人民网）

113. 扩大以工代赈规模

有活干、有钱赚，生活有奔头。以工代赈是促进低收入群众就近就业增收、提高劳动技能的一项重要政策。2024 年国家以工代赈政策累计吸纳带动 332 万名低收入群众就地就近就业，发放劳务报酬 478 亿元，成为广受欢迎的惠民工程。今年将加大以工代赈政策力度，让更多农民在家门口实现就业增收。

扩大“工”的覆盖面。针对部分地区脱贫劳动力、大龄农民工返乡有所增多情况，今年将推出更多适宜项目和就业岗位，让技能偏低、年龄偏大的脱贫人口、监测对象、返乡农民工等群体也能参与进来。支持在更多乡村振兴领域项目、具备条件的重点工程项目中实施以工代赈，创造更多就业岗位，惠及更多农村低收入群众。对一些简易的小型项目，鼓励村集体当“包工头”，组织带动村民开展建设和管护。

提升“赈”的实效性。针对当前一些以工代赈建设项目“工程干完就没事干”、务工缺乏连续性的情况，今年将安排更多产业配套类、公共服务类以工代赈项目，让群众获得稳定持续的务工收入。注重变“输血”为“造血”，积极组织务工人员参与岗前集中培训，促进掌握实用技能，多渠道、多方式推动“以工增技”“以工赋能”，切实激发群众依靠自身劳动增收致富的内生动力和自我发展能力。

名词解释

以工代赈

以工代赈是指政府投资建设基础设施工程，受赈济者参加工程建设获得劳务报酬，以此取代直接赈济的一项扶持政策。现阶段，以工代赈主要包括使用以工代赈专项资金实施以工代赈项目、在农业农村基础设施领域中推广以工代赈方式、在政府投资的重点工程项目中实施以工代赈等，主要目的是向参与工程建设的群众发放劳务报酬、开展技能培训，促进其就地就近就业增收。

（资料来源：国家发展改革委 2023 年 1 月 10 日公布、2023 年 3 月 1 日起施行的《国家以工代赈管理办法》）

114. 健全脱贫攻坚国家投入形成资产的长效管理机制

脱贫攻坚以来，国家投入大量资金，形成庞大的帮扶资产。这些资产有利于促进脱贫群众持续增收、推动脱贫地区加快发展。今年将重点从四个环节入手，健全长效管理制度和规范机制，确保帮扶资产持续发挥作用。

开展确权登记。帮扶资产既有存量资产，每年还会新增资产；既有集体资产，也有到户资产。今年将对帮扶资产分类分级确权，“及时入库、登记造册”，抓紧建立统一的资产登记管理台账，让各类资产各得其所。

加强运营管护。帮扶资产从项目建设一开始就要谋划好“怎么管、谁来管”问题。实际工作中有些帮扶资产低效闲置、利用率不高。今年将完善帮扶资产“资金—项目—资产”的全流程项目管理制度设计，构建从建设到运营到监管的“闭环”。

完善收益分配。对帮扶资产收益多少用来支持项目持续发展、多少留给集体公益使用、多少分给脱贫群众，实践中各地摸索出一些有效做法。今年将加强帮扶项目资产收益分配管理和监督，在确保项目持续健康运行的基础上，推动资产收益分配更加公平合理、更可持续。

强化监督管理。帮扶资产既面临各种自然灾害等风险，也可能出现经营管理风险，必须完善全生命周期的监督管理制度安排。今年将进一步加强监督管理，明确监督责任、事项清单和工作流程，强化风险防范化解，让项目资产在阳光下运行。

政策传真

2025 年中央一号文件关于帮扶资产的要求

健全脱贫攻坚国家投入形成资产的长效管理机制。全面清查脱贫攻坚国家投入形成资产，建立统一的资产登记管理台账。制定帮扶项目资产管理办法，健全资产形成、确权移交、管护运营、收益分配等全程监管制度，推动经营性资产保值增效、公益性资产持续发挥作用。完善资产分类处置制度，支持各地盘活低效闲置资产。

（资料来源：2025 年 1 月，《中共中央 国务院关于进一步深化农村改革 扎实推进乡村全面振兴的意见》）

115. 统筹建立农村防止返贫致贫机制和低收入人口、欠发达地区分层分类帮扶制度

今年是巩固拓展脱贫攻坚成果同乡村振兴有效衔接 5 年过渡期的最后一年。过渡期后，帮扶工作将转向适应乡村全面振兴要求的常态化帮扶阶段，需要统筹建立农村防止返贫致贫机制和低收入人口、欠发达地区分层分类帮扶制度。重点包括三方面任务：

实现农村人口全覆盖。现行监测对象主要是脱贫人口和边缘人口，但由于疾病、灾害、事故等原因，在监测之外的一些农民也可能返贫致贫。怎么把风险全面防范好、化解掉？这就要把现在的防止返贫致贫监测帮扶机制，从主要覆盖脱贫地区农村人口拓展为覆盖全部农村人口，统筹开展识别认定，把符合条件的对象全面纳入监测范围。

实现帮扶政策并轨。当前帮扶政策，既包含主要针对低收入人口的兜底保障措施，也包含建立在脱贫标准基础上的防止返贫致贫政策。这就需要加强政策统筹衔接。对有劳动能力的人口，重在“造血”，

支持他们发展生产、培训技能、外出打工等，靠辛勤双手过上好日子。对缺乏劳动能力的人口，重在“输血”，加强社会救助，确保吃穿、居住、上学、看病等基本生活不出问题。

实现帮扶机制创新。欠发达地区是现代化建设的重点和难点所在，需要通过加大支持来加快发展。重点是支持欠发达地区县域振兴发展，补上基础设施和公共服务短板，发展壮大县域富民产业，让农民在家门口有活干、有钱赚。今年将推进东西部协作、定点帮扶等机制给予欠发达地区差异化支持，引入资金、技术、人才等紧缺要素，让欠发达地区加快发展步伐。

从脱贫攻坚到乡村振兴

（图片来源：新华社）

（三）扎实推进农村改革发展

116. 有序推进第二轮土地承包到期后再延长 30 年试点

“土地者，民之本也。”农民有块地，吃饭就不愁，心里就安稳。当前及今后几年全国大部分地方第二轮承包将陆续到期。国家明确，农村土地第二轮承包到期后再延长30年，给农民吃下了长效“定心丸”。2024 年在安徽、湖南、广西三省区开展了整省延包试点，在其他省份组织整县整乡的试点。今年将扩大整省试点，有序稳妥推进延包试点。工作中将抓好三个关键：

坚持“大稳定、小调整”。保持农村土地承包关系稳定并长久不变，是巩固和完善农村基本经营制度的必然要求。二轮延包试点，要确保承包关系总体顺延，绝大多数农户原有承包地继续保持稳定。试点中需要充分用好承包地确权登记颁证成果，大稳定是原则、小调整是例外，不能打乱重分，更不能收回集体或者借机违法调整。

妥善解决矛盾问题。无地少地农户的要地诉求如何满足？消亡户如何界定？外嫁女等特殊群体合法权益如何保护？这些都是试点过程中需要妥善处理的矛盾问题。总的原则是依法依规、依靠农民集体，在牢牢守住合法合规底线的基础上，引导农民群众商量着办，推动在集体内部妥善解决矛盾问题，保障好农民群众合法权益。

二轮延包给农民吃下“定心丸”

（图片来源：新华社）

创新工作方式方法。不同地区推进延包试点的难点各不相同，重在实事求是、因地制宜，找到符合实际、合理有效的解决办法。实践中，有的地方把集体机动地、依法收回土地优先分配给无地农民，有的通过提供就业岗位或纳入农村社会保障兜底来解决土地较少农户的现实困难。需要支持和鼓励基层积极探索，充分发挥农民群众智慧，创新工作方式方法，确保延包试点稳妥有序推进。

117. 提高农业社会化服务质效

我国人多地少、小农户众多，迫切需要通过社会化服务，更好把小农户引入现代农业轨道。今年重点从拓面、集成、提质三个方面发力，提高社会化服务质效。

拓宽服务范围。目前围绕粮食和油料生产的社会化服务比较成熟，但对种果种菜、畜禽养殖的服务还比较薄弱；耕地、播种、收获服务已经很常见，但保鲜、烘干、销售等环节仍是短板。将引导社会化服务主体从粮棉油向果菜茶拓展，从种植业向养殖业推进，从生产服务向金融保险等配套服务延伸，更好对农业全产业链发挥支撑作用。

集成多种服务。一些地方建设了区域农业社会化服务中心，一站式提供农资供应、技术集成、农机作业、仓储物流、农产品营销、防灾减灾等服务，提高了服务的综合效能，受到农民欢迎。将引导各地借鉴已有经验做法，探索开展多种类型的综合性社会化服务，实现更大范围服务资源整合，为农民群众提供便捷高效服务。

农业社会化服务

提高服务质效。当前一些地方社会化服务质量还有待提升。比如，机收损失多，服务的设施装备有待升级，作业效率不高等。提高社会化服务质量，关键靠科技。现在人工智能、大数据、遥感等技术日新月异，新的农机装备不断推广应用，将支持鼓励社会化服务主体积极拥抱新科技，助力服务提档升级。

118. 支持发展新型农村集体经济

发展新型农村集体经济，是乡村全面振兴的重要基础，与农民群众的切身利益休戚相关。其核心要义在于构建产权明晰、分配合理的运行机制，赋予农民更加充分的财产权益。全国农村集体经济组织有96万个，农村集体经济组织成员有约9亿人，新型农村集体经济发展好了，农村发展的基础会更牢靠，农民也会得到更多实惠。今年将进一步支持各地因地制宜发展新型农村集体经济。

探索多样化发展途径。各地农村集体经济组织资源禀赋、经营管理能力不同，发展新型农村集体经济的方式多种多样。资源发包、物业出租、居间服务、经营性财产参股等，风险较小、收益相对稳定，可以通过这些途径发展。具有优势资源的地方，也可以探索发展休闲旅游、健康养生等新业态。工作中需要坚持实事求是，突出农民主体，不能对集体收入提硬性目标，严控集体经营风险和债务。

完善运行机制。发展新型农村集体经济，产权要清晰、分配要合理。明晰产权的关键是巩固提升农村集体产权制度改革成果，进一步核查集体资产数量，明确资产权属，做好成员认定。合理分配的关键是充分保障集体成员的知情权、参与权、表达权、监督权，建好分配制度，确保集体经济收益更好造福农民和农村。

严格监督管理。一些地方农村集体资产出现流失和被侵占，农民群众对此反映强烈。2024年，各级监察机关查处贪污侵占集体资金、违规处置集体资产、资源监管流于形式等问题15.3万个，处分13.2万人。今年将持续深化农村集体资金、资产和资源管理专项治理，推动集体资产管理更加规范有序、阳光透明。

热点链接

中华人民共和国农村集体经济组织法

2024 年 6 月 28 日，第十四届全国人民代表大会常务委员会第十次会议表决通过了《中华人民共和国农村集体经济组织法》，自 2025 年 5 月 1 日起施行。《中华人民共和国农村集体经济组织法》规定，国家通过财政、税收、金融、土地、人才以及产业政策等扶持措施，促进农村集体经济组织发展，壮大新型农村集体经济等。

119. 壮大乡村人才队伍

乡村振兴，关键在人。近年来，人口老龄化、村庄空心化加剧，给乡村发展带来不小的挑战。同时也有越来越多的年轻人从城市返回农村创业，有的搞直播带货、助农销售，有的在乡村办民宿、开咖啡厅，一大批新业态、新模式、新场景加快涌现，为乡村发展注入了生机与活力。今年将加大支持力度，让各类人才在农村这片广阔天地大显身手、各展才华。

育好本土人才。提升农民技术技能，培育一批乡村工匠和高素质农民，壮大农村各类专业人才和实用人才队伍，培养一批能够用得上、干得好的“土专家”“田秀才”。优化调整涉农学科专业，提升涉农职业教育水平，选拔培养一批农林人才，鼓励他们把论文写在大地上、把知识用到乡间田野去。

引进外来人才。重点是把空间平台搭建好，从用地、金融、税收等方面给予支持，创造良好的政策环境。实施好“三支一扶”计划、科技特派员、特岗教师计划、大学生志愿服务西部计划等基层服务项目，引进一批乡村发展急需的专业人才，“不求所有，但求所用”，逐步盘活乡村人才“蓄水池”。

留住各类人才。让各类人才在乡村能够留得住，必须解决好职业发展、社会保障等后顾之忧。通过组织各类技能赛事、人才评选等活动，加大对乡村人才的奖励激励，打通人才流动和晋升的通道。促进城乡人才双向流动，健全人才选聘制度，做好社会保障。

农创客投身乡村振兴

（图片来源：人民网）

120. 发展林下经济

“油茶林下翠如茵，珍贵药材能富民”，描绘了林下经济的生动场景。今年《报告》首次提出发展林下经济，将进一步完善支持政策，更好促进农民增收。

协同推进生态保护与绿色富民。林下经济，前提是“林”。必须坚持生态优先，在保护好森林资源的前提下搞发展，让农民不砍树也能致富，实现“生态保护”和“经济发展”双赢。不能以发展林下经济为名擅自改变林地性质或乱砍滥伐、毁坏林木、破坏生态。

提高林地综合效益。“林中自有金银”，关键在于因地制宜将森林资源优势转化为产业优势。比如，依托森林粮、油、果、菌、笋、蜜等丰富食物资源，积极开发多元食物，把“森林粮库”做大做强。再比如，利用森林风景秀丽、空气清新等天然优势，大力发展森林文旅、森林康养，充分释放森林资源经济效益。

加强政策统筹实施。当前对发展林下经济的支持政策不少，关键是统筹用好。比如用地政策，在不采伐林木、不影响林木生长、不造成污染的前提下，利用林地空间建设必要的生产管护设施、放置移动类设施等，可直接按为林业生产服务的设施用地管理。再如财税政策，符合条件的返乡入乡创业林农，可按规定享受税费减免、创业补贴、创业担保贷款及贴息等创业扶持政策。这些政策还需加大宣传贯彻力度，切实转化为发展林下经济的动力和实效。

名词解释

林下经济

林下经济是指依托森林、林地及其生态环境，遵循可持续经营原则，以开展复合经营为主要特征的生态友好型经济，包括林下种植、林下养殖、相关产品采集加工、森林景观利用等。

（资料来源：2021 年 11 月，国家林草局印发的《全国林下经济发展指南（2021—2030 年）》）

121. 加强文明乡风建设

乡村不仅要塑形，更要铸魂。近年来，不少地方制定村规民约、开设普法讲堂，“村 BA”“村超”等富有农趣农味的活动火爆出圈，广大乡村营造出崇德向善、诚信友爱、积极向上的社会氛围，有力提振了农民群众的精气神。今年将持续弘扬社会主义核心价值观、保护传承优秀农耕文明，以文育人、成风化俗。

丰富农民精神文化生活。今年将继续实施文明乡风建设、文化惠民等工程，推动科技、法律、文化下乡，做好“大篷车”式的普法、科普工作，推动更多文化产品和服务走进乡村。创新开展一系列农民群众喜闻乐见、参与度高的群众性文体活动，让乡村文化更繁荣、乡村生活更多彩。

潮汕英歌舞

（图片来源：人民网）

加强优秀传统农耕文化传承。优秀传统农耕文化，承载着中华文明生生不息的基因密码，不仅丢不得，而且还要发扬光大。今年将深入挖掘、继承、创新优秀传统乡土文化，加大对古镇、古村落、古建筑、民族村寨、文物古迹、农业遗迹的保护力度，让有形的乡村文化留得住，让活态的乡土文化代代传下去。

推进农村移风易俗。高额彩礼、人情攀比、大操大办等陈规陋习，给不少农民家庭造成负担。今年将堵疏结合持续推进移风易俗。“堵”的方面，创新用好村规民约，在人情往来和陈规陋习之间划出界限，让农民群众知道哪些不该做。“疏”的方面，细化倡导性标准，倡导婚事新办、丧事简办等新风尚，宣传引导培育时代新风。

122. 持续改善农村基础设施、公共服务和人居环境

“树绕村庄，水满陂塘”，“小园几许，收尽春光”。宜居宜业和美乡村，是亿万农民群众对美好生活的共同向往。今年将继续对标“农村基本具备现代生活条件”目标，扎实推进乡村建设，推动万千乡村展新貌、焕新颜。

让基础设施更完备。农村基础设施有了很大改观，但往村覆盖、往户延伸得还不够。今年将在完善路水电气等基础设施上下功夫。持续改善农村交通出行条件，推动农村公路、客运公交通村达组、联通城乡，实现人享其行、物优其流。因地制宜、分类建设稳定可靠的农村供水设施，保障好农村居民用电、用气等能源需求，让农民上网、充换电更加方便。

让公共服务更便利。聚焦农村空巢老人、留守儿童这“一老一小”，加快补上农村教育、医疗、养老等基本公共服务短板。改善寄宿制学校办学条件，办好必要的乡村小规模学校。推进紧密型县域医共体建设，提升中心乡镇卫生院服务能力，实现小病不出村、大病不出县。健全县乡村三级养老服务网络，加强村级养老服务设施建设，更好实现老有所养。

宜居宜业和美乡村

（图片来源：人民网）

让人居环境更舒适。经过多年整治，越来越多的农村摆脱“脏乱差”，但在美丽宜居方面还需持续耕耘、久久为功，积小胜为大胜。今年将立足实际继续把农村改厕实施好，求好不求快，让农民群众更满意、更舒心。因地制宜选择治理模式，把厕所粪污和生活污水一并治理好，把农村生活垃圾妥善处理好，让村容村貌整洁有序“靓”起来，让越来越多的乡村成为令人向往的美好家园。

九

推进新型城镇化和区域协调发展，进一步优化发展空间格局

我国幅员辽阔、地域类型多样，城乡之间、区域之间的经济社会发展水平存在较大差异。推动城乡融合和区域协调发展，是解决发展不平衡不充分问题的内在要求，也是发挥超大规模市场优势的有效途径，对于加快构建新发展格局、实现高质量发展具有重大意义。《报告》对今年的新型城镇化、区域协调发展工作作出了明确部署，提出完善实施区域协调发展战略机制，坚持以人为本提高城镇化质量水平，构建优势互补的区域经济布局和国土空间体系。

（一）深入实施新型城镇化战略行动

123. 科学有序推进农业转移人口市民化

推进农业转移人口市民化是新型城镇化的首要任务。让进城农民真正成为新市民，就必须解决好“留得下”“过得好”的问题。“留得下”就是要让他们有稳定生计、能扎下根。今年将继续在产业留人、事业留人上下功夫，支持各类城市因地制宜引进优质产业企业，优化社会创业环境，畅通参加社会保险渠道，完善社保关系转移接续政策，让进城农民获得更多高质量就业机会。

“过得好”就是要让进城农民均等享受基本公共服务。孩子上学、老人看病等是他们最为关注的问题，今年将加大这些领域的保障力度，按常住人口匹配和投入资源，加快补齐公共服务供给短板。比如，针对人口集中流入地，将加大公办中小学学位供给，提高随迁子女在公办学校就读比例；支持人口集中流入城市的普通高中建设；加快将随迁子女纳入流入地普惠性学前教育保障范围。还有一个重要方面是解决好新市民的安居问题，今年将统筹财政、金融等政策，加大对进城务工人员租房购房的支持，推动更多地方将他们纳入住房保障体系，鼓励城市政府更多通过“以购代建”的方式强化住房保障。为增强地方落实农业转移人口市民化政策的财政保障能力，今年中央财政安排农业转移人口市民化奖励资金 420 亿元，比上年增加 20 亿元。

政策传真

以人为本的新型城镇化

2024 年 7 月，国务院印发《深入实施以人为本的新型城镇化战略五年行动计划》，明确实施新一轮农业转移人口市民化行动，提出进一步深化户籍制度改革、健全常住地提供基本公共服务制度、促进农业转移人口在城镇稳定就业、保障随迁子女在流入地受教育权利、完善农业转移人口多元化住房保障体系、扩大农业转移人口社会保障覆盖面等 6 项任务，以及完善农业转移人口市民化激励政策、健全进城落户农民农村权益维护政策。

124. 加快补齐县城基础设施和公共服务短板

县城是联结城乡的桥梁纽带，生活成本与大城市相比相对较低，进入县城就业和生活成为越来越多农民的选择，但一些县城在交通、市政、教育、医疗等方面还存在比较明显的短板。推动城乡融合发展，需要加快推进县城建设，特别是提高其基础设施和公共服务水平。

农村人口逐步向县城集聚，需要优化市政设施体系，更好满足居民居住、出行等生活需要。今年将进一步完善市政交通、防洪排涝等设施，畅通对外连接通道。

人民群众十分关心教育、医疗卫生、养老托育、文化体育等公共服务。今年将推进县城公共服务设施提标扩面，加快改善县域高中办学条件、提升县医院综合能力，保障居民获得普惠共享的基本公共服务。

人居环境质量上来了，居民才住得舒心。今年将继续推进县城环境基础设施提级扩能，完善生态绿地系统，增强垃圾污水等收集处理能力，加强历史文化保护传承，彰显县城绿色人文风貌。

在发挥县城带动乡村发展的作用方面，今年将进一步推动城镇基础设施和公共服务向乡村延伸覆盖，统筹推进县域城乡交通、供水、供电、垃圾污水处理等设施建设管护，深入推进县域城乡学校共同体和紧密型县域医共体建设。

江西丰城市一家改造后的标准化菜市场，居民在选购新鲜蔬菜

（图片来源：《人民日报》）

125. 大力发展县域经济

县域经济是国民经济的“毛细血管”。随着全国统一大市场加快建设、以人为本的新型城镇化深入实施，一座座小城面临多重发展机遇，县域经济的“小块头”中蕴藏着中国经济的“大能量”。今年将在已有基础上，继续大力发展县域经济，促进县乡村功能衔接互补、资源要素优化配置。

与大城市发展路径不同，县城更多在细分赛道上各展其长，有的深耕特色农业，做强“土特产”产业链；有的专心孵化工业领域“隐形冠军”，塑造“小而美”“小而专”的独特优势。今年将进一步支持培育县域特色产业优势。推动城镇化潜力地区县市“一县一策”强化产业导入，积极引进就业容量大的产业，培育认定中小企业特色产业集群。延长特色产业链条，提升产品附加值、品牌附加值和综合竞争优势，以特色产业带动县域经济整体发展。下一步，还将完善产业在国内梯度有序转移的协作机制，加大对中西部和东北地区县域经济发展和产业承接的定向支持力度。

一些县市产业基础较好，今年还将加大对其新产业新业态发展的支持力度。比如，培育以人工智能、大数据、云计算、物联网等为重点的新兴数字产业，鼓励县域重点企业积极探索 5G 场景示范应用，促进信息网络技术与制造业深度融合，加快数字化智能化转型。推广休闲农业、乡村旅游和电商小镇的发展模式，催生农业产业发展的新业态。

热点链接

县域经济

我国共有 1869 个县（含县级市、自治县、旗等），约占全国九成的国土面积、六成的户籍人口、五成的常住人口、四成的经济总量。全年地区生产总值超过 1000 亿元的“千亿县”，10 年里从不到 10 个增至 63 个。

126. 促进大中小城市和小城镇协调发展

第六次、第七次人口普查数据显示，我国人口越来越向超大、特大城市和县城流动。与此同时，也出现了不同层级城市发展水平不均衡、功能分配不合理等问题，大城市“吃不了”和中小城市“吃不饱”“吃不着”并存。今年将深入实施新型城镇化战略行动，进一步优化空间格局，促进大中小城市和小城镇协调发展。

发展现代化都市圈。都市圈是以一个超大、特大城市为中心形成的人口和经济高度集聚的区域。当前，“十四五”时期重点培育的18个都市圈发展规划已全部印发实施，都市圈同城化体制机制不断健全。今年将继续实施现代化都市圈培育行动，提升超大、特大城市现代化治理水平，辐射带动周边市县共同发展。鼓励超大、特大城市适当做减法，有序疏解非核心功能，引导过度集中的医疗、高等教育等公共服务资源有序向外转移。建设跨行政区的规划和协调机制，持续推动通勤、产业、公共服务一体化，实现都市圈同城化发展。

促进不同层级城市错位发展。大城市如“发动机”，能够发挥规模经济优势，提供产业外溢的机会；中小城市好比“传动轴”，可以共同驱动区域经济。“十四五”规划共布局了19个国家级城市群，新一轮国土空间规划给予城市不同定位和发展要求，目的就是要让国家中心城市、区域中心城市、中小城市和小城镇实现差异化发展，促进城市分工协作、功能互补。鼓励和引导中小城市依托本地资源发展特色产业，与大城市形成合理的产业分工体系，避免同质化竞争。充分发挥小城镇连接城乡的优势，扎实推进以县城为重要载体的城镇化建设，促进农业转移人口就近市民化。

127. 持续推进城市更新和城镇老旧小区改造

深入实施城市更新行动，既能让城市更安全宜居，也能充分释放内需潜力。有的城市深度挖掘传统文化，修复老街建筑，引进新业态，形成集旅游观光、休闲消费于一体的热门打卡地……自 2019 年中央部署实施城市更新以来，全国已累计改造近 28 万个老旧小区，增设养老、托育设施近 8 万个，更新改造地下管网约 50 万公里，打造口袋公园 4 万个。今年，城市更新工作力度将进一步加大。

突出以人为本的更新目标。城市更新不是简单打造“网红街区”，而是要提升社区凝聚力、增强城市吸引力。坚持问计于民，广泛听取群众意见。坚持“先体检、后更新”，查找群众身边的急难愁盼问题。

以“三旧一村”作为更新重点。城市更新重点包括了民生类、发展类、安全类项目，既有城中村改造，也有老旧工业厂区、街区、小区更新。今年，城中村改造项目将扩大到全国地级及以上城市，老旧小区开工改造 2.5 万个、涉及 470 万户。加大力度推进更新改造，打造精品街道，建设活力街区、科创园区，为人民群众提供更宜居的居住环境、更多创新创业空间。

杭州市拱墅区大运河杭钢工业遗址综保项目

（图片来源：《人民日报》）

不断丰富和完善城市更新政策。城市更新涉及不同土地类型和业态，很难沿用增量开发时期的政策。需要打通土地、规划、技术标准等方面堵点，增强政策适应性、灵活性，为各类主体创造更大空间。

比如，针对点状供地、复合用地等特征，鼓励用地功能转换兼容，推动土地再开发再利用。

构建可持续的城市更新模式。推进城市更新中资金平衡不可或缺。一方面，可以系统整合片区的资源、资本，将潜在收益较好和较差的地块混合，统筹空间功能和建筑量，探索“肥瘦搭配”算总账的平衡机制。另一方面，更多依靠长期持有经营来获取现金流盈利，将系统化思维贯穿全生命周期，注重居民长期需求挖掘，调动居民自主更新和耐心资本参与的积极性。

128. 统筹城市低效用地再开发

长期以来，因为城市规划与发展的“时空错位”、产业转型发展的现实变化、产权碎片的治理困境等多方面因素，城市存量建设用地持续存在低效利用的问题。统筹城市低效用地再开发，可以进一步盘活存量土地资源，促进城市集约高效和可持续发展。今年，将在推广总结此前试点经验基础上，加大城市低效用地再开发推进力度。

加强规划统领。依据国土空间总体规划，明确低效用地再开发的重点区域，合理确定低效用地再开发空间单元。在此基础上，探索编制实施层面的详细规划，进一步明确土地使用、功能布局、建筑规模指标等要求，让低效用地再开发有据可依。

强化收储支撑。去年以来，有关部门根据形势需要出台了闲置存量土地盘活相关政策，今年将加大闲置土地收储力度。资金是收储的关键，要统筹保障土地收储、基础设施开发建设等资金投入，做好资金平衡，合理安排开发时序，实现滚动开发、良性循环。

“腾笼换鸟”

（图片来源：《瞭望》新闻周刊）

完善激励机制。对原土地使用权人申请改变土地用途的，根据不同区域、不同用地类别完善地价计收补缴标准，补缴完成后允许依法变更用途，以实现再利用。同时，进一步完善收益分享机制，让企业、政府、居民在存量土地再利用中都能获益。

做好登记确权。完成低效用地再开发后，不动产登记机构根据当事人申请，依法及时办理相关不动产登记，维护权利人合法权益。对于历史形成的没有合法用地手续的建设用地，根据全国国土调查结果、区分发生的不同时期，依法依规分类明确认定标准和处置政策，予以妥善处理。

129. 加快健全城市防洪排涝体系

近年来，极端天气事件偏多，暴露出不少城市建设管理的短板。

治理城市内涝、完善排水系统事关城市安全发展，也是重大的民生工程。本质上需要从治标转向治本，持续推动城市防洪排涝体系建设，因地制宜、因城施策提高城市防汛能力和安全韧性水平。

加强规划统筹开展系统治理。城市水系是有机的生命体，排水与周边江河的行洪、泄洪以及区域滞洪能力密切相关。今年工作中将统筹好城市防洪和排涝，健全城市水系、排水管网、周边江河湖海及水库的联排联调运行管理模式。统筹生态环境治理和城市建设，加快河湖联通工程建设，保护修复江河、湖泊、湿地“天然调蓄池”，保留天然雨洪通道、蓄滞洪空间，减少地表积水。统筹水资源利用和防灾减灾，加强城市生活污水收集、处理和再生利用。

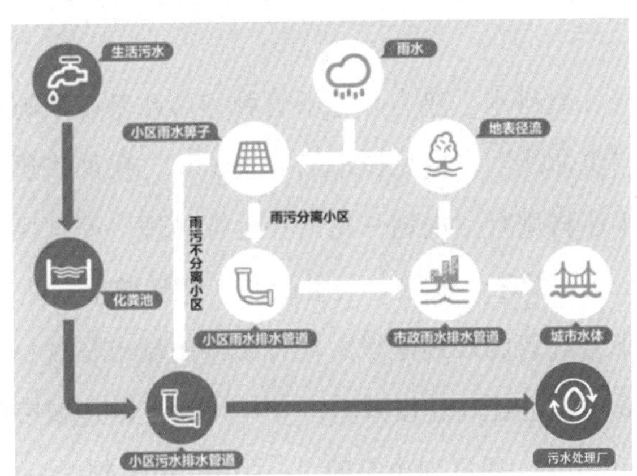

小区水往哪里流

（图片来源：《人民日报》）

加快推进防洪排涝工程建设。防洪排涝工程体系就像城市的“血管”，排涝通道通畅，自然能降低内涝发生风险。继续按照海绵城市的理念，加强雨水源头渗透、滞留和调蓄，实现对降雨径流峰值的削峰和错峰。结合城市更新对年久失修、标准偏低容易造成内涝积水的雨水管网进行改造，高标准新建雨水管网，全面消除内涝积水点。优化城市排涝通道及排水管网布局，整治排涝通道瓶颈段，根据规划建设强排泵站，解决片区排水出路问题。

通过科技手段提高应急管理能力。应急管理并非极端天气来临的一时之举，应该落实在日常管理中。用好超长期特别国债等各类资金，加强城市洪涝监测和预警系统建设，在排水设施关键节点、易涝积水点布置智能化感知设备，充分运用大数据、物联网等技术，强化城市暴雨洪水预报，提前应对内涝灾害，提高调度防御水平。

130. 加强燃气、给排水、热力、地下管廊等建设和协同管理

城市燃气、给排水、热力和地下管廊等市政基础设施是保障城市安全运转的“生命线”，也是城市的“里子”。在加快建设补齐短板的同时，今年还将进行“规划—建设—运维管理—安全保障”全链条的机制创新，实现效率、安全、质量跃升，增强城市韧性。

加快地下管线管廊规划建设。在有条件的城市早规划、早建设，既节约建设成本，也提高建设效益。今年将建设改造城市燃气等地下管线 15 万公里以上。通过国土空间“一张图”“多规合一”进行衔接，加强国土空间、地下空间、单管线和管廊建设等规划的统筹，打捆推进、同步施工。

实现建设运营管理协同。地下管线管廊工程分属不同部门、投资主体，有的因管理割裂，检修维护不到位，形成“马路拉链”、抢修误挖、应急迟缓等问题。今年将进一步打通信息孤岛，逐步推动从“各管一摊”到“一网统管”，把智能化、信息化、数字化等技术整合到地下管网建设运营过程中，推动形成地下管网“一张图”，从根本上减少隐患和事故发生。

多措并举解决资金问题。有关部门预计未来五年需要改造的城市燃气、供排水、供热等各类管网投资总需求约 4 万亿元。今年将积极用好预算内投资，充分利用“两重”“两新”及专项债等支持政策，解决规划建设和后期运营管理中的资金需求问题。同时，建立各类管网运行维护长效机制，理顺价格和收费政策，吸引社会资本参与投资建设。

地下管廊示意图

（图片来源：《湖北日报》）

131. 发展数字化、智能化基础设施

数字化、智能化基础设施能够有效提升城市运行效率，便利居民生活，增强城市安全韧性。近年来，部分城市建设城市运行管理服务平台体系、城市生命线安全工程、智慧公交云脑平台等，取得显著的经济社会效益。发展数字化、智能化基础设施，今年将突出四方面重点：

推动智能化市政基础设施建设改造。进一步摸清市政基础设施“家底”，编制并实施智能化建设改造计划。通过信息化、数字化手段对城市的燃气、桥梁、隧道、供排水、供热、综合管廊等重点领域进行实时监测，对安全隐患做到早发现、早预警、早处置，让“事后救火”变“事前预防”。推动基础设施与智能网联汽车协同发展，建设城市道路、建筑、公共设施融合感知体系，拓展智能网联汽车应用场景，让城市出行生活更便捷。

提升城市数字化、智能化治理水平。加快推进国家、省、城市三级城市运行管理服务平台体系建设，因地制宜建设汇聚基础地理、建筑物、基础设施等三维数据的城市信息模型（CIM）基础平台，提升城市管理效能。目前城市房屋还存在不少安全隐患，将逐步建立健全覆盖全面、功能完备、信息准确的城市房屋建筑综合管理平台。此外，大力发展智慧住区，提高智慧化安全防范、监测预警和应急处置能力。

推动智能建造与建筑工业化协同发展。通过发展数字设计、智能生产和智能施工，培育发展现代化建筑产业集群，推动建筑业工业化、数字化、绿色化转型升级。推进智慧工地建设，通过促进信息技术与建筑施工管理深度融合，进一步提升安全监管效能。

创新完善建设机制。数字化、智能化基础设施不同于传统的道路、桥梁等公共产品，具有更为丰富的应用场景，需要创新方式统筹用好各方资源。拓宽投融资渠道，推动建立以政府投入为主导，企业投入

为主体的多元化投融资体系。鼓励金融机构以市场化方式增加中长期信贷投放，支持发行不动产投资信托基金等。数据资源是重要的支撑要素，鼓励创新数据供给方式，强化共享利用。

名词解释

新型城市基础设施

新型城市基础设施是大数据、云计算、区块链、人工智能等新一代信息技术同城市建设治理融合创新的产物。新型城市基础设施建设以信息平台建设为牵引，以智能设施建设为基础，以智慧应用场景为依托，对城市基础设施进行数字化改造，构建智能高效的新型城市基础设施体系，是提升城市建设、运营、治理水平的重要支撑。

132. 完善无障碍适老化配套设施

截至 2024 年底，我国 60 岁及以上人口达 3.1 亿人、占全国总人口的 22%，让他们出行更便利、生活更舒心，离不开无障碍适老化配套设施建设。近年来，这方面建设取得了积极成效，但仍然存在整体覆盖率不高、区域发展不平衡、长效运营维护机制缺失、标准执行偏差等问题。今年，将进一步从提水平、推改造、重维护三方面着手完善无障碍适老化配套设施。

提升建设水平。新建、改建、扩建的居住建筑、居住区、公共建筑、公共场所、城市道路等工程项目，严格执行工程建设标准，确保无障碍设施与主体工程同步规划、同步设计、同步施工、同步验收、同步交付使用。同时，与周边的无障碍设施有效衔接、实现贯通。

有序推进改造。突出重点做好无障碍适老化配套设施“欠账”摸排，特别是市政道路及其附属设施，公园、绿道、广场、公共停车场、城市独立式公共厕所等人流量大、使用频率高的公共场所和居住区、居住建筑等，建立问题台账，为改造提供支撑。统筹各方资源，通过城镇老旧小区改造、完整社区建设、城市更新行动等，有针对性地加以改造提升。住宅是万千老人的主要活动区域，今年将进一步加强居家适老化改造指导，并提供相应支持。

强化维护管理。“三分靠建、七分靠管”。当前一些无障碍适老化配套设施缺乏有效运行管理，使用效率较低。今后将致力于建立科学、可持续的运营维护机制，从制度设计、技术标准、资金保障、监督评估等方面形成闭环管理体系。推广使用物联网动态监测、人工智能算法等新技术赋能，进一步提升管理效能。同时，对公共空间的无障碍适老化配套设施，引导社会协同监督。

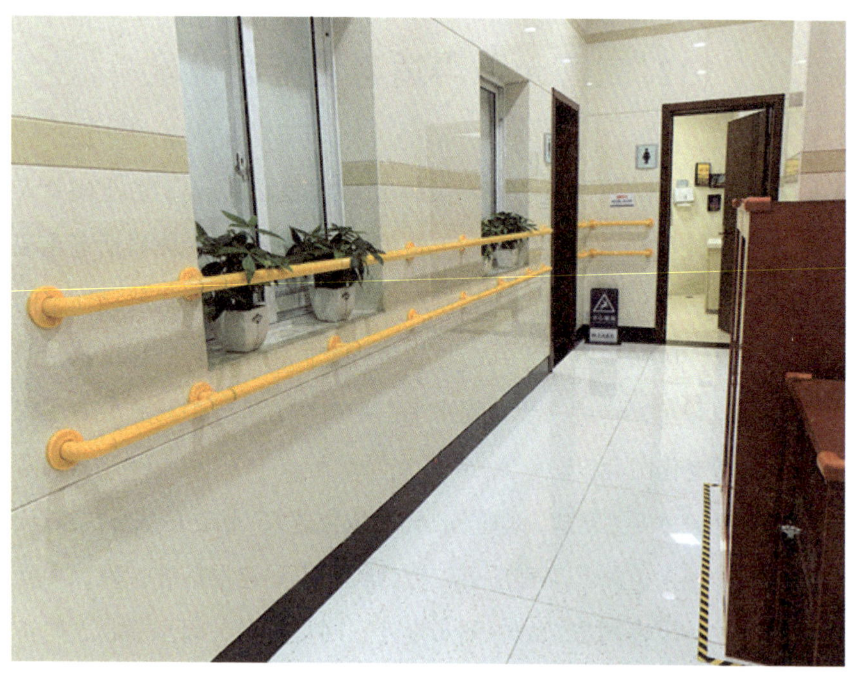

银行网点为老年人配备防摔专用设施

（图片来源：人民网）

133. 提升社区综合服务功能

老人、孩子、年轻人等都能在社区中找到所需的基本公共服务、各得其乐，是社区综合服务功能发展的方向。近年来，围绕提升社区综合服务功能出台了一系列文件，各地也作出了不少有益探索，但一些社区服务设施不完善、服务内容单一、居民参与度不高等问题仍较突出。今年，将进一步提升社区综合服务功能，推进建设完整社区，让居民就近享受到优质公共服务。

完善基本公共服务设施。为更好满足居民适度步行范围内的养老、托幼、就医等需求，结合城市人口分布及结构变化等，在已有公共服务设施基础上进一步优化规划布局。新建社区将强化综合服务设施标准化规范化建设，确保商业和综合服务设施面积达标。既有社区可结合实际确定设施建设标准和形式，通过补建、购置、置换、租赁、改造等方式补齐短板。

多功能社区服务中心

（图片来源：新华网）

提升社区综合服务水平。统筹发挥政府、基层群众性自治组织和社区经营主体各方面作用，增强社区综合服务能力。结合今年发展数字化、智能化基础设施的工作要求，实施社区公共设施改造，鼓励物业企业建立物业管理服务平台，大力推进线上线下社区生活服务。当前不少社区服务设施开放和服务时间与居民上班时间重叠，支持社区及时响应居民需求，延长服务时间。此外，以群众满意为评价标准，进一步健全满意度调查评估制度。

强化配套支持。提升社区综合服务功能离不开资金支持，将通过统筹中央预算内投资、地方财政投入、社会力量投入等积极拓宽资金来源。同时，加强规划、建设、用地等政策支持。

134. 打造宜居、韧性、智慧城市

城市是现代化的重要载体，是人民幸福生活的美好家园。近年来，在城镇化快速推进过程中，我国城市发展也积累了一些矛盾和问题。过去注重追求速度和规模，城市的整体性、系统性、宜居性、包容性和生长性不足，一些城市的“城市病”问题突出，亟待打造宜居、韧性、智慧城市。今年将重点做好以下工作：

在宜居城市建设方面，让城市更舒适、更便利。在居住条件上，加快推进安全、舒适、绿色、智慧的好房子建设。将 2000 年以前建成的城市老旧小区都纳入改造范围，城中村改造项目在去年新增 100 万套基础上继续扩大改造规模。在生活环境上，进一步完善社区配套设施，增添绿色建筑与绿化景观，提高城市的美观度和生态环境质量。

雄安新区容东城区城市运营管理中心

（图片来源：新华社）

在韧性城市建设方面，让城市更安全、更可靠。比如城市中的老旧管线等设施风险隐患大，今年将再建设地下管线 15 万公里以上。持续增强城市应对自然灾害的能力，推进调蓄设施、排水管网、排涝泵站等工程项目，今年再完成 1000 个排水防涝重点项目建设。

在智慧城市建设方面，让城市更聪明、更智慧。现代化城市建设和治理，需要科技赋能。支持各城市把科技创新摆在更加突出的位置，在城市建设和管理中大力推广应用先进技术。加快推进新型城市基础设施建设，让人工智能、5G、物联网等现代信息技术进家庭、进楼宇、进社区。

（二）加大区域战略实施力度

135. 深入实施西部大开发、东北全面振兴、中部地区加快崛起、东部地区加快推进现代化等战略

我国幅员辽阔，各地资源禀赋和发展水平千差万别，推进区域协调发展的任务十分艰巨。改革开放以来，党中央先后实施了西部大开发、振兴东北地区等老工业基地、促进中部地区崛起等一系列区域发展战略，发展的平衡性协调性持续增强。2024 年，西部地区生产总值达到 28.7 万亿元，同比增长 5.2%，增速居东部、中部、西部和东北地区之首，经济总量占全国的 21.4%。东北粮食安全“压舱石”作用进一步夯实，粮食总产量再创新高、占全国的 25.3%。中部地区生产总值增长 5%，“三基地一枢纽”建设稳步推进。今年将继续统筹推进“四大板块”协同发展，持续增强区域发展活力。

进一步推动西部大开发形成新格局。通过中央预算内投资、超长期特别国债等资金，加大对西部地区生态保护和修复等重点项目投入，推进“三北”工程建设，组织打好黄河“几字弯”攻坚战等标志性战役，筑牢西部地区生态安全屏障。落实落细西部地区鼓励类产业企业所得税优惠等政策，支持西部地区提升科技创新能力，加快发展特色优势产业。

奋力谱写东北全面振兴新篇章。推进高标准农田建设，研究扩大

黑土地保护实施范围，提高粮食生产能力。支持中央企业优先在东北布局战略性新兴产业，实施一批工业领域设备更新和技术改造项目，加快构建具有东北特色优势的现代化产业体系。支持东北地区优化营商环境，完善交通、能源、信息等基础设施体系，深化与东北亚区域合作。

促进中部地区加快崛起。以科技创新引领先进制造业发展，推进现代装备制造及高技术产业基地建设。有序核准一批现代化煤矿项目，加快煤矿先进产能建设和智能化改造，提高能源原材料基地发展水平。支持中部地区粮食主产区建设，巩固重要粮食生产基地地位。加快高铁、高速公路、水运、航空等设施建设，发展铁水等多式联运，推进综合交通运输枢纽建设。

鼓励东部地区加快推进现代化。发挥东部地区产业基础雄厚、创新要素聚集等优势，推动科技创新和产业创新融合发展，加快培育世界级先进制造业集群，大力发展现代服务业，提高创新能力和经济增长能级。

136. 提升京津冀、长三角、粤港澳大湾区等经济发展优势区域的创新能力和辐射带动作用

党的十八大以来，以习近平同志为核心的党中央高度重视区域协调发展工作，在“四大板块”基础上，不断完善丰富区域协调发展的理念、思路和政策体系，提出了一系列新的重大战略部署。其中，京津冀、长三角、粤港澳大湾区三大经济圈，以其突出的区位优势、强大的经济和技术实力，被赋予了高质量发展动力源的使命。三大经济圈以全国 2.8% 的土地聚集了全国约 18% 的人口，贡献了约 40% 的经

济总量，是发展新质生产力的重要阵地和引领高质量发展的第一梯队。今年将进一步推动相关区域战略深化实施，更好发挥三大优势区域在全国发展大局中的辐射带动作用。

推进京津冀协同发展。牢牢牵住北京非首都功能疏解这个“牛鼻子”，着力破解制约协同发展向纵深推进的体制机制障碍。高标准高质量建设雄安新区、北京城市副中心，支持滨海新区高质量发展。深化三地公路、铁路等“硬联通”和异地就医、养老等“软联通”，加快科技创新和产业协作等重点领域协同发展。

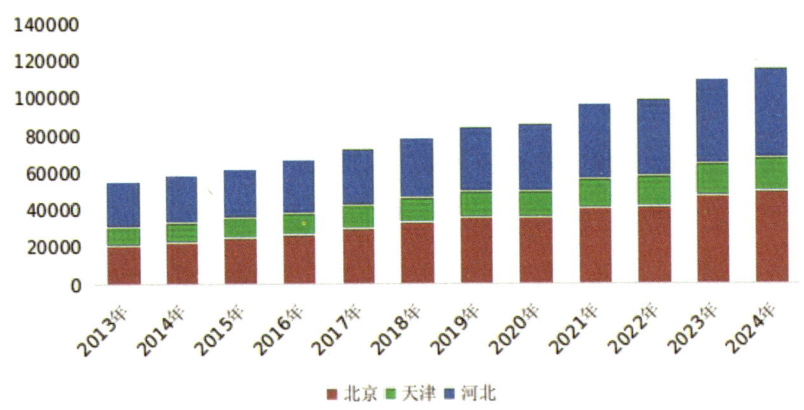

2013—2024 年京津冀地区生产总值（单位：亿元）

（数据来源：国家统计局网站）

推进长三角一体化发展。紧扣一体化和高质量两个关键，加强科技创新和产业创新跨区域协同，支持科研机构、科技领军企业合作推进重大科技攻关，共建现代化产业体系。加快上海国际经济、金融、贸易、航运、科技创新“五个中心”建设，进一步提升虹桥国际开放枢纽能级。强化长三角生态绿色一体化发展示范区制度创新成果推广应用。

加强粤港澳大湾区建设。以科技创新、产业发展、设施联通、规则衔接、民生改善等领域为重点，不断深化粤港澳全面合作、深度合作。深入推进机制对接，进一步便利人员、资金、数据等要素跨境流动，提升市场一体化发展水平。支持三地联合科技攻关，加快建设国际科技创新中心。提升琴澳一体化发展水平，推进前海、南沙、河套等重大合作平台建设。

137. 深入推动长江经济带建设、黄河流域生态保护和高质量发展

长江、黄河是中华民族的母亲河，千百年来，向海奔腾，生生不息。以习近平同志为核心的党中央把保护母亲河摆在事关中华民族伟大复兴和永续发展的重要位置，采取了一系列有力措施，推动长江、黄河生态环境持续改善，实现了生态保护和经济社会发展的双赢。2024年，长江经济带水质优良国控断面比例为96.3%，比上年上升0.7个百分点，长江干流连续5年保持Ⅱ类水质；地区生产总值为63万亿元，增长5.4%，经济总量占全国的47%。黄河沿岸全年完成造林2682万亩、草原生态修复3760万亩，49%的区域植被覆盖度呈上升趋势；黄河流域连续2年水质为优。长江、黄河生态保护是一项系统工程，今年将按照既定部署持续用力，推动不断取得新成效。

持续推进长江经济带发展。坚持共抓大保护、不搞大开发，推动长江流域生态环境保护和高质量发展从量变向质变跃升。围绕城市生活污水管网建设改造、工业污染治理、重要湖泊治理等领域开展攻坚，坚定不移推进长江十年禁渔，加快船舶等重点领域绿色转型，完善长江流域横向生态保护补偿机制。提升长江黄金水道功能，推动三峡水运新通道项目尽早开工建设，加快推进沿江高铁建设，进一步提升联

通衔接水平。推动沿江省市产业有序转移，支持沿江先进制造业集群培育提升。

全面推动黄河流域生态保护和高质量发展。坚持重在保护、要在治理，系统提升上游水源涵养能力，加强中游水土保持，推进下游湿地保护和生态治理。稳步优化调整黄河可供水量分配方案，加快建立强制性用水定额管理制度，保障重要堤防水库和基础设施安全。支持黄河流域推进新一轮千亿斤粮食产能提升行动，持续开展粮油作物大面积单产提升行动，加快推进煤炭矿区规划建设，更好保障国家粮食和能源安全。有序推进传统行业产能置换，推广一批重大绿色低碳技术装备，建设具有黄河特色的现代化产业体系。

热点链接

长江经济带发展战略、黄河流域生态保护和高质量发展战略都包括哪些地区？

长江经济带发展战略包括：上海市、江苏省、浙江省、安徽省、江西省、湖北省、湖南省、重庆市、四川省、贵州省、云南省 11 省市。

黄河流域生态保护和高质量发展战略包括：山东省、河南省、陕西省、山西省、内蒙古自治区、宁夏回族自治区、甘肃省、四川省、青海省 9 省区。

138. 支持经济大省挑大梁

长期以来，经济大省是稳住全国经济基本盘的“压舱石”。从供给侧看，经济大省作为创新的主力军、改革的先行者、开放的排头兵，是新质生产力形成发展的“策源地”。从需求侧看，经济大省投资项目多，消费市场体量大，对外开放水平高，对拉动经济增长具有“主引擎”作用。今年将进一步加强对经济大省挑大梁的支持。

在资金支持上，加大超长期特别国债、地方政府专项债券等资金的支持力度，在项目管理、资金分配等方面给予更多自主权。

在要素保障上，强化土地、能源、环境、数据等要素配置方面的支持，在用地、用能、用海等指标配置上给予倾斜，国家重大项目管理实施指标单列。

在科技创新上，优先布局国家战略科技力量和重大科学装置，推动科技创新和产业创新深度融合，加快培育发展新质生产力。

在改革开放上，支持经济大省积极探索开展首创性、集成式改革，赋予更多先行先试权；支持经济大省推出一批引领性开放举措，加快制度型开放步伐，支持对外开放平台建设。

在支持经济大省发挥挑大梁作用的同时，也鼓励其他地区因地制宜、各展所长、奋勇争先，发挥比较优势。在此基础上，推动各省区市强化合作、统筹联动，共同为全国经济持续回升向好贡献力量。

支持经济大省挑大梁

（图片来源：视觉中国）

139. 高标准高质量推进雄安新区建设

从国际经验看，解决“大城市病”问题基本都用“跳出去”建新城的办法；从我国经验看，改革开放以来，通过建设深圳经济特区和上海浦东新区，有力推动了珠三角、长三角的发展。建设雄安新区，正是着眼于推进京津冀协同发展、承接北京非首都功能疏解谋划的一项“千年大计”。新区自设立以来，从“一纸规划”绘蓝图到“多点开花”抓实干，累计完成投资 8000 多亿元，开发面积覆盖 200 多平方公里，总建筑面积超过 5000 万平方米，近 5000 栋楼宇拔地而起。一座妙不可言、心向往之的现代化未来之城正拔节生长，以全新的面貌迎接八方来客。

目前，雄安新区已进入大规模建设与承接北京非首都功能疏解并重阶段，工作重心已转向高质量建设、高水平管理、高质量疏解发展并举。今年将继续推进支持政策落实，加强要素保障，推动雄安新区建设取得新的更大进展。

京雄城际铁路雄安站

（图片来源：新华社）

项目建设方面，加快高校、医院、企业总部等标志性疏解项目落地，完善道路、管网、通讯等市政基础设施和体育中心、图书馆等公共服务配套设施，强化白洋淀生态环境治理和保护修复，完善防灾减灾和应急救援体系。

科技和产业创新方面，围绕有关疏解央企的优势业务，推动重大产业项目在雄安布局，加快搭建科创中心、中试基地等高水平创新平台，打造自主创新和原始创新重要策源地。

公共服务方面，深化京津优质医院与雄安新区医疗机构对口帮扶，有序推进医联体建设。持续引入京津优质教育资源，拓展师资、课程等校际合作。完善本地劳动力就业创业服务体系。

城市治理方面，建立健全智能城市管理体系，深化拓展政务服务、社会保障等数字应用场景，探索具有中国特色的现代化城市治理新模式。

140. 支持革命老区加快发展

受地理、历史等多重因素影响，革命老区整体发展水平与全国平均水平相比，仍然有不小的差距。国家已经出台了一系列政策支持革命老区加快发展，今年将进一步加大实施力度、更好发挥政策效能。比如，深入推动革命老区重点城市对口合作，完善产业梯度有序转移的协作机制，构建跨行政区合作发展新机制。加大对口支援工作力度，构建人才、产业、项目、创新等相结合的对口支援工作格局。中央财政继续安排对地方补助资金，支持革命老区更好发展。

湘鄂渝黔革命老区重庆秀山县群众将种植的羊肚菌装筐

（图片来源：《人民日报》）

不同革命老区的发展差异性较大，下一步将指导革命老区在国家发展全局中找准目标定位，根据本地资源禀赋、产业基础、科研条件等，发展特色优势产业，支持探索各具特色的振兴发展路径。对基础条件较好的革命老区，支持深化改革、扩大开放，为全国革命老区高质量发展开展先行探索。对相对困难的革命老区，加大政策资金支持力度，集中支持一批国家乡村振兴重点帮扶县，推动巩固拓展脱贫攻坚成果同乡村振兴有效衔接。

141. 积极探索资源型地区转型发展新路径

资源型地区是我国能源资源供应基地和基础工业集聚区，长期以来对保障国家能源资源和产业链供应链安全作出重要贡献。当前，推动高质量发展对资源型地区经济转型提出了新的更高要求，今年将继续鼓励和支持资源型地区在转型发展方面作出新探索。

资源型地区转型发展，关键是要有接续产业。下一步，将支持资源型地区根据资源禀赋、产业基础，培育发展接续产业，统筹推进传统产业升级、新兴产业壮大，逐步形成产业多元支撑的发展格局。比如，鼓励利用采煤沉陷区受损土地发展光伏新能源，推动矿区绿色低碳转型。

宁夏石嘴山市惠农区采煤沉陷区绿化治理后变为“七彩园”公园

（图片来源：《人民日报》）

构建宜居宜业环境，才能把人留住。今年将统筹推进资源型地区居民住房改善、就业增收和社会保障，特别是保障好居民住房安全，因地制宜实施避险安置，改善生产生活条件。

一些资源型地区过去由于过度开采，生态环境遭到破坏，需要久久为功推进生态修复。比如，督促生产矿山全面履行矿山地质环境保护、恢复治理、土地复垦义务，探索支持第三方治理模式，协同开展矿山污染治理与生态修复。加大对历史遗留废弃矿山生态修复的财政资金投入，鼓励和支持社会资本参与并获得合理回报。

142. 大力发展海洋经济

目前，我国海洋经济总量已超过10万亿元，正成为经济新增长点，在扩大内需、破除资源瓶颈、加快新旧动能转换等方面发挥着重要作用。今年将坚持陆海统筹，注重创新驱动、人海和谐、合作共赢，完善促进海洋经济发展体制机制，抓好涉海重大项目和重点任务落地见效，促进海洋经济高质量发展。

现代海洋产业体系是建设海洋强国的重要支撑，今年将进一步推动海洋产业升级发展。比如，提升船舶、海洋工程装备等产业的国际竞争力，推进自动化码头操作系统、智能船舶、水产核心种源等创新应用，切实发挥龙头企业引领作用和专精特新企业创新活力。高效开发利用海洋资源，积极参与国际海洋合作。建设全国海洋经济发展示范区、现代海洋城市，深化海洋重点领域改革探索。

保护海洋生态环境是永续利用海洋资源的基础，我们要努力实现经济效益与生态效益双赢，为子孙后代留下一片碧海蓝天。今年将强化国土空间规划的指导和约束作用，守住自然岸线保有率底线。继续严格管控围填海，指导地方依法依规妥善处理历史遗留围填海问题。加大海洋生态环境保护力度，持续开展重点海域污染防治攻坚行动，盯紧污染排放、外来物种入侵等突出风险隐患，加强监测预警和提前干预，严厉打击各种破坏海洋生态环境的违法违规行为。

热点链接

海洋经济发展示范区

《中华人民共和国国民经济和社会发展第十三个五年规划纲要》首次提出建设青岛蓝谷等海洋经济发展示范区。2018年11月，国家发展改革委、自然资源部印发文件，明确支持福州、厦门等14个海洋经济发展示范区建设。海洋经济发展示范区结合各自特点，承担海洋经济体制机制创新、海洋产业集聚、陆海统筹发展、海洋生态文明建设等领域创新示范任务。

十

协同推进降碳减污扩绿增长，加快经济社会发展全面绿色转型

绿色发展是生态文明建设的必然要求，是解决污染问题的根本之策。当前，我国生态文明建设仍处于压力叠加、负重前行的关键期。要进一步深化生态文明体制改革，统筹产业结构调整、污染治理、生态保护、应对气候变化，推进生态优先、节约集约、绿色低碳发展。今年《报告》指出，要“加强污染防治和生态建设”“加快发展绿色低碳经济”“积极稳妥推进碳达峰碳中和”，并对有关工作作出安排部署。

（一）加强污染防治和生态建设

143. 持续深入推进蓝天、碧水、净土保卫战

良好生态环境是最普惠的民生福祉，也是高质量发展的重要支撑。当前，一些重点区域、行业污染问题还没有根本解决，污染防治仍需付出长期艰苦努力。2025 年，我国将继续坚持精准治污、科学治污、依法治污，深入推进污染防治攻坚战，让天更蓝、地更绿、水更清，万里河山更加多姿多彩。

持续改善空气质量。落实空气质量持续改善行动计划，突出重点区域和重点领域，以降低 $PM_{2.5}$ 浓度为主线，推进挥发性有机物、氮氧化物等污染物协同减排。支持京津冀及周边、长三角、汾渭平原等重点区域加强大气污染治理，强化重污染天气应对区域联防联控。加强源头减排，推进北方地区清洁取暖、重点行业超低排放改造，推进火电、钢铁等重点行业大宗货物运输企业和沿海主要港口清洁运输。

提升碧水“能见度”。深入推进长江、黄河等大江大河和重要湖泊保护治理，深化长江经济带和沿黄河省（区）工业园区水污染整治。加快推进全国入河、入海排污口排查整治，推进入海河流总氮等污染治理与管控。“一湾一策”协同推进近岸海域污染防治、生态保护修复和岸滩环境整治。开展城市、县城黑臭水体整治环境保护行动。

加强土壤污染源头防控。深入实施土壤污染源头防控行动计划，从源头防止和减少新增土壤污染。推动完成重点县农用地土壤重金属

污染溯源，推进受污染耕地安全利用和建设用地管控修复，开展长江流域沿江1公里化工企业腾退地块土壤污染专项治理。大力推动“一区两场”（化工园区、垃圾填埋场、危险废物填埋场）地下水污染问题整治。开展日处理规模100吨及以上农村生活污水处理设施运行情况排查整治，强化农业面源污染突出区域系统治理。

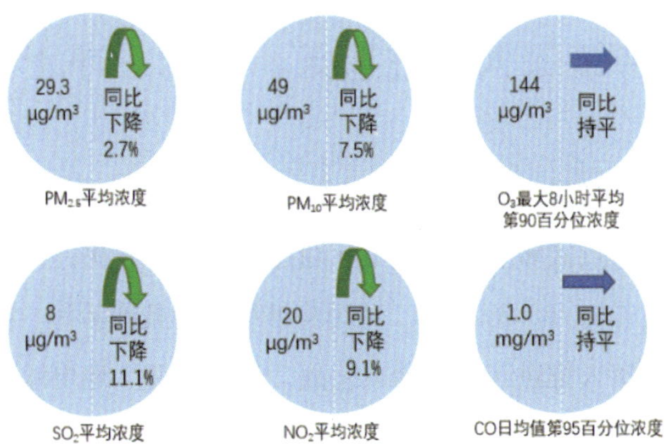

2024年全国地级以上城市空气质量指标变化

（资料来源：生态环境部网站）

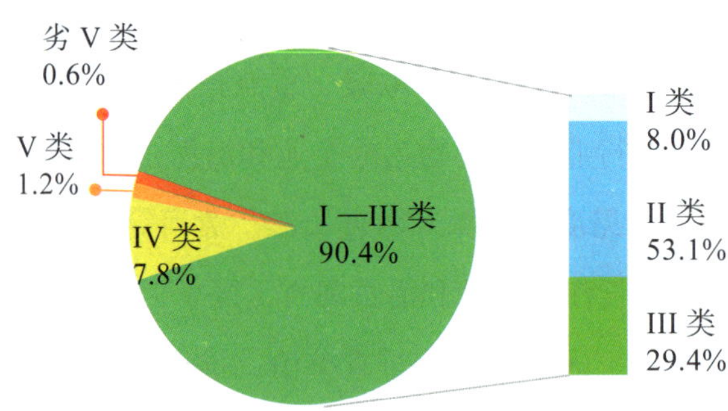

2024年全国地表水水质类别比例

（资料来源：生态环境部网站）

144. 深入实施生态环境分区管控

生态环境分区管控是我国生态文明建设的基础制度，旨在针对不同区域特点实施“一单元一清单”精细化管理、差异化管控。目前，我国已发布实施省、市两级生态环境分区管控方案，划定 4.4 万多个生态环境管控单元。2025 年将继续深入实施《中共中央办公厅 国务院办公厅关于加强生态环境分区管控的意见》，完善全域覆盖的生态环境分区管控体系，推进各领域落地应用。

进一步夯实工作基础。强化生态环境分区管控在政策制定、规划编制过程中的成果运用，开展与环境影响评价、排污许可等制度联动改革，研究单元划分、精准管控等关键技术，科学指导各类开发保护建设活动，服务经济社会高质量发展。

进一步加强政策协同。在规划环评、项目环评、园区项目招引和各类开发建设活动中衔接落实生态环境分区管控的要求，开展与国土空间规划衔接、减污降碳协同等试点工作，更好发挥生态环境分区管控在源头预防体系中的基础性作用。

进一步强化督促落实。开展生态环境分区管控实施成效跟踪评估，采用大数据、卫星遥感等手段加强监管执法，通过生态环境保护督察和污染防治攻坚战成效考核等抓手，推动生态环境分区管控“更管用”。

一图读懂
《生态环境分区管控管理暂行规定》
为贯彻落实《中共中央办公厅 国务院办公厅关于加强生态环境分区管控的意见》，规范生态环境分区管控制度的全链条管理，制定本规定。
本规定明确了生态环境分区管控方案制定发布、实施应用、调整更新、数字化建设、跟踪评估和监督管理等工作要求。
方案制定发布
总体要求
生态环境分区管控方案分为省、市两级，报上一级生态环境主管部门备案后由同级政府发布实施。
方案内容
省级
市级
侧重协调性
侧重落地性
全省和各地市生态保护红线、环境质量底线、资源利用上线总体目标
全市生态保护红线、环境质量底线、资源利用上线目标
全省三类生态环境管控单元的空间分布图、面积比例和需要分解到各地市的控制指标
全市三类生态环境管控单元边界、数量和面积比例
全省和省内重点区域（流域、海域）生态环境准入清单
全市和各单元生态环境准入清单
数字化建设要求
实施保障措施
本级党委和政府认为必要的其他内容
备案申请
地方各级生态环境分区管控方案应由同级政府以公文形式向上一级生态环境主管部门提请备案。
备案审查
备案机关收到备案材料后，对材料完整性、内容规范性、技术合理性进行审查，原则上应于30日内（不含补正修改时间）反馈备案意见。
实施应用
政策制定应用
推动有关部门在政策制定、规划编制时运用生态环境分区管控成果，科学指导各类开发保护建设活动，服务经济社会高质量发展。
环境准入应用
在规划环评、项目环评、园区项目招引及各类开发建设活动中，应严格落实生态环境分区管控要求。
环境管理应用
强化生态环境保护相关政策与生态环境分区管控制度的协同。
生态环境分区管控成果
支撑美丽中国先行区建设
支撑深入打好污染防治攻坚战
维护生态安全
支撑执法监管
加强与其他政策协同
调整更新
定期调整
每5年结合国民经济和社会发展规划、国土空间规划评估情况等进行定期调整。生态环境部制定工作方案，统一组织开展。
动态更新
按照“谁发布、谁更新”的原则，由地方人民政府组织实施动态更新工作，提出更新成果备案申请，分类履行更新备案程序。
四类情形可开展更新
法律法规有新规定的。
生态保护红线、饮用水水源保护区、自然保护地等依法依规调整的。
国民经济和社会发展规划、国土空间规划、重大战略、生态环境保护目标、产业准入政策等发生变化的。
其他经论证后确需更新的。
更新要求
生态功能不降低、生态环境质量不下降、资源环境承载能力不突破。
原则上优先保护单元的空间格局应当保持基本稳定，重点管控单元的空间格局应当与环境治理格局相匹配，生态环境准入清单管理要求应当保持一定的延续性。
严禁不符合规定随意变更生态环境分区管控方案。
数字化建设
平台定位
国家平台
省级平台
管理全国生态环境分区管控成果数据
管理辖区范围内生态环境分区管控成果数据
保障国-省-市成果数据一致
支撑重大政策制定、重大战略落地、重大项目评估、重点区域（流域、海域）生态环境管理
支撑本省行政辖区范围内生态环境分区管控制度落地应用
功能要求
实现成果备案、跟踪评估、成果查询、统计分析等服务功能。
推进与其他业务系统互联互通及业务协同，不断完善应用场景。
鼓励开发信息平台网页端、移动端，依法依规开展公众服务。
数据管理
生态环境部统一对备案后成果数据进行赋码。
各级平台应使用同一套赋码后成果数据。
文、图、数内容应确保一致。
跟踪和监管
跟踪评估机制
生态环境部组织制定跟踪评估指南，对各省生态环境分区管控工作组织开展年度跟踪和五年评估。
省级自评和国家评估相结合。
跟踪评估成果应用
优化生态环境分区管控管理
支撑生态环境分区管控方案调整更新
作为生态文明建设示范区创建、生态工业园区创建等的重要参考
作为与环境影响评价等制度联动的重要依据
监督管理
国家、省、市生态环境主管部门按职责分工实施生态环境分区管控监督管理。
监管事项应当包括方案制定和实施情况、调整更新和备案情况，优先保护单元生态功能变化情况、重点管控单元和一般管控单元生态环境质量变化情况，违反生态环境准入清单行为处理整改情况等。

生态环境分区管控方案的实施应用

（资料来源：生态环境部网站）

145. 全面推进以国家公园为主体的自然保护地体系建设

设立国家公园、建立国家公园体制，是我国生态文明体制改革的一项重大制度创新。我国已设立5个国家公园，保护面积达23万平方公里，涵盖近30%的陆域国家重点保护野生动植物种类。同时，国家公园建设仍面临法规体系不全、体制机制不顺、保护与发展存在矛盾等问题。2025年，需继续坚持系统观念，践行绿色发展理念，着力做好“三个统筹”，进一步完善国家公园管理体制机制。

统筹国家主导与共建共享，发挥政府在规划、建设、管理、监督、保护和投入等方面的重要作用，同时也鼓励、引导、规范社会各方广泛深入参与生态保护、社区发展、科普宣教等工作。

统筹严格保护与科学利用，实行分区管控，核心保护区严格管理，把应该保护的地方都保护起来；在一般控制区适宜的区域，合理规划科普教育、游憩、生态体验等活动，提供人民群众共同享有的优质生态产品。

统筹中国特色与国际经验，既积极借鉴国际经验，注重与国际自然保护体系对接，参与全球生态治理，又立足于我国实际探索国家公园建设模式。

典型案例

探索生态、生产、生活共融互促路径

海南热带雨林国家公园是我国于2021年首批设立的5个国家公园之一，拥有我国分布最集中、类型最多样、保存最完好、连片面积最大的大陆性岛屿型热带雨林，总面积4269平方公里，约占海南岛陆域面积的12.1%，范围涉及9个市县，涉及20余处原有

的自然保护区、风景名胜区、森林公园、地质公园等区域的雨林部分，范围广、区块多。海南省将其列为全面深化改革开放 12 个先导项目之一和建设国家生态文明试验区的标志性工程之首，从大处着眼统筹谋划保护与发展，从小处着手描摹生态与人文，促进人与自然和谐共生。

（资料来源：《人民日报》）

146. 推动“三北”工程标志性战役取得重要成果

西北、华北、东北地区分布着我国 84% 的沙化土地，“三北”防护林工程事关我国生态安全、事关强国建设、事关中华民族永续发展。“三北”工程三大标志性战役（黄河“几”字弯攻坚战、科尔沁和浑善达克沙地歼灭战、河西走廊—塔克拉玛干沙漠边缘阻击战）已全面展开，完成治理面积 7600 多万亩。同时，三北地区生态仍非常脆弱，防沙治沙是一项长期历史任务。2025 年，我国将坚持不懈打好“三北”工程三大标志性战役，不断推进“三北”工程建设，筑牢北疆绿色长城。

进一步树牢系统观念。加强政策协同、技术协同、措施协同，提升联防联治整体成效。科学开展荒漠化防治，着力培育健康稳定、功能完备的森林、草原、湿地、荒漠生态系统，稳步提高三北地区生态系统的多样性、稳定性、持续性。

进一步强化要素保障。推动联防联治，创新机制模式，加强科技支撑，在用地、用水、用苗等保障方面形成更大合力。完成林草湿荒普查，确保需要治理的沙化土地得到系统治理。注重从源头上把好项目质量关，形成“储备一批、建设一批、竣工一批”的滚动建设机制。

建立长期稳定的后期管护机制，发挥国有林场主力军作用，切实保护好来之不易的建设成果。

治理中的内蒙古科尔沁和浑善达克沙地

（图片来源：《人民日报》）

进一步促进生态产业融合。坚持治沙致富并重、增绿增收并举，统筹防沙治沙和民生改善，因地制宜推广光伏治沙等创新模式，实现生态、经济、社会效益相协调，更好激发攻坚战内在动能。

147. 实施生物多样性保护重大工程

作为最早签署、批准《生物多样性公约》的缔约方之一，我国创新实施生态保护红线制度，90% 的陆地生态系统类型和 74% 的国家重点保护野生动植物种群得到有效保护，率先出资成立昆明生物多样性基金，为全球生物多样性保护作出重要贡献。2025 年，我国将按照《中国生物多样性保护战略与行动计划（2023—2030 年）》，编制实施《生物多样性保护重大工程实施方案》，着力推进四方面工作：

加快建立生物多样性主流化长效机制。完善生物多样性政策法规、体制机制和规划计划，将生物多样性纳入经济社会发展建设主流，推动生物多样性保护由国家战略转化为具体实践。

云南野生亚洲象、内蒙古乌兰拉盖草原、西藏藏野驴

（图片来源：新华社）

加强就地保护监管与协同治理。通过高水平保护提升自然保护地、生态红线、关键生态廊道等重要生态空间的多样性、稳定性和持续性，高质量保育生物多样性。

积极推动可持续利用与惠益共享。强化国家层面种质资源利用平台和共享体系建设，通过生态涵养、现代农业、全域旅游、科技创新等不同发展定位推动生态产业化和产业生态化。

推进生物多样性治理能力现代化。推进生物多样性保护信息化和现代化建设，参与生物多样性相关国际标准制定，积极推进生物多样性国际合作。

典型案例

陕西秦岭川金丝猴科学监测与保护

陕西周至国家级自然保护区位于秦岭北坡，总面积约 6.9 万公顷，属森林和野生动物类型国家级自然保护区，保护区动物种类丰富，其中川金丝猴 24 群约 1973 只，是我国川金丝猴分布的最北限，也是分布最集中的地区之一。近年来，自然保护区不断精细管理措施，加大保护力度，川金丝猴数量由最初的 1200 多只增长到如今的 1973 只，大熊猫、羚牛、金钱豹、红豆杉等珍稀动植物数量及分布也明显增加。

（资料来源：新华社）

148. 坚定推进长江十年禁渔

长江十年禁渔是党中央为全局计、为子孙谋的重要决策，是最直接最有效修复长江生态系统的战略举措。2021 年长江十年禁渔全面实施以来成效初显，长江流域水生生物多样性稳步提升，“水清岸绿、鱼跃鸟飞”美景重现，共抓大保护、不搞大开发成为全社会共识。长江禁渔的成效还是阶段性的，长江流域重点物种保护形势依然严峻。研究表明，连续禁渔十年对应两至三个世代的鱼类繁衍，种群数量增加的趋势才能稳固。2025 年将深入落实《国务院办公厅关于坚定不移推进长江十年禁渔工作的意见》，重点加强三方面工作：

进一步加强禁捕执法监管。聚焦重点时段，紧盯重点区域、重点场所、重点对象、重要物种，持续组织开展水上巡航、陆上检查、线上排查，依法严厉打击非法捕捞等违法犯罪行为，阻断非法销售渠道。

进一步保障好退捕渔民就业和生活。加强退捕渔民就业服务，开展就业帮扶“暖心行动”，拓宽农牧渔业就业渠道，全面落实养老保险政策，建立退捕渔民动态精准帮扶机制，实现退捕渔民就业帮扶和安置保障全覆盖。

长江江豚

（图片来源：新华社）

进一步完善长效机制。开展禁渔中期效果评估，完善长江流域水生生物资源监测网络，加强水生生物多样性保护，加强水生生物重要栖息地修复，强化重点领域污染治理，长效巩固禁渔成果。

149. 健全生态保护补偿和生态产品价值实现机制

良好的生态本身蕴含着无穷的经济价值。健全生态产品价值实现机制，就是从制度上打通绿水青山向金山银山转化路径，建立生态环境保护者受益、使用者付费、破坏者赔偿的利益导向机制，更好地把生态优势转化为发展优势。随着《中共中央办公厅、国务院办公厅关于建立健全生态产品价值实现机制的意见》印发实施，《生态保护补偿条例》颁布施行，生态产品价值实现机制的顶层设计逐步完善。2025 年，我国将出台加快建立生态产品价值实现机制实施方案，开展首批国家生态产品价值实现机制试点，着力破除制约生态产品价值实现的瓶颈问题。

针对生态产品价值“难度量”问题，研究建立生态产品价值评价体系，形成生态产品价值衡量标准，为生态产品经营开发、生态产品保护补偿、政府考核等提供依据。

浙江水利风景区暨幸福河湖生态产品价值实现首单交易

（图片来源：新华社）

针对生态产业“难融资”问题，强化绿色融资支持，加大绿色信贷投放，发展绿色债券、绿色资产证券化等绿色金融产品，聚焦区域性生态环保项目、碳市场、绿色消费等关键环节和领域加大绿色金融产品创新力度。

针对生态产品价值“难变现”问题，建立资源权益指标市场化交易机制，构建生态产品产业化经营开发机制，加大中央财政支持力度，健全生态补偿赔偿机制，稳固生态保护政策体系的基本盘。

典型案例

重庆梁平区昔日矿山成金山

梁平区通过关闭猎神村矿山，开展系统治理及生态修复，复垦土地 5.4 万平方米，充分用好湿地竹乡资源优势，推行“小微湿地＋民宿康养”等商业开发模式，发展竹加工业等产业。猎神村如今绿化率达 90% 以上，木本植物覆盖率 65%，河流水质从劣 V 类变为 II 类，当地村集体收入由 2017 年的 41 万元增长至 2023 年的 334 万元。昔日矿山集聚的竹海逐步恢复了竹林、山势、小溪、梯田、水塘和谐共生的自然面貌。

（资料来源：新华社）

150. 积极推进美丽中国先行区建设

建设美丽中国先行区旨在发挥先行先试、示范引领作用，为全面推进美丽中国建设积累经验、树立标杆。2025 年以来，《关于建设美丽中国先行区的实施意见》《美丽城市建设实施方案》《美丽乡村建设实施方案》相继印发实施，将因地制宜、分级分类建设美丽中国先行区，探索形成一批可复制、可推广的经验模式和实践样板。

区域层面，目前全国规划了五大战略区域，分别是京津冀、长三角、粤港澳、长江流域和黄河流域。其中，京津冀加快建设减污降碳协同和生态修复示范区，长三角区域持续建设高水平保护推动高质量发展样板区，粤港澳共同建设融合创新美丽湾区，长江流域推动建设绿色低碳发展示范带，黄河流域推动上中下游协同保护和治理。

省域层面，本着少而精、示范性与带动性强的原则，坚持一省域一特色，重点支持5个左右的省份开展先行区建设。着力在推动绿色低碳发展、促进生态环境根本好转、加强生态保护修复、筑牢生态安全底线和深化生态文明体制改革五个方面走在前、作表率。

城乡领域，聚焦城乡生态环境保护重点领域和突出问题，探索城市、整县推进美丽中国建设实践的新机制、新模式。重点支持50个左右城市，以绿色低碳、环境优美、生态宜居、安全健康、智慧高效为导向，推进新时代美丽城市建设。重点支持100个左右县，以生态环境综合治理、“两山”转化、农业绿色发展、促进宜居宜业为重点，整县推进美丽乡村建设。

整县推进美丽乡村建设基本指标体系

序号	一级指标	二级指标	指标要求
1	农村生态环境质量	农村生活污水治理（管控）率	东部，75%以上；其他地区，65%以上（适用于2027年以前） 东部，90%以上；其他地区，80%以上（适用于2028—2035年）
2		农村生活垃圾	有效治理
3		农村黑臭水体	基本消除
4		畜禽养殖污染	属实的重复信访举报一年不超过3起
5		水土保持率	达到省级分解到县级的水土保持率目标值
6		生态清洁小流域建设及乡村河湖长效管护	适宜区域基本建成，乡村河湖长效管护机制基本建立并有效落实

（续表）

序号	一级指标	二级指标	指标要求
7	农业绿色低碳发展	耕地土壤有机质含量	基本稳定或提高
8		农药包装废弃物回收率	80% 以上（到 2027 年） 90% 以上（到 2035 年）
9		农膜生产使用	基本消除违规生产、销售、使用农膜现象
10		秸秆利用和管控	秸秆综合利用率达到 88% 以上。基本消除因秸秆集中焚烧引发重污染天气情况
11	农村幸福宜居品质	乡村形态	集中建设区域整洁有序
12		乡风建设	没有重大负面舆情

（资料来源：《美丽乡村建设实施方案》）

（二）加快发展绿色低碳经济

151. 培育绿色建筑、绿色能源、绿色交通等新增长点

绿色产业是全球应对气候变化、实现可持续发展的重要抓手。建筑、能源和交通领域作为碳排放的“三大主力”，其绿色转型对实现“双碳”目标至关重要。据统计，全球绿色建筑市场规模已超万亿美元，可再生能源投资连续五年突破3000亿美元，凸显其经济潜力。我国绿色产业加速布局，规模与技术实现双突破，全国绿色建筑面积达16亿平方米、占比超40%，以风电、光伏发电为主的新能源装机容量突破14.5亿千瓦，新能源车保有量达3140万辆。2025年，我国将进一步完善相关政策体系和市场机制，培育绿色发展新增长点。

加强政策激励与支持。构建政策引导、技术支撑、市场驱动的协同机制，进一步培育壮大绿色产业增长点。强化政策激励，推动技术融合创新，发展建筑光伏一体化、氢燃料电池等关键技术，推广装配化装修与智能建造。

推动重点领域和项目示范。深入实施绿色低碳先进技术示范工程，发布第二批项目清单，滚动更新储备项目，对符合条件的项目给予要素保障。持续优化交通运输结构，推动大宗物资“公转铁”“公转水”，加快推广新能源运输装备，发展铁水、公铁、空铁、江海等多式联运。

完善市场机制和规则。建立绿色产品交易体系，探索用能权交易

与绿证市场联动。加强国际规则对接，应对欧盟碳关税等贸易壁垒，提升绿色产业全球竞争力。

绿色能源基地

（图片来源：新华网）

152. 加强废弃物循环利用

随着全球人口增长与工业化进程加速，废弃物累积量持续攀升。联合国数据显示，全球电子垃圾总量超过 6000 万吨、回收率仅 20% 左右，预计到2030年将增长至8200万吨。将这些废弃物循环利用起来，实现“变废为宝”，是应对资源短缺、环境污染与气候变化的关键路径，还可以成为经济增长的新动能。据统计，全球资源循环产业规模已突破万亿美元。

我国将废弃物循环利用纳入国家战略，颁布了《“十四五”循环经济发展规划》《关于加快构建废弃物循环利用体系的指导意见》等政策文件，“无废城市”建设成效显著。2025 年，我国将从制度、技术、市场三方面发力，全面提升循环经济水平。

垃圾发电转化车间

（图片来源：人民网）

完善法规与标准体系。加快修订《中华人民共和国固体废物污染环境防治法》配套细则，建立覆盖生产、回收、利用全链条的责任机制，探索“碳足迹核算 + 绿证交易”联动机制。

强化技术创新与产业协同。重点突破动力电池贵金属提纯等关键技术，建设国家级循环经济产业园。在重点区域试点工业固废跨产业协同利用，比如，钢铁废渣用于水泥生产，化工废热供应社区供暖。

创新市场机制。扩大绿色金融工具应用，对从事废弃物循环利用的相关企业给予税收优惠。推行“垃圾银行”模式，允许居民以可回收物兑换生活用品，提升公众参与率。

他山之石

废弃物循环利用体系的国际经验

国际上不少国家都建立了废弃物循环利用体系。日本通过《循环型社会形成推进基本法》等法规，将旧家电回收率提升至 80%

以上。德国通过《循环经济法》，实现包装废弃物回收率超过80%，创造年产值 250 亿欧元。瑞典将 99% 的生活垃圾转化为清洁能源，不仅满足 30% 的城市供暖需求，还将有害气体排放控制在极低水平。

（资料来源：《人民日报》）

153. 大力推广再生材料使用

再生材料的推广应用已成为破解资源约束、实现低碳转型的重要抓手。我国已将推广再生材料纳入“双碳”战略，《“十四五”循环经济发展规划》对再生材料发展提出了明确要求，今年《报告》首次明确提出“大力推广再生材料使用”。2024 年，搭建了全国性、功能性的资源回收再利用平台，重点突破动力电池梯次利用和建筑垃圾再生技术，取得了积极成效。2025 年，我国将从法规标准、财税金融、关键技术等方面多措并举，大力推广再生材料使用。

生活垃圾分类智能投放站

（图片来源：人民网）

健全法规标准体系。重点完善再生塑料、纺织品等细分领域标准，建立再生材料追溯体系。推行“生产者责任延伸＋消费者激励”机制，对使用再生材料企业给予税收优惠。

强化财税金融支持。扩大绿色专项债发行规模，支持再生材料产业发展。试点“再生材料消费券”，对购买绿色家电、装配式建筑的居民提供价格补贴，刺激终端需求。

突破关键技术瓶颈。研究组建国家级再生材料科研机构，重点攻克动力电池贵金属提纯、混合塑料智能分选等技术。

建设循环经济产业园。推广“智能回收＋区块链溯源”模式，实现垃圾分类—回收—再制造全流程数字化。

154. 健全绿色消费激励机制

绿色消费激励机制是破解“绿色溢价”难题、加快经济社会全面绿色转型的重要推动力。在应对气候变化与资源约束的背景下，绿色消费不仅关乎环境治理，更是重塑产业链、培育新质生产力的重要抓手。我国将绿色消费纳入“双碳”战略框架体系，构建了政策引领、技术创新与市场培育协同推进的激励机制。财政、金融工具也在持续发力，2024 年新能源汽车购置税减免额度达 3000 亿元，绿色债券余额突破 2.5 万亿元，位居全球首位。一些地方在创新市场机制方面也进行了积极探索，比如，深圳试点“个人碳账户”将公交出行、垃圾分类等行为转化为碳积分，用户可兑换地铁票或购物折扣，参与率超 60%。

2025 年，我国将进一步构建完善全民参与的绿色消费生态，通过激励机制降低绿色产品成本、引导消费者行为，实现“需求牵引供给、供给创造需求”的良性循环。

加大优质绿色产品供给。鼓励企业把“绿色”落实到产品生命周期全过程，推动产品和价值链绿色低碳转型。支持企业把握市场需求，加强技术研发，推动实现绿色产品多元化，提升市场竞争力。

积极扩大绿色消费。研究推行政府绿色采购制度。健全绿色消费激励机制，通过消费补贴、积分奖励等方式，鼓励消费者选择绿色产品和服务。

运用大数据技术完善绿色产品监管机制。强化针对绿色产品的质量安全责任保障，营造良好绿色消费环境，提高消费者的信心和满意度。

共享电单车

（图片来源：新华网）

（三）积极稳妥推进碳达峰碳中和

155. 建立一批零碳园区、零碳工厂

零碳园区、零碳工厂都是通过低碳技术、可再生能源替代或碳足迹管理，在生产作业范围内和全生命周期中实现碳排放趋近于零。其主要特征包括：清洁能源占比较高，通常能达到 90% 以上，单位 GDP 能耗较传统园区、工厂大幅降低。建设零碳园区、零碳工厂既能提升园区企业绿色竞争力、突破国际碳关税壁垒，又能促进区域经济绿色转型。2025 年，我国将建立一批零碳园区、零碳工厂。

某公司绿色零碳数据中心园区

（图片来源：中国能源新闻网）

在建立零碳园区、零碳工厂的过程中，重点推动清洁能源规模化

应用，推广屋顶光伏、分布式风电及储能系统，探索“绿电直供+隔墙售电”模式。

加快绿色低碳产业培育，通过延链补链发展低能耗高附加值产业，推动传统产业深度脱碳。

推广应用二氧化碳捕集与封存技术，将工业过程产生的碳排放收集起来合理利用。推进数字化管理，提升精细化运营水平，实现全流程减碳。

156. 扩大全国碳排放权交易市场行业覆盖范围

建立碳排放权交易市场，可以让排碳者付出成本，让降碳者获取收益，已成为国际上很多国家降低碳排放的重要手段。自 2021 年 7 月碳排放权交易市场启动以来，我国已建成全球规模最大的碳交易体系，全国碳排放权交易市场的配额交易规模持续扩大，交易价格稳中有升，推动电力碳排放强度累计下降了 8.78%，为企业节约降碳成本约 350 亿元。

全国碳市场 2024 年综合价格行情

2024年01月02日－2024年12月31日

名称		价格	单位
本年最高		106.02	元/吨
本年最低		69.67	元/吨
收盘价	2023年12月29日	79.42	元/吨
	2024年12月31日	97.49	元/吨
	涨幅	22.75%	-

（资料来源：上海环境能源交易所网站）

当前全国碳市场仍以电力行业为主体，覆盖碳排放量仅占全国总量的 40%，如果将钢铁、建材、石化等 8 大高耗能行业都纳入进来，碳排放覆盖面将超过 80%。扩大行业覆盖范围，既是实现“双碳”目标的必由之路，也是应对国际竞争的关键举措。

2025 年，我国将稳步扩大全国碳排放权交易市场行业覆盖范围，将钢铁、水泥、铝冶炼行业纳入进来，分阶段实施配额分配。同时，推动自愿减排市场与强制市场协同，研究探索允许企业通过林业碳汇、绿电项目抵消部分配额，通过绿电直供与碳汇抵消实现高载能行业低碳转型。努力构建起覆盖全产业链的碳定价体系，进一步完善我国的降碳机制，更好助力实现“双碳”目标。

157. 开展碳排放统计核算

碳排放统计核算是实现“双碳”目标的基础，也是应对全球气候治理挑战的重要工具。开展精准的碳排放统计核算，能够为政策制定提供科学依据，也可以帮助企业识别排放热点，优化生产工艺，突破绿色贸易壁垒、参与全球碳市场。此外，碳排放数据还是绿色金融的“通行证”，我国绿色信贷余额超 30 万亿元，但尚缺乏统一核算标准，导致部分项目难以获得国际认可。2025 年，我国将加快建立统一规范的产品碳足迹核算标准体系，推动完善碳排放统计核算。

研究出台碳排放统计核算管理相关政策规定，建立“全国、省、市”三级温室气体清单常态化编制机制。推动企业碳排放核算与财务年报同步披露，尝试将碳数据纳入上市公司 ESG（环境、社会和公司治理）强制审计。

建设国家温室气体排放因子数据库，推广区块链存证技术，确保碳数据可追溯、防篡改。完善产品碳足迹标准体系，深度参与国际标准制定，推动中欧碳核算互认，助力企业出口产品获得国际认证。

他山之石

全球主要经济体已形成多元化的碳排放核算体系。例如，欧盟采用混合方法，将生命周期评价与投入产出法结合，在碳边境调节机制中对出口产品碳强度提出硬性要求，要求进口商提交经核证的碳排放数据，并通过卫星遥感监测跨国排放源；美国推行分层核算，联邦层面使用 IPCC（联合国政府间气候变化专门委员会）方法计算国家清单，加州等地要求企业采用质量平衡法精准核算化工、炼油等复杂工艺碳排放；日本建立“行业指南 + 产品标签”体系，针对汽车、电子产品发布 61 类碳足迹核算标准。

（资料来源：《人民日报》）

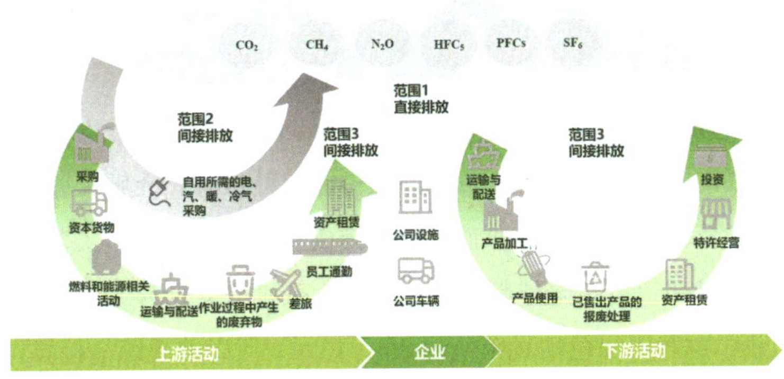

碳排放统计核算示意图

（图片来源：国家统计局网站）

158. 建立产品碳足迹管理体系、碳标识认证制度

产品碳足迹是指产品全生命周期二氧化碳排放量总和。碳标识

认证通过标签形式展示产品碳足迹信息，主要用于打通生产端与消费端的信息壁垒，让消费者能够知悉产品含碳量，推动绿色低碳消费。2025 年，我国将加快制定相关制度标准，建立产品碳足迹管理体系、碳标识认证制度。

探索建立重点行业领域碳排放预警管控机制，完善重点行业领域碳排放核算机制，常态化开展重点行业领域碳排放形势分析监测和预警。

碳足迹管理流程

（图片来源：新华网）

完善企业节能降碳管理，健全重点用能和碳排放单位管理制度。开展固定资产投资项目碳排放评价，将碳排放评价有关要求纳入固定资产投资项目节能审查，对项目用能和碳排放情况开展综合评价。通过精准核算碳足迹，帮助企业识别高耗能环节并改进工艺，提升产业低碳竞争力。

加快建立产品碳足迹管理体系，制定产品碳足迹核算规则标准，丰富完善国家温室气体排放因子数据库，建立产品碳标识认证制度，避免碳排放量被高估，帮助企业积极应对欧盟碳边境调节机制、欧盟《新电池法案》等挑战。

推动产品碳足迹核算标准在碳定价、碳排放双控、政府绿色采购等政策措施中广泛应用，保障相关工作落地见效。

名词解释

碳足迹

碳足迹是用来衡量个体、组织、产品或国家在一定时间内直接或间接导致的二氧化碳排放量的指标，通常以二氧化碳排放量为计量单位。产品碳足迹属于碳排放核算的一种，一般指产品从原材料获取、生产加工、运输流通、使用到废弃处理全生命周期中产生的温室气体排放总量。

（资料来源：《人民日报》）

十一

加大保障和改善民生力度，提升社会治理效能

《报告》聚焦解决群众的急难愁盼问题，提出了很多有力度、有温度的措施，包括多渠道促进居民增收、推动中低收入群体增收减负，更大力度稳定和扩大就业，强化基本医疗卫生服务，完善社会保障和服务政策等。要通过加强普惠性、基础性、兜底性民生建设，稳步提高公共服务和社会保障水平，不断增强人民群众获得感幸福感安全感。

（一）更大力度稳定和扩大就业

159. 实施重点领域、重点行业、城乡基层和中小微企业就业支持计划

实施就业支持计划是今年稳就业工作的重要抓手，主要是考虑到我国经济社会很多领域蕴藏着丰富的就业机会，需要通过政策支持、服务引导等措施，激发就业活力，拓宽就业空间。就业支持计划主要包括四方面内容：

重点行业方面，主要是新兴产业和未来产业。比如，人工智能创造的岗位是数百万级的，智能装备制造、航空航天、电子信息、生物医药等行业需求缺口较大；冰雪运动、冰雪产业等蓬勃兴起，带来很多新的用人需求。对这些行业，将抢抓发展窗口期，整合政策资源，加快技术突破和场景应用，以产业发展带动就业增加。

民生服务方面，重点是养老、托育、残疾照护等。目前我国失能半失能老人约 3500 万，按 3∶1 的照护比国际标准，养老护理人员整体缺口超 1000 万人。重度残疾人约 1700 万人，托养照护等助残服务人员严重短缺。托育服务、家政服务等人员也都有很大缺口。通过支持民生消费、政府购买服务等方式，将有效释放就业潜力。

城乡基层方面，重点是基层社区、社会组织、乡村振兴等领域。全国有 60 多万个城乡社区，对照每一万城镇常住人口拥有社区工作者 18 人的目标，仍有较大空间吸纳就业。全国有 88 万个社会组织，

目前从业人员1100多万人，还有不少用人需求。通过加强岗位挖潜和宣传引导，扩大基层项目招募规模，将进一步增强城乡基层就业吸纳能力。

中小微企业方面，中小微企业是就业的蓄水池，要为他们扩大就业提供好的服务、针对性的支持政策。建好用好全国中小企业服务“一张网”，持续开展“一起益企”中小企业服务行动，继续实施阶段性降低失业、工伤保险费率政策。鼓励金融机构创新稳岗扩岗专项贷款产品，适度提高贷款额度，加大对不裁员少裁员、有效稳定就业的企业的金融支持力度。

政策传真

稳岗扩岗专项贷款

稳岗扩岗专项贷款，是由人社部门与有关金融机构共同设立，用于支持实体经济和劳动密集型小微企业稳定和扩大就业岗位的政策性贷款业务。符合条件的企业，可申请贷款的单户授信额度最高为3000万元，给予原则上不超过4%的优惠贷款利率。今年加大了金融助企稳岗支持，将贷款条件由用工人数不减少放宽到用工人数减少水平低于上年度城镇调查失业率控制目标，将贷款额度提高到5000万元，贷款利率最低可至2.9%，并将贷款支持范围扩大到小微企业主、个体工商户等。

160. 拓宽高校毕业生等青年就业创业渠道

2025年应届高校毕业生为1222万人、比上年增加43万人，增幅和增量都比较大。同时，不含在校生的16—24岁青年失业率仍处于较高水平，促就业的压力不小。对高校毕业生和其他青年特别是失业青年，今年将统筹采取支持举措。

在就业服务方面，抓住毕业生离校前这个重要时间段，加力组织好“金三银四”春招，开展公共就业服务进校园，把就业政策、岗位信息、职业指导等送到毕业生身边。在毕业生离校后，实施离校未就业毕业生服务攻坚行动，用好“金九银十”秋招，抓好困难毕业生兜底帮扶。针对离校未就业毕业生的求职需求，普遍提供至少 1 次政策宣介、1 次职业指导、3 次岗位推荐、1 次培训或见习机会的“1131”实名服务。

在岗位拓展方面，充分考虑毕业生就业意愿和挖潜空间，支持产业和企业发展创造更多适合毕业生的岗位，积极扩大城乡社区和事业单位招聘规模。推动高校设立助学助管岗位或就业见习岗位，支持国家高新区内各类创新主体及承担国家科技计划的单位加大科研助理岗位开发力度。鼓励国有企业带头吸纳就业，稳定招聘规模，用好国有企业一次性增人增资政策。继续实施高校毕业生基层服务项目，适当扩大“三支一扶”计划、“西部计划”招募规模。

在能力提升方面，结合毕业生求职的规律特点，加强就业指导必

职引未来——2025 年全国城市联合招聘高校毕业生春季专场活动

（图片来源：新华网）

修课和教师队伍建设，全面推广以互动式、体验式指导服务为重点的求职能力训练营，提高求职技能和职业规划能力。深化实施百万就业见习岗位募集计划，推出更多知识型、科研型、管理型的见习岗位，提高见习岗位质量。

161. 促进脱贫人口、农民工就业

就业收入占脱贫人口收入的六成以上，有3000多万脱贫人口通过就业实现了稳定脱贫。务工收入占农民收入的四成多，是其收入的重要来源。稳定全国近3亿农民工特别是脱贫人口就业，对促进农民增收至关重要，今年将多措并举加强帮扶。

在帮扶重点上，突出加强脱贫人口就业帮扶。现在支持脱贫人口就业的政策很多，比如，企业吸纳脱贫人口就业可以享受税收优惠、就业补贴、担保贷款等，脱贫人口跨省就业有交通补助，人力资源机构参与脱贫人口劳务输出有服务补贴，等等。把160个国家乡村振兴重点帮扶县、70个易地搬迁万人安置区的脱贫人口作为重点，落实优先帮扶举措和支持政策。充分发挥劳务协作机制作用，输入地特别是经济大省要做更大贡献，输出地政府要主动对接，确保脱贫人口不因失业造成规模性返贫。

在帮扶措施上，着力拓宽农民工就业渠道。农民工70%以上在制造业、建筑业、批发零售、生活服务等领域就业，大多是劳动密集型行业，要支持行业企业稳定发展，加快项目投资和施工进度，增强农民工就业承载力。支持促进农民工返乡创业，开展农村创业项目技术、融资、营销渠道等对接交流，落实支持政策。各地培育了一批劳务品牌，要巩固品牌优势、培育龙头企业，以劳务品牌“金字招牌”

放大农民工就业规模效应。

在服务优化上，更好适应农民工就业的新特点。充分发挥“家门口”就业服务站、零工市场分布广泛、便捷可及的优势，推广“即时快招”模式，让劳动者转岗、上岗“无缝衔接”。开展有组织季节性务工，利用农闲季节和用工短缺季重叠期，因地制宜挖掘一批季节性岗位，增加农闲季节外出务工收入。

春风行动

（图片来源：人力资源社会保障部网站）

162. 强化就业困难群体帮扶

就业困难人员一般由各地认定，其条件和具体政策略有不同，但通常包括大龄人员、残疾人员、零就业家庭成员、长期失业人员，以及低保对象、就业困难高校毕业生等群体。有的地方还将失地农民、困难退役军人等纳入就业援助范围。近年来，全国每年帮扶困难人员就业 170 万人左右，此外还帮助了 500 多万失业人员再就业。对就业困难群体，政府促就业的暖心服务和政策将更多向他们倾斜，今年主要从三个方面加强帮扶：

拓展就业渠道。有关部门和地方将结合困难人员的就业意愿和能力，收集一批就业岗位，积极动员企业设立一批低门槛、有保障的爱心岗位，归集一批物业管理、便民服务等家门口就业岗位，鼓励开发一批远程客服、数据输入等适合残疾人的就业岗位，满足不同群体多元化就业需求。

提高帮扶针对性。每一类困难群体面临的困难不同，所需要的支持也不同。为此，将实施一系列的就业帮扶，组织职业指导师深入街道社区开展“求职坐诊”。还要开出“就业大篷车”，高频次举办分行业、分岗位、分地区的专场招聘活动，按需提供就业服务。

强化政策扶持。分两个层面推动：自主就业层面，集中兑现一批就业援助“两优惠”“三补贴”政策，支持服务对象到企业就业、灵活就业和自主创业。兜底就业层面，对通过市场渠道确实难以实现就业的，统筹使用公益性岗位进行安置，切实兜牢就业保障网。

政策传真

“两优惠”“三补贴”政策

“两优惠”“三补贴”政策是面向就业困难人员的就业援助政策。“两优惠”是指对援助对象到企业就业或自主创业的，按规定落实税费优惠和创业担保贷款即贴息优惠。“三补贴”即对援助对象到企业就业、灵活就业的给予社保补贴，对参加培训的给予职业培训补贴，对无法通过市场化渠道就业的，通过公益性岗位兜底安置，并给予岗位补贴。

163. 加强灵活就业和新就业形态劳动者权益保障

我国灵活就业人员超过 2 亿人，其中，平台就业超过 8400 万人，是城镇就业的重要组成部分。从人员构成来看，农民工占多数，还有大量青年人、困难人员。从就业类型看，包括个体经营、非全日制用工、平台就业等。国家在加强灵活就业和新就业形态劳动者权益保障方面出台了很多措施，比如，推行新就业形态劳动者休息和劳动报酬权益保障、权益维护服务等指引指南，指导平台企业切实履行用工主体责任。今年将继续做好这些工作，并在以下两方面加大力度：

一方面，推进扩大新就业形态就业人员职业伤害保障试点范围。这项试点已经覆盖了 1000 多万新就业形态劳动者。有关部门初步考虑，今年拟将试点省份从 7 个增加到 17 个，并逐步推动在全国实施。对于缴费办法、待遇享受等方面政策，将结合试点经验不断优化，提高制度的科学性和规范性，在更大范围内更好维护新就业形态就业人员权益。

另一方面，保障灵活就业人员均等享有基本公共服务。包括就业服务、社保参保、住房保障等。今年将强化常住地提供基本公共就业服务的政策，推进规范化零工市场建设，提供针对性就业服务。进一步取消灵活就业人员在就业地参加社保的户籍限制，使他们能够在哪里工作，就在哪里参加社保并享受待遇。近段时间以来，部分平台企业在强化劳动者权益保障方面做了有益尝试，下一步将继续鼓励平台企业积极承担社会责任，着力构建和谐劳动关系。

住房保障方面，在重庆市、广州市等 13 个试点城市开展了灵活就业人员参加住房公积金制度试点工作，累计超 100 万人缴存，今年将加大力度推动灵活就业人员参加住房公积金制度，进一步强化住房保障。

热点链接

灵活就业人员如何缴存住房公积金?

在试点城市内，符合规定的灵活就业人员，均可以缴存公积金。目前主要有三种缴存方式，分别为按月（或季、半年）缴存、一次性缴存和自由缴存，每个缴存人可选择一种缴存方式。收入稳定的灵活就业人员，可以选择按月（或季、半年）缴存；一次性缴存适合有一定住房储蓄的家庭；收入不稳定的人员，适合选择自由缴存。办理缴存业务，可以选择线上和线下两种方式。履行缴存义务、符合公积金贷款规定的，即可申请住房公积金贷款。

164. 切实保障劳动者工资发放

近年来，国家在保障劳动者特别是农民工工资发放方面采取了很大力度的措施，制定了《保障农民工工资支付条例》和配套政策，建设欠薪问题反映平台和工资支付监控预警平台等信息化载体，连年组织开展治理欠薪专项行动。总的来看，拖欠工资特别是恶意欠薪得到有效遏制，治理欠薪的制度机制更加健全。但只要存在欠薪的风险，欠薪治理工作就要持续推进。今年，将从以下方面继续加强欠薪治理：

深化源头预防。加大行业监管力度，推动落实工程进度款支付比例规定，强化政府投资项目支付监管，落实清理拖欠企业账款与根治欠薪联动机制。完善落实农民工工资保证金、实名制、工资专用账户管理、银行代发工资等制度机制，健全配套政策措施。

开展集中整治。选树“安薪项目”，推动工程建设领域工资支付保障制度全覆盖。及时排查欠薪风险隐患，继续组织治理欠薪专项行动。对非工程建设领域欠薪问题，加强风险预警和苗头问题处置。

促进多元治欠。健全举报投诉、动态监管、信用惩戒等机制，加大日常监察执法和调解仲裁力度，推进调裁审衔接和行刑衔接，提升法律援助效能，加大重大欠薪案件公布力度，依法开展欠薪失信联合惩戒。

提升信息化水平。持续优化监控预警平台、线索反映平台等载体功能，加强相关部门数据联通，扩大在建项目、企业、工人实名制覆盖范围。

增强依法维权能力。针对部分劳动者法律意识薄弱、劳动合同签订率低等问题，加强对农民工的引导，提高依法维权的意识和能力，完善劳动保障法规制度，更好保障劳动者权益。

“安薪”过年

（图片来源：新华社）

165. 开展大规模职业技能提升培训行动

职业技能培训是加强技能人才培养、解决结构性就业矛盾的关键。当前，我国现代化产业体系建设加快推进，技能人才特别是高技能人才短缺问题更加突出，培养的需求更为迫切。今年《报告》提出开展大规模职业技能提升培训行动，重点是三个方面：

针对急需职业和群体开展培训。从今年开始，连续三年，每年补贴职业技能培训1000万人次以上。在培训对象上，聚焦最急需的群体，特别是农民工、离校未就业高校毕业生、失业人员、就业困难人员等。在培训内容上，重点围绕就业容量大、供需矛盾突出的领域，比如，先进制造、现代服务、新职业等。在培训模式上，推动“岗位需求+技能培训+技能评价+就业服务”四位一体联动贯通，做到产业需要什么就培训什么。

强化产教评技能生态链。推动培训与产业紧密融合，发挥产业链链主企业、行业龙头企业在培训中的主体作用。重点是鼓励龙头企业参与制定行业培训标准，加强培训设施和资源投入，加大教学资源开放共享。鼓励学校等培训机构，契合产业需要，扩大培训规模。打造多方参与，产业、教学、评价衔接融通的技能生态链。

建设高质量的培训载体。目前，全国共有414个公共实训基地、1176个高技能人才培训基地、1475个技能大师工作室。今年，将继续加大建设力度。推动职业院校、技工院校、企业培训机构、民办培训机构等积极开展技能培训，通过招投标、揭榜挂帅等方式，择优确定重点培训项目载体。根据岗位急需紧缺程度和培训后劳动者就业情况，给予差异化的资金补贴。同时，加快职业技能培训基础设施建设。

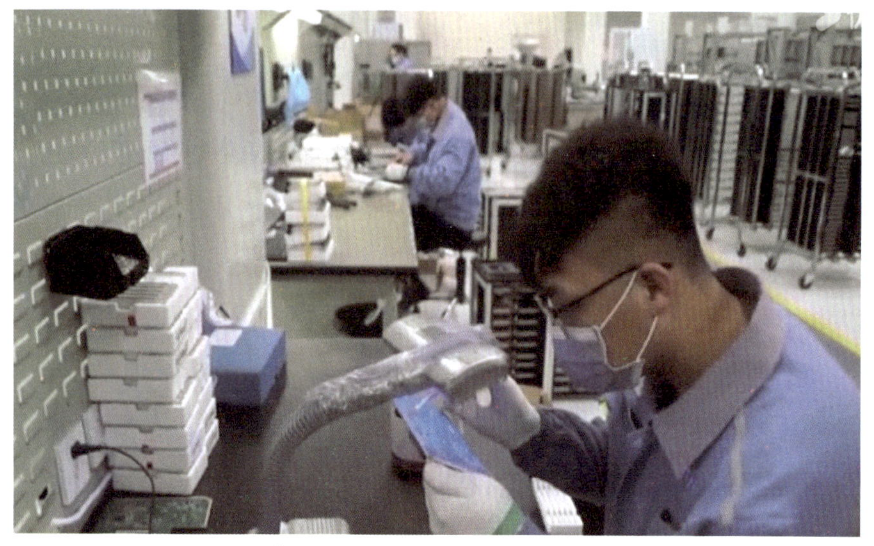

我国启动实施“技能照亮前程”培训行动

（图片来源：央视网）

166. 加快构建技能导向的薪酬分配制度

提高技能人才薪酬水平，对培养高素质技能人才、更好支撑产业转型升级具有重要作用。但从现实情况看，尽管技能人才非常短缺，但相对于管理类和技术类就业人员，技能人才薪酬水平总体偏低、高技能人才激励不足等问题仍然存在，薪酬合理确定和增长机制还不完善，影响技能人才队伍作用发挥。今年将在薪酬分配的制度建设和加强基础支撑上下功夫，增强对技能人才的激励。

在制度建设上，支持在技能人才聚集的区域、行业，开展工资集体协商，推行技能人才薪酬分配指引，引导合理确定技能人才起点工资，推动工资分配向生产一线和急需紧缺的技能人才倾斜。研究出台加大国有企业技能人才薪酬分配激励的政策文件，合理提高生产一线

“新八级工”职业技能等级制度

（图片来源：百度百科）

技能岗位的薪酬标准。

通过这些措施，逐步提高技能人才待遇水平，使一线技能工人收入有提高、技能增长和创新贡献的薪酬效应更突出，真正做到让多劳者多得、技高者多得、创新者多得。

在基础支撑上，加强作为薪酬确定依据的技能评价工作。深入实施“新八级工”职业技能等级制度，支持企业开展特级技师、首席技师评聘工作。推进国家资历框架体系建设，推动扩大高技能人才与专业技术人才职业发展贯通领域，拓宽技能人才横向发展通道。

同时，健全技能人才职业资格体系，提高职业技能等级证书社会认可度，逐步推动职业技能等级证书在全国通用。强化技能人才评价全链条监管，规范评价机构管理，提升评价质量。

（二）强化基本医疗卫生服务

167. 深化以公益性为导向的公立医院改革

公立医院是我国医疗卫生服务体系的主体，改革成效直接关系人民群众看病就医感受。近年来，公立医院改革取得明显进展，但在编制、薪酬、服务等方面还存在一些矛盾和问题。要统筹推进公立医院各方面改革，健全维护公益性、调动积极性、保障可持续的运行机制。今年将突出抓好三项工作：

推进编制动态调整。目前，公立医院编制管理既存在编制不足问题，也有大量空余编制没有得到合理使用。要推动各地在用好现有空余编制的基础上，根据医疗卫生事业发展需要建立编制动态核增机制。新增编制做到“两个倾斜”：区域内要向承担政府指令性任务较重医院以及儿童、精神、妇幼、传染病等医院倾斜；医院内部要向临床医护药技一线、短缺人才等倾斜。

建立以医疗服务为主导的收费机制。理顺医药价格是公立医院改革的一项重点任务，要把握两个原则，一个是稳妥有序推进，综合考虑人民群众看病负担、医保基金承受能力、公立医院运行需要等因素，建立分类管理、医院参与、科学确定、动态调整的医疗服务价格机制。另一个是有升有降，体现对短板学科和专业的支持，及时将临床上验证成熟稳定、安全有效的新技术纳入价格管理。

完善薪酬制度。从总量和结构两方面入手。总量方面关键在于把

“两个允许”落实到位。结构方面主要是逐步推进“三个结构调整”，即动态缩小不同等级和不同类型医疗机构间人员收入差距、动态缩小医院内部不同科室和不同专业间人员收入差距、逐步提高基础薪酬等相对固定的稳定收入所占比重。

名词解释

“两个允许”

“两个允许”即允许医疗卫生机构突破现行事业单位工资调控水平，允许医疗服务收入扣除成本并按规定提取各项基金后主要用于人员奖励。“两个允许”体现了对医疗行业特性的认同。同时，从激励医疗机构加强经济管理，节约成本费用，优化收支结构的角度，给了医疗机构更大的财务分配权，有利于公立医院内部管理的科学化、规范化和精细化。

168. 实施医疗卫生强基工程

实施医疗卫生强基工程，就是要贯彻落实习近平总书记提出的引导医疗卫生工作重心下移、资源下沉，补齐基层医疗卫生机构发展薄弱短板，提升基层医疗卫生服务水平，让广大人民群众就近享有公平可及、系统连续的健康服务。今年将重点围绕“优化布局、协同联动、提升能力”三方面下功夫：

优化布局。主要是优化基层医疗卫生机构布局，统筹考虑城镇化发展、人口趋势、疾病谱变化、交通便利度等因素，因地制宜配置基层医疗卫生资源，有减有增、优化完善，既不能一哄而上，也避免一撤了之，切实把基层医疗卫生机构规划好、建设好、使用好，避免资源浪费。

协同联动。主要是深化紧密型医联体建设，在前期广泛试点和经验总结基础上，做实人员和服务下沉，每个基层医疗卫生机构都要有上级医院医师派驻，固定服务周期，积极推广“分布式检查、集中式诊断”。同时，完善紧密型医联体运行机制，逐步实现行政、人事、财务、业务、用药目录、信息系统等统筹管理，建立责任、管理、服务、利益共同体。

提升能力。主要是提升基层基本医疗服务水平，健全基层机构临床科室设置和医疗设备配备，继续扩大基层用药种类，加强基层医务人员培养培训，发展“互联网+医疗健康”和人工智能辅助诊断。更加突出慢性病、老年病防治功能，加强健康促进、健康管理和老年常见病防治等服务的有机衔接，促进从单病种向多病共治转变。

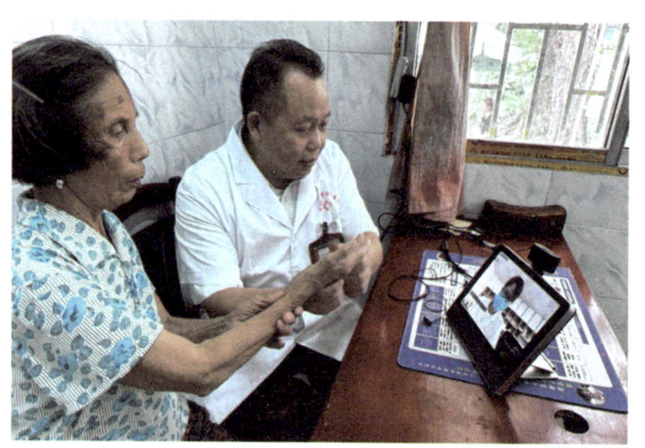

广西壮族自治区灵川县大圩镇下张村卫生室，医生正在开展远程诊疗

（图片来源：新华社）

169. 加强护理、儿科、病理、全科、老年医学专业队伍建设

截至2024年末，全国卫生技术人员规模达到1295万人，但护理、儿科、病理、全科、老年医学等专业仍然是较为突出的结构性短板。

比如，近年来每逢呼吸道传染病高发季节，一些地方儿科长时间排队就医情况较为突出。今年将针对性补齐短板，重点做到“三个加强”：

一是加强人员培养培训。优化调整医学专业结构，专业硕士研究生招生向紧缺专业倾斜，强化住院医师规范化培训和继续医学教育，探索订单定向培养，多措并举提高薄弱专业人才培养规模。

二是加强服务能力建设。指导各地根据城镇化水平和人口结构变化，规划布局建设一批儿科、病理、全科、老年医学等服务机构或临床科室，推进大医院对相关科室做到应设尽设。严格落实护士配备标准，采取有效措施增加护士数量，特别是从事老年、儿科、急诊、重症、传染病等护理工作的护士数量。

三是加强政策保障。这些专业人才不足，一个重要原因是缺乏有力的政策支持，要在服务价格调整、薪酬待遇、医保支付、职称晋升等方面加大倾斜力度，增强相关专业执业吸引力。

热点链接

2025 年全国二、三级公立综合医院均提供儿科服务

国家卫生健康委决定 2025 年在全国卫生健康系统组织实施一批为民服务实事项目，其中就有“全国二、三级公立综合医院均提供儿科服务”。具体举措包括：扩大儿科服务供给，结合医院所在地儿科医疗资源布局、医院专科基础以及儿童就医需求，有序规划儿科门急诊和病房。在推进儿科设置期间，通过医联体牵头医院派员下沉、对口帮扶医院支持、开展远程医疗服务等形式，帮助尚未完成儿科设置的医院不迟于 11 月底提供儿科服务。增强儿科服务能力，面向各级各类医疗机构的全科、内科等专业医师积极开展儿科医师转岗培训，经考核合格且符合条件的医师，按规定增加儿科执业范围并上岗服务。

170. 完善精神卫生服务体系

目前，精神卫生服务能力建设滞后问题较为突出，不仅影响人民群众身心健康，还事关社会稳定大局。据统计，全国目前有 12 个省份未设立省级精神专科医院，31 个地市没有市级精神专科医院，990 个常住人口大于 30 万的县区没有精神科病房。今年将采取有针对性措施，加快完善精神卫生服务体系。

提升精神卫生服务能力。研究制订精神卫生服务体系建设方案，重点支持尚未设立省级精神专科医院的省份加大建设力度，积极支持精神专科医院、综合医院精神病区建设，研究扩充国家精神疾病医学中心和区域医疗中心数量，发展精神疾病重点专科，改善老年和儿童精神疾病治疗、精神疾病康复等相关设施条件。

构筑社会心理健康服务网络。完善心理咨询机构设立条件、从业资格、内部管理、行业监管等具体要求，健全机构管理、人员管理、培训培养、业务监管、价格管理等制度，提高心理咨询服务规范化水平。推动统一使用“12356”心理援助热线，为来电者提供心理健康教育、心理咨询和心理危机干预等服务。

“12356”全国统一心理援助热线

（图片来源：《人民日报》）

实施精神卫生健康知识科普行动。利用“健康中国”政务新媒体等平台持续发布心理健康主题相关科普知识，组织专家开展系列直播活动，指导各地在10月10日世界精神卫生日等时间节点开展宣传活动，引导公众正确认识、理性看待心理健康问题和精神障碍，从源头上预防和控制精神疾病。

171. 支持创新药和医疗器械发展

创新药发展既关系群众健康，也事关经济发展。但创新药研发周期长、投入高、风险大，需要给予特殊的政策支持。去年的《报告》首次对创新药作出部署，今年进一步明确支持创新药和医疗器械发展，要全链条做好政策保障，重点抓好六个环节：

在研发环节，整合科研资源和力量，强化企业创新主体地位，支持产学研用联合攻关，加强基础研究、临床前研究、临床试验等各阶段接续支持，强化知识产权保护，夯实创新药发展根基。

在审评审批环节，按照“提前介入、一企一策、全程指导、研审联动”要求，将审评审批资源更多向临床急需的重点创新药和医疗器械倾斜，在临床试验、注册申报、核查检验、审评审批等全过程加强沟通交流，提供个性化指导。

在价格环节，健全药品价格形成机制，研究试行以药学和临床价值为基础的新上市药品企业自评，优化新上市药品挂网服务，探索将医保支付标准与企业自主定价分开，加快融入全球定价体系，为我国创新药发展并能够参与国际竞争创造更好条件。

在支付环节，完善医保药品目录调整机制，研究规范医保医用耗材目录和医疗服务项目目录，按程序将符合条件的创新药和医疗器械纳入医保支付范围。提高创新药多元支付能力，完善商保保障方式，制定创新药目录，引导商保开发相关产品，有针对性地支持创新药发展。

在使用环节，指导定点医疗机构及时召开药事会，进一步强化“双通道”管理，加强药品管理使用相关政策的一致性评估，破除不合理制约，建立创新药和医疗器械临床使用培训制度，为患者提供更好的治疗服务。

在投融资环节，研究设立专项创投基金或者出台优惠政策引导资本市场对创新药和医疗器械予以重点支持。在更好利用政府产业投资基金的同时，探索出台政策推动商保拿出一定比例基金设立创新药发展基金，支持国内创新药研发和上市。

政策传真

全链条支持创新药发展

2024 年 7 月 5 日，国务院总理李强主持召开国务院常务会议，审议通过《全链条支持创新药发展实施方案》。会议指出，发展创新药关系医药产业发展，关系人民健康福祉。要全链条强化政策保障，统筹用好价格管理、医保支付、商业保险、药品配备使用、投融资等政策，优化审评审批和医疗机构考核机制，合力助推创新药突破发展。要调动各方面科技创新资源，强化新药创制基础研究，夯实我国创新药发展根基。

172. 完善中医药传承创新发展机制

中医药是中华文明的瑰宝，传承创新发展中医药是件大事。今年将遵循中医药发展规律，传承精华、守正创新，建立符合中医药特点的服务体系、服务模式、管理模式、人才培养模式，加快推动中医药现代化、产业化，推动中医药走向世界。

加强中医药服务能力建设。重点要“扬优势、补短板”。“扬优势”主要是构建中医优势专科网络，强化中医院儿科、老年病科、肺病科建设，发展中医特色康复医学，推广应用中医治未病干预指南，推进重大疑难疾病中西医临床协作项目，提高中医药服务竞争力。“补短板”重点是健全服务体系，加快推进中医类国家医学中心和区域医疗中心、中医疫病防治基地、中医康复中心和中医特色重点医院建设，加快补上县办中医医疗机构“空白点”，推动中医馆建设及中医医师配备基本实现“两个全覆盖”。

促进中医药产业高质量发展。通过产学研一体化深入发掘中医药宝库中的精华，提高科技创新水平，推动经典名方、医疗机构制剂向中药新药转化，加快推进中药产业转型升级。加强珍稀濒危中药资源人工种植养殖和替代品研究，引导道地药材规范种植，做好中医药传统知识保护挖掘工作，加大对关键中药资源和技术的保护力度。拓展中医药健康服务业态，加强中医药与旅游、康养等融合发展，丰富中医药健康产品供给。

推动中医药走向世界。落实世界传统医药大会成果，加快成立全球传统医学团体联盟，实施好传统医学人才交流与能力提升项目、国际科学研究合作计划。深化中医药双多边合作，实施“新时代神农尝百草”行动，支持制定高质量中医药国际标准，增强援外医疗队中的中医人员力量，拓展中医药海外发展渠道，提升中医药的国际认可度和影响力。

政策传真

关于提升中药质量促进中医药产业高质量发展的意见

国务院办公厅印发的《关于提升中药质量促进中医药产业高质

量发展的意见》2025 年 3 月 20 日对外发布。文件要求以提升中药质量为基础，以科技创新为支撑，以体制机制改革为保障，形成传承创新并重、布局结构合理、装备制造先进、质量安全可靠、竞争能力强的中医药产业高质量发展格局，更好增进人民健康福祉和服务中国式现代化。从 8 个方面提出 21 项重点任务：一要加强中药资源保护利用。二要提升中药材产业发展水平。三要加快推进中药产业转型升级。四要推进中药药品价值评估和配备使用。五要推进中药科技创新。六要强化中药质量监管。七要推动中药开放发展。八要提高综合治理能力和保障水平。

173. 加强疾病预防控制体系建设

疾病预防控制体系是保护人民健康、保障公共卫生安全、维护经济社会稳定的重要保障。近年来，疾控体系改革任务扎实推进。去年，各省级疾控局全部完成组建。今年，将重点抓好“三个强化”：

强化监测预警和分析研判功能。加快建成智慧化多点触发监测预警体系，实现从单一渠道向多源渠道、单病种监测向综合监测、法定报告为主向法定报告和主动监测相结合转变。提高监测预警的灵敏性和准确性，确保能够实时快速分析各类传染病在地区、人群的疾病谱特征和疫情发展态势。强化各类传染病病原体的基因检测，紧盯传播力、致病性等情况变化及其带来的影响，及早发出预警。

强化医防协同、医防融合。指导医疗机构落实好传染病防控责任，健全完善传染病“防、治、康、管”一体化服务模式，探索建立医疗机构疾控监督员制度，加强传染病多病共检、多病共防、多病共管，推进传染病防控协同监测、协同研判、协同处置，促进形成医防协同、医防融合的有效机制保障。

强化重大传染病防控。目前，我国传染病防控形势依然较为复杂严峻，新冠、流感等呼吸道传染病多病交替或叠加流行成为常态，艾滋病、结核病等传统传染病流行出现新特点，境外传染病疫情输入风险持续存在。今年要继续坚持因病施策、综合防治，推进监测预警、评估研判、综合干预、效果评价等全流程一体化设计，提升多病同防综合效能。

热点链接

儿童感染流感后尽量在 48 小时内用药

在国家卫生健康委召开的新闻发布会上，北京儿童医院主任医师王荃介绍，儿童感染流感之后，发热为主要表现，同时会伴有肌肉痛、头痛等全身不适症状，另外还会有一些咳嗽、流鼻涕、打喷嚏、咽痛等呼吸道症状。如果孩子确诊流感，要及早使用抗流感病毒药物，尽量在 48 小时以内用药，居家休息，不要带病上学。对症治疗主要以退热、缓解不适为主，可以根据孩子的年龄和体重合理选择退烧药，并且根据说明书规范服用。根据孩子的咳嗽、鼻塞症状，选择缓解的药物。

174. 稳步推动基本医疗保险省级统筹

从国际上看，建立全民医保制度，一个重要的理念就是互助共济，共同抵御大额医疗支出风险。提高医保基金统筹层次，有利于增强医保基金互助共济和抗风险能力，更好实现区域公平、代际公平。目前，地市级统筹已经基本实现，接下来要向省级统筹稳步迈进。省级统筹不是简单地将基金共济范围从地市拓展到全省，而是要统筹考虑各地市基金总量、报销政策、管理水平等因素，精准精细制定实施方案。

今年工作中将重点把握好两个方面：

一方面，分类指导实施。对于已开始探索省级统筹的省份，总结完善政策，持续扩大改革成效。对于一些省内政策相对统一、管理服务能力较强的省份，要积极推动，争取加快实现省级统筹。对于基础较弱、条件不具备的省份，督促加快推动医保待遇清单统一和管理服务能力提升，逐步缩小地市间差距，为实现全省统筹创造条件。

另一方面，完善管理和考核机制。做好基金管理和医疗服务监管，事关省级统筹后医保基金使用的公平和安全。要建立健全与统筹层次相适应的管理体系，探索推进地市级以下医保部门垂直管理，完善省对地市、县区的基金预算管理和使用绩效考核机制，确保基金调剂均衡、使用规范。

典型案例

海南“六统一”推进基本医保省级统筹

统一基金收支管理，全省将基本医保基金纳入省级财政专户统一集中管理，实行收支两条线。

统一基金预决算管理，全省统一编制基本医保基金预算。

统一医保待遇政策，全省职工、居民基本医保执行统一的普通门诊、慢性特殊疾病门诊和住院的待遇政策。

统一基金经办服务，全省执行统一的经办业务流程和服务规范。

统一责任分担机制，明确省直单位和市县政府落实统收统支责任分担工作职责及缺口分担相应比例。

统一信息集中平台，建立统一、高效、兼容、便捷、安全的省级医保信息平台。

175. 健全基本医疗保险筹资和待遇调整机制

今年，居民医保人均财政补助标准再提高30元，将达到700元。在财政收支矛盾突出的情况下，实属不易，充分体现了民生导向，一定要把宝贵资金用在刀刃上。近两年，基本医保参保人数出现波动，部分群众特别是农村居民参保意愿有所下降。对于健全基本医保参保长效机制，2024年的国务院常务会议已经作出部署，国务院办公厅专门印发了指导意见。今年要确保有序推进落实，将重点抓好三个方面：

完善政策措施。进一步放开放宽在常住地、就业地参加基本医保的户籍限制。推进居民医保缴费与经济社会发展水平和居民人均可支配收入挂钩，支持职工医保个人账户用于支付参保人员近亲属参加居民医保的个人缴费及已参保的近亲属在定点医药机构就医购药发生的个人自付医药费用。建立对居民医保连续参保人员和零报销人员的大病保险待遇激励机制，连续参保激励和零报销激励。自今年起，除新生儿等特殊群体外，对未在居民医保集中参保期内参保或未连续参保的人员，设置参保后固定待遇等待期和变动待遇等待期。

优化管理服务。建立全民参保数据库，实现“一人一档”管理。每年9月开展基本医保全民参保集中宣传活动。推动落实出生医学证明、户口登记、医保参保等“出生一件事”集成化办理，简化手续，优化流程，促进监护人为新生儿在出生当年参保。积极创造条件，将自愿申请且符合条件的村卫生室纳入医保结算范围，推动实时结算。

强化部门协同。明确各相关部门在参保工作中的主要职责，做好人口信息数据比对、社会保险业务协同联动等工作，动员引导社会力量依法规范参与医疗救助，推动基本医保与商业保险协同发展，推进信息共享。

热点链接

参保人可以享有的五大红利

2024 年 8 月 1 日，国家医保局负责同志在国务院新闻办公室举行的国务院政策例行吹风会上介绍，《关于健全基本医疗保险参保长效机制的指导意见》实施后，参保人可以享有五大红利。

“放”：进一步放宽放开参保的户籍限制，让中小学生、学龄前儿童可以在常住地参保；也提出超大城市要取消对灵活就业人员、农民工、新就业形态人员参加职工医保的户籍限制。

“扩”：扩大职工医保个人账户共济范围，由家庭成员扩展到近亲属。

“提”：对连续参加居民医保的参保人员提高大病保险封顶线，也就是我们常说的最高支付限额。

“奖”：建立居民医保基金零报销人员的奖励机制，当年没有享受报销的参保群众，次年提高大病保险的封顶线。

“便”：更加方便参保人员就近享受医疗服务，推动更多村卫生室纳入基本医保定点，并直接结算，推动集采药品更多在基层落地，把集采红利更多释放给基层。

176. 深化医保支付方式改革

2019 年起，按病组（DRG）和病种分值（DIP）付费为主的医保支付方式改革试点先后启动，改变了过去医保基金主要按项目向医疗机构付费的方式。截至 2024 年底，全国基本实现 DRG/DIP 付费全覆盖。这项改革在减轻群众负担、保障基金高效使用、规范医疗机构行为等方面取得了积极成效，但也有一些地方医保部门和医疗机构、医务人员反映现行分组存在不够精准、不够贴近临床等问题。今年将重点落实和完善“四个机制”：

协商谈判机制。对于基金总额预算、权重、分值、调节系数等支付核心要素，由医疗机构代表、行业（学）协会和医保部门共同协商确定。各地应建立由临床医学、药学、医保管理、统计分析等方面专家共同组成的专家组，为支付方式改革提供技术支撑。

特例单议机制。这是 DRG/DIP 改革之初就明确提出的，但各地的申请条件、评议规则、数量比例都有一定差异。今年将推动进一步统一标准，定期组织临床专家进行审核评议，定期对审核情况进行公告，推动特例单议更加规范、更可操作。

结余留用机制。DRG/DIP 支付标准反映的是该病组的平均费用水平。医疗机构通过提高内部管理水平、规范医疗服务行为、主动控制成本，产生的病组结余应按规定在医疗机构留用，作为其业务收入。

意见收集机制。建立面向医疗机构、医务人员的意见收集和反馈机制，加强意见收集、整理和报送，直接收集医疗机构、医务人员关于 DRG/DIP 分组、技术规范、价格改革协同等方面的意见建议，真正做到广开言路。

国家医保局举行按病组（DRG）和病种分值（DIP）付费 2.0 版分组方案新闻发布会

（图片来源：新华社）

177. 促进分级诊疗

分级诊疗的目标是看大病在本省解决，一般的病在市县解决，日常的头疼脑热在乡村解决，这不仅可以提高医疗卫生资源使用效率，也可以有效缓解看病难看病贵。今年这方面的工作就是围绕这个目标，以基层为重点推动“四个延伸”：

进一步推动优质医疗资源向薄弱地区延伸。全国已经实施了 13 个类别的国家医学中心和 125 个国家区域医疗中心建设项目，对减少群众跨省和跨区域就医发挥了积极作用。今年重点是推动已经设立的医学中心、医疗中心落实功能定位，进一步发挥好区域范围的辐射带动作用，新建国家和省级区域医疗中心要向省会城市以下人口较多城市倾斜。

进一步推动城市优质医疗资源向县级医院延伸。按照“统筹布局、分区包片”的原则，深化城市三级医院支援县级医院工作，建立稳定的人员下沉服务长效机制，由三级医院派出专业技术人员和管理干部给予县级医院医疗、药学、护理、管理等常年驻守指导。

进一步推动上级医疗资源向城乡基层延伸。全面推进紧密型医联体建设，实现一定区域内相关医疗机构间医疗服务和管理的上下协同联动、一体化运作，力争到 2025 年底覆盖 90% 以上的县市，到 2027 年底基本实现县市全覆盖。

进一步推动一定区域内医疗卫生服务互相延伸。通过检查检验结果互认、探索建立转诊中心等方式，增强医疗卫生服务的连续性，提升人民群众看病就医获得感。

典型案例

北京加快建设分级诊疗体系

全市建成 62 个综合医联体、122 个市级专科医联体、36 家儿科紧密医联体成员单位。制定医联体转诊规范和慢病转诊标准，建立全市统一的基层预约转诊平台，22 家市属医院向平台投放全量号源，双向转诊渠道更加畅通，2024 年上半年上下转诊量同比分别增长 25% 和 131%。根据服务人口和地域特点动态调整基层医疗卫生机构，全市社区卫生服务中心（站）和村卫生室 3770 家，15 至 30 分钟基本医疗服务圈进一步筑牢织密，近 5 年基层诊疗人次（不含来京就诊患者）占比从 48.49% 增至 51.1%。

178. 严格医保基金监管

守住基金安全底线，事关广大群众切身利益。近年来，欺诈骗保等违法违规行为隐蔽性有所增强，监管难度不断加大。要坚持以“零容忍”态度常抓不懈，扎实开展飞行检查、专项整治和日常监管，深化智能监管子系统应用。今年将重点抓好五个方面工作：

依法分类处置。对欺诈骗保等违法犯罪行为，始终保持高压态势。对一般违法违规问题，注重加强协议处理与行政处罚相衔接，持续推进问题整改。深入开展自查自纠，对自查自纠整改不到位或者屡查屡犯的，依法依规从严处置。

强化数据赋能。总结提升现场检查等传统监管方式，发挥好已验证有效的大数据模型的作用。结合医保反欺诈大数据监管应用试点工作，加强药品追溯码在医保基金监管中的应用，探索构建多维度大数据模型，推动大数据监管取得突破性进展。

发挥监管合力。健全医保部门与人民法院、检察机关的沟通会商机制，共同研究打击整治欺诈骗保实践疑难问题；健全与检察机关、公安部门的数据共享、线索互移、联查联办机制，推动行政执法与刑事司法双向衔接；与卫生健康部门建立线索移送机制，从前端加大监管力度。

用好线索核查。加强线索核查工作的考核激励、督查督导，督促指导各地逐条开展核查，确保线索清仓见底。对风险等级较高但核查进度缓慢的线索要列入省内交叉检查。

健全长效机制。把整治工作与完善医保基金监管制度机制结合起来，深入查找并逐步解决医保基金监管制度机制短板和薄弱环节，健全防范欺诈骗保长效机制。

名词解释

药品追溯码

药品追溯码是药品的“电子身份证”，通常由一系列数字、字母和（或）符号组成，标识在药品包装盒的显著位置，是每一盒药品生产出厂时就被赋予的唯一身份标签。

据了解，我国有医保药品生产企业 4300 余家、流通企业 1.1 万家，定点医药机构 93 万家，医保药品共 24.7 万种。一盒药品从生产企业出厂到患者手中，平均会经过 3—5 个流通环节。每个流通环节都会产生追溯信息，粗略统计，全国每年追溯信息总量约为 1800 亿至 3000 亿条。

国家医保局从 2024 年 4 月开展医保药品耗材追溯信息采集工作，截至 2025 年 1 月，追溯码数量达 158.06 亿条，定点医药机构（医院、药店）接入数达 88.09 万家、接入率达到 94.7%。

（三）完善社会保障和服务政策

179. 城乡居民基础养老金最低标准再提高 20 元

2014 年，我国将新型农村社会养老保险和城镇居民社会养老保险两项制度合并实施，建立了全国统一的城乡居民基本养老保险制度，这对于更好保障城乡老年人基本生活、增进民生福祉具有重要作用。

制度建立之初，国家确定的城乡居民基础养老金最低标准为每人每月 55 元，之后多次提高标准，2024 年已经达到每人每月 123 元。今年《报告》明确，城乡居民基础养老金最低标准再提高 20 元。这是综合考虑群众关切、城乡居民基础养老金实际情况和财力可持续性，为了更好地保障老年群众基本生活采取的一项惠民措施。提高后，城乡居民基础养老金最低标准将达到每人每月 143 元，超过 1.8 亿老年人受益。按照预算安排，城乡居民基础养老金提标所需的资金由中央和地方共同负担，其中，中央财政补助占大头，确保这项惠民政策落地见效。

需要指出的是，在国家规定的最低标准基础上，各地区还根据自身财力状况进一步增加数额不等的基础养老金，加上参保人个人账户养老金，城乡老年居民实际享受到的待遇会更高一些，不少地区已经超过了每月 200 元。同时，国家鼓励参保居民积极缴费，并对个人缴费给予补助，全部计入个人账户，缴费越多、补助越多，缴费时间越长，将来能够领取的个人账户养老金也越高。

城乡居民基础养老金最低标准上涨

（图片来源：AI 生成）

180. 适当提高退休人员基本养老金

调整退休人员基本养老金，是保障和改善民生的重要措施，体现了党中央、国务院对广大退休人员的亲切关怀。我国自 2005 年起连续调整企业退休人员基本养老金，2016 年以来实现了企业和机关事业单位退休人员同步调整，有力保障了退休人员老年生活收入来源。

综合考虑经济发展水平、物价涨幅、全口径城镇单位就业人员平均工资增长、基本养老保险基金收支变化等因素，《报告》已经明确，今年适当提高退休人员基本养老金。下一步有关部门将制定具体实施方案，做好资金安排，确保各项调整政策落实到位。

今年养老金调整将延续以往的成熟办法，在国家确定的总体调整比例基础上，采取定额调整、挂钩调整与适当倾斜相结合的办法。定额调整体现社会公平，同一地区各类退休人员调整标准基本一致；挂钩调整体现“多缴多得”“长缴多得”的激励机制，基础养老金计发比例、基数和个人账户养老金将与个人缴费情况挂钩，使在职时多缴费、长缴费的人员多得养老金；适当倾斜则体现重点关怀，今年将向中低收入群体倾斜，防止待遇差距拉大。

截至 2024 年底，我国城镇职工基本养老保险基金累计结存超过 6 万亿元，再加上中央跨省调剂资金和各级财政补助等，完全有能力保障退休人员基本养老金按时足额发放。

181. 实施好个人养老金制度

个人养老金制度是我国多层次、多支柱养老保险体系的重要组成部分。2022 年 11 月，这一制度在 36 个城市和地区先行实施，运行总体平稳。根据国家统一部署，自 2024 年 12 月 15 日，个人养老金制度正式在全国全面推开。主要有四个方面举措：

推进全面实施个人养老金制度

（图片来源：新华社）

扩大实施范围。在我国境内参加城镇职工基本养老保险或者是城乡居民基本养老保险的劳动者，都可以参加个人养老金制度，并享受税收优惠。个人向个人养老金资金账户缴费，按照每年 1.2 万元的限额标准，在综合所得中据实扣除，在投资环节暂不征收个人所得税，领取的时候单独按照 3% 的税率缴纳个人所得税。

优化产品供给。在现有的理财产品、储蓄存款、商业养老保险和公募基金产品基础上，将国债、特定养老储蓄、指数基金纳入个人养老金产品范围。鼓励金融机构依法依规开展投资咨询服务，探索开展默认投资服务。

提高管理服务水平。鼓励支持商业银行销售全类型的个人养老金产品，不断增加销售品种。商业银行也要为参加人变更开户银行、领取个人养老金等提供更多的便捷性、个性化服务。

完善领取条件和办法。增加了提前领取的情形，除了达到领取基本养老金年龄、完全丧失劳动能力、出国（境）定居等情形外，参加人患重大疾病、领取失业保险金达到一定条件或者是正在领取最低生活保障金的，可以申请提前领取个人养老金。

目前，我国个人养老金开户人数已经超过 7000 万人。下一步，随着制度不断完善和相关政策措施落地，个人养老金制度的吸引力有望进一步增强，吸引更多具备条件的群众参加进来，增加一份积累，让老年生活更有保障、更有质量。

182. 推进社区支持的居家养老

居家养老、社区养老、机构养老是目前 3 种主要的养老方式。我们常说，我国养老服务呈现“9073”格局，即 90% 老年人选择居家养老、7% 社区养老、3% 进入养老机构，在实际运行中，选择居家和社区养老的老年人比例甚至高达99%。这表明，居家养老始终是最符合老年人意愿的养老方式，必须继续巩固居家养老的基础作用。今年推进居家养老，需要注重“两个强化”。

强化社区支持。居家养老不等于家庭养老，如果没有社区支持，那就与几千年来的“养儿防老”没有区别。为此，需要持续扩大社区养老服务有效供给，发展嵌入式社区养老服务、推行“社区＋物业＋养老服务”、推动完整社区建设，为居家养老提供有力支持。同时，加强社区层面养老服务供需衔接，探索“养老顾问”服务，推动村（社区）“两委”把服务老年人作为重要职责来抓，使老年人的服务需求在本社区得到及时响应，尽力满足老年人在熟悉的社区环境中养老的需求。还要健全家庭养老支持政策，推进适老化建设，让老年人居家养老安心、舒心。

强化机构支撑。这方面需要充分发挥养老机构技术创新示范、服务技能培训、设备推广应用等作用，推动专业化服务向居家和社区延伸。各类养老机构不但应在集中照护方面更加专业，也应更积极地参与居家和社区养老服务，促进养老服务规模化、集群化、品牌化发展，打造枢纽型、开放型的专业服务机构。要积极发展社区嵌入式养老服务机构，夯实居家上门服务的支持基础，支持建设家庭养老床位，让老年人在家里就能得到“类机构”的专业养老服务。

政策传真

深化养老服务改革发展

2024年12月，中共中央、国务院印发《关于深化养老服务改革发展的意见》，对加强养老服务作出系统性制度设计。主要内容为：打通三级养老服务网络，贯通三类养老服务形态，协同三方面的养老服务机制，保障五个方面的养老服务要素，推动养老服务体系更加健全完善。

深化养老服务改革发展

打通三级养老服务网络

形成县（区）综合服务、乡镇（街道）区域联动、村（社区）就近就便的服务支持体系

养老服务网络到2029年基本建成
到2035年更加健全

贯通三类养老服务形态

巩固居家养老基础、强化社区养老依托、优化机构养老专业支撑作用

协同三方面养老服务机制

发挥养老服务事业发展政府主导作用、养老服务产业发展市场配置资源作用、养老服务社会参与作用

保障五个方面养老服务要素

在设施布局、财政支持、人才队伍、养老金融、科技应用等方面提出更具体措施

2019年—2024年
全国财政用于养老服务和老年人福利方面的支出超过
5600亿元，年均增长11%

深化养老服务改革发展

（图片来源：人民网）

183. 强化失能老年人照护

失能老年人照护是养老服务的刚需，也是现在许多人对未来养老最焦虑的地方，所谓“一人失能、全家失衡”。根据第五次中国城乡老年人生活状况抽样调查，目前我国失能老年人约有 3500 万人，占全体老年人的 11.6%，预计到 2035 年将达到 4600 万人，到 2050 年

达到 5800 万人左右，对照护服务的需求将越来越大。强化失能老年人照护，需要解决好“在哪儿服务”“谁来服务”的问题。

着力提升养老机构的照护能力。养老机构是提供失能老年人照护服务的主力。目前，我国各类养老机构和设施达到 40.6 万个，养老床位数保持在 800 万张左右，其中，养老机构的护理型床位占比为 64.6%。对此，需要加快制定加强和改进失能老年人照护服务政策，推动养老机构增加护理型床位供给，重点收住失能失智老人。进一步健全全国统一的老年人能力综合评估制度，推动精准高效配置失能照护资源，让真正有需要的老年人得到专业失能照护。同时加强失能照护标准化建设，完善失能照护质量评价体系，强化失能照护监督管理，提升失能照护质量安全，让老人安心、子女放心。

大力加强专业养老照护人员队伍建设。按照国际上 1:3 照护比计算，我国需要 1000 多万养老护理员，但目前养老护理员仅三四十万，缺口巨大，且由于工作强度大、待遇不高等因素，这支队伍稳定性差、流失情况较严重。从当前看，要加大养老服务人才培养激励力度，畅通职业通道，提升职业荣誉感，让更多人愿意稳定长期从事养老服务。从长期看，还要注重利用科技赋能养老，加快发展智慧养老，推动信息化、智能化技术和产品在失能照护中的创新应用，为失能老年人提供更专业、更优质的照料，减轻家庭负担和后顾之忧。

热点链接

我国牵头制定养老机器人国际标准

2025 年 2 月 27 日，市场监管总局表示，国际电工委员会（IEC）已正式发布由我国牵头制定的养老机器人国际标准（IEC 63310《互联家庭环境下使用的主动辅助生活机器人性能准则》）。该项标准依据老年人生理和行为特点，为各类养老机器人的产品设计、制造、测试和认证等提供基准，将引领全球养老机器人产业健康发展。养老机器人的出现，不仅可以减轻社会和家庭对老年人的照料负担，还可支持老年人有尊严的独立居家高质量生活。

（资料来源：《人民日报》）

养老机器人

（图片来源：上海市养老服务中心）

184. 推动农村养老服务发展

目前，我国 60 岁及以上老年人口超过 3.1 亿人，其中近一半生活在农村。与城市相比，我国农村老年人口数量多、老龄化程度深，但农村养老服务体系发展却明显滞后，再加上农村居民收入水平和社会保障水平相对较低、家庭养老功能弱化，农村养老面临的问题更多、挑战更大。发展农村养老，事关亿万农村老年人的幸福生活，是推动完善中国特色养老服务体系的重要内容，也是推进乡村全面振兴的必然要求。加快补齐农村养老服务短板，今年将重点抓好三个方面：

完善县乡村三级养老服务网络。在县一级，重点是拓展县级养老机构服务功能，支持县级特困供养服务机构根据需要设置失能或认知障碍照护专区，充分发挥县级养老机构的辐射带动作用。在乡镇一级，要推进具备条件的乡镇（街道）特困人员供养服务设施（敬老院）等养老机构转型，建设成为具有协调指导、全日托养、日间照料、居家上门、服务转介等功能的区域养老服务中心。在村一级，要因地制宜发展互助养老服务，建设村级邻里互助点、农村幸福院等，进一步拓展村级养老服务场所空间。

积极探索契合乡土乡情的农村养老服务模式。现在不少地方探索“党建＋农村养老”模式，应积极推广成功经验，发挥好村党组织在资源统筹、组织协调等方面的优势，助力发展农村养老。在服务内容上，应聚焦老年人就餐就医、生活关爱、文化娱乐等需求，大力发展助餐、助浴、助医、助洁、助行、助急等服务。在服务对象上，农村有许多留守、高龄、独居、空巢以及脱贫户等特殊困难老年人，对这些重点群体，要常态化开展探访关爱服务。

大力弘扬尊老敬老的文明乡风。以群众喜闻乐见的形式，进一步弘扬孝老爱亲、互助友爱的中华优秀传统文化。持续推进农村移风易俗，发挥好村规民约在弘扬公序良俗等方面的积极作用，倡导邻里相帮、守望相助的文明乡风，广泛营造尊老敬老助老的社会氛围。

农村互助养老院

（图片来源：新华网）

185. 加快建立长期护理保险制度

我国已经进入老龄化社会，失能老人数量持续增加，传统家庭护理模式难以应对，需要通过社会化保险机制分担长期照护压力。2016年，长期护理保险试点启动。截至2024年底，全国超过1.8亿人参保，累计超过260万人享受待遇，基金支出超800亿元，对改善失能人员生存质量、减轻家庭负担发挥了积极作用。今年将总结各地试点经验，加快建立长期护理保险制度。重点把握好四个方面：

建立稳定可持续的筹资机制。这是建立护理保险制度的关键。要综合考虑经济社会发展、各方可负担能力、基本护理服务供给能力等因素，制定全国统一的筹资政策，合理确定政府、单位、个人分担标准，建立多元筹资渠道和动态调整机制。

聚焦重点人群。这是建立护理保险制度的基本原则。坚持保障基本，聚焦重度失能人员长期护理基本保障需求，以清单方式明确服务项目范围，基金支付向基层倾斜，鼓励参保人使用居家和社区服务。

规范管理运行。这是建立护理保险制度的内在要求。完善长期护理保险失能等级评估标准体系和管理办法，建立健全基金、服务、经办管理等机制，创新管理服务，更好维护广大参保人合法权益。

持续优化服务供给。这是建立护理保险制度的重要支撑。加快培育定点服务机构，通过税收、场地等政策优惠吸引社会资本参与，鼓励经办机构积极参与行业标准制定、人才培养、护理资源开发，同步提高服务供给的数量和质量，更好满足失能人员的长期护理服务需求。

失能老人照护

（图片来源：新华网）

186. 制定促进生育政策

随着经济社会发展和人口年龄结构变化，我国总体上已由人口增量发展转向减量发展阶段，人口发展呈现少子化、老龄化、区域人口增减分化等明显的趋势性特征。制定促进生育政策，是推动实现适度生育水平、促进人口高质量发展的重要举措。今年将聚焦有效降低生育、养育、教育负担，重点做好四个方面工作：

发放育儿补贴。现在，全国已经有23个省份在不同层级探索实施育儿补贴政策。要在此基础上，在全国层面向适龄幼儿发放育儿补贴，明确发放对象、标准和形式，逐步提高补贴水平。整合各种补贴形式，加快推进建立育儿补贴制度。

加强生育服务保障。增强生育保险保障功能，指导有条件的地方将参加职工基本医疗保险的灵活就业人员、农民工、新就业形态人员纳入生育保险。完善生育休假制度，保障法律法规规定的产假、生育奖励假、陪产假、育儿假等生育假期落实到位。

提升育幼服务能力。增加普惠托育服务供给，优先实现托育综合服务中心地市级全覆盖，发展社区嵌入式托育，积极支持用人单位办托、家庭托育点等多种模式发展。完善普惠托育支持政策，鼓励有条件的地方结合实际对普惠托育机构给予适当运营补助。

营造良好社会氛围。积极构建新型婚育文化，大力倡导积极的婚恋观、生育观、家庭观。加强社会宣传倡导，实施人口高质量发展宣传教育专项行动。加强人口国情国策教育，将相关内容融入中小学、本专科教育。

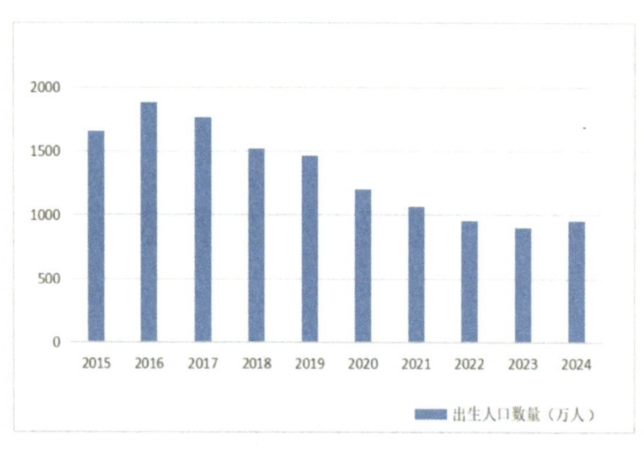

近 10 年我国出生人口变化趋势

（数据来源：国家统计局网站）

187. 大力发展托幼一体服务

受多种因素制约，我国托育服务供需矛盾较为突出。与此同时，随着人口结构变化，幼儿园学位出现大量空置。据测算，“十四五”期间，幼儿园在园人数将从 4818 万人下降至 3626 万人，产生近 1200 万个空余学位。这种情况下，发展托幼一体服务，既能快速增加托位供给、缓解群众托育难问题，也能有效利用宝贵的幼儿园存量资源，还有利于促进托育和学前教育事业的共同发展，可谓一举多赢。今年实施这项政策中，将努力做到“三个一体”：

一体规划。目前，我国以 3 岁为界，学前教育和托育服务分属不同部门管理，在人、财、物、监管等方面各自独立。要制定出台针对托幼一体服务发展实施意见，规范指导各地做好学位转换、服务收费、师资培训、监督考核等工作，理顺幼托衔接的体制机制，明确权责利，切实把资源用好。

一体实施。系统研究幼儿园资源向下延伸覆盖 1 岁到 3 岁婴幼儿的操作办法，完善幼儿园与托育机构的接续支持政策，顺畅管理体制，对有托育需求且有富余学位幼儿园的地方，进一步支持设施改造，支持人员培训，创造条件举办托班。

一体保障。对于有条件的普惠性幼儿园，在审批、备案等方面提供便利、主动服务，通过延续生均补贴等政策扶上马、送一程，帮助其转型发展托育服务。同时，研究建立 0—6 岁学龄前儿童公共服务一体化的财政投入政策，打通托育服务和幼儿园教育经费使用，实现“钱随事走”。

政策传真

推进普惠托育服务体系建设

2024 年 9 月 29 日，国务院总理李强主持召开国务院常务会议，研究推进普惠托育服务体系建设工作。会议强调，建设普惠托育服务体系是促进人口长期均衡发展的重要支持措施。要统筹考虑经济发展、人口结构和托育实际需求等因素，科学规划托育服务体系，大力发展托幼一体服务，优化托育服务精准供给，加快补齐社区托育设施短板，努力为群众提供就近就便的托育服务。

188. 提升残疾预防和康复服务水平

我国残疾人总数超过 8500 万，是世界上残疾人口最多的国家。受人口老龄化、工业化、城镇化等因素影响，我国仍处于残疾高发期。提升残疾预防和康复服务水平，关乎千家万户的幸福生活。

残疾可防可控，加强残疾预防是促进经济社会发展有效的健康投资和重要策略。近年来，我国深入实施《国家残疾预防行动计划（2021—2025 年）》，持续开展全国残疾预防日活动，有效减少和控制残疾的发生发展。今年将加快研究制定新一期国家残疾预防行动计划，广泛开展残疾预防宣传教育，总结推广残疾预防科技创新经验，让残疾预防知识、行为和技能成为全民普遍具备的素养和能力。

康复是生命的重建，也是残疾人最迫切的需要。“十四五”以来，我国残疾人基本康复服务覆盖率、辅助器具适配率连续多年保持在 85% 以上。截至 2024 年末，通过实施精准康复服务行动，3446 万人次残疾人得到基本康复服务，658 万人次残疾人得到辅助器具适配服务。

今年康复服务工作，还是紧紧围绕残疾人“人人享有康复服务”目标，扎实开展残疾人精准康复行动，全面落实残疾儿童康复救助制度，切实提升残疾人辅助器具适配保障水平，促进残疾人康复服务提质增效。特别是针对当前孤独症儿童康复及其家庭面临的急难愁盼问题，认真推动落实《孤独症儿童关爱促进行动实施方案（2024—2028 年）》，提升孤独症儿童发展全程服务能力和保障条件。同时，持续加强康复机构建设和专业人才培养，积极开展残疾人自助互助康复服务，使更多残疾人重建独立生活能力，更好融入社会。

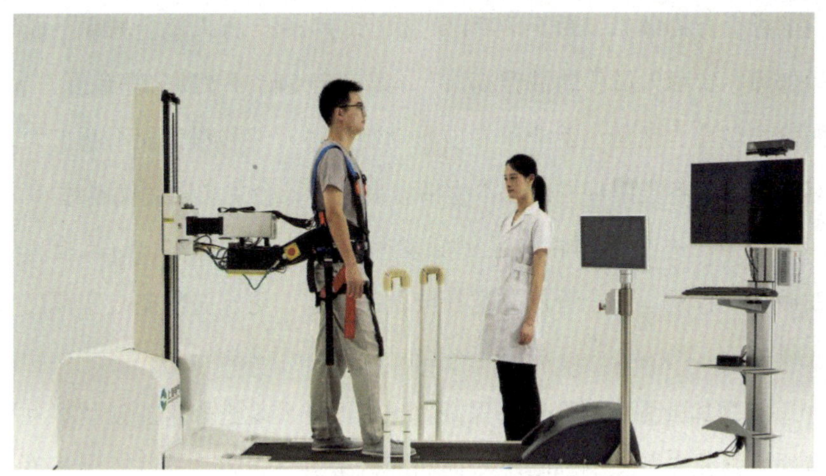

康复机器人助力普惠医疗

（图片来源：上海市经济和信息化委员会网站）

政策传真

残疾人基本康复服务目录（2025 年版）

2025 年 2 月，中国残联、民政部、国家卫健委联合印发《残疾人基本康复服务目录（2025 年版）》。

针对残疾人日益变化的康复需求，在 2019 年版目录基础上，2025 年版新目录充实完善了康复服务内容，包括：新增精神和智力残疾人辅助器具服务项目，将人工耳蜗体外机升级、置换等作为 0–6 岁听力残疾儿童基本康复服务内容；将中途失明者、中途失聪者、脊髓损伤者等自助互助康复服务纳入 7 岁以上残疾儿童和成年残疾人的支持性服务。

189. 完善分层分类社会救助体系

社会救助事关困难群众衣食冷暖，是保障基本民生、促进社会公平、维护社会稳定的兜底性制度安排。近年来，我国不断完善分层分类的社会救助体系，截至2024年底，共有3987万人享受城乡最低生活保障，特困人员救助供养479.7万人，全年临时救助770余万人次，医疗、教育、住房、就业等专项救助制度可及性和覆盖面不断扩大，有效保障了各类困难群众基本生活，展现了社会主义制度优越性。

今年，有关部门将立足更好发挥社会救助保基本、防风险、促发展功能作用，健全分层分类社会救助体系，更好兜住兜准兜牢民生底线。

持续加强困难群众兜底保障。这方面主要是进一步加强基本生活救助，强化专项救助和临时救助功能，重点关注防止返贫监测对象、低保边缘人口、刚性支出困难家庭等，努力做到应保尽保、应救尽救。今年是脱贫攻坚过渡期最后一年，要推动防止返贫帮扶政策和农村低收入人口常态化帮扶政策衔接并轨，对1900多万通过兜底脱贫的困难群众，继续加大兜底帮扶力度，坚决防止发生规模性返贫。

持续推进服务类社会救助发展。目前，已在全国69个地区开展服务类社会救助试点，今年将继续加快推进这方面工作，指导试点地区将面向低收入家庭中的失能老年人、残疾人、未成年人、重病患者等特殊困难人员的照料护理、康复训练等纳入服务类社会救助清单，加强与社会福利政策衔接，确保兜底保障政策的一致性、公平性、协调性。

持续提升社会救助便利化水平。主要是完善相关机制，包括：进一步完善低收入人口动态监测信息平台，健全监测预警指标体系，推动建立民政部门统一认定，信息分层管理、分别推送、分类救助、结果反馈的闭环运行机制，以数字赋能提升低收入人口动态监测和救助帮扶的广度、精度；进一步完善居民家庭经济状况信息核对机制，加快形成全面覆盖、横向联动、纵向贯通的一体化核对信息网络。同时，推动社会救助服务向移动端延伸，实现救助事项“掌上办”“指尖办”，为群众提供办理便利。

政策传真

刚性支出困难家庭如何认定？

2024 年 10 月，民政部制定《刚性支出困难家庭认定办法》，明确了刚性支出困难家庭的认定条件，包括：共同生活家庭成员人均收入低于上年度当地居民人均可支配收入，家庭财产状况符合当地相关规定，提出申请前十二个月家庭刚性支出占家庭总收入比例超出当地规定等。

考虑这些家庭面临的大多是阶段性生活困难，刚性支出困难家庭的认定有效期一般不超过十二个月，主要是为了合理引导预期，激发内生动力，改变部分群众对救助身份“只进不出”的观念。

（四）加强精神文明建设

190. 深化全民阅读活动

阅读是获取知识、增长智慧的重要方式，更是传承文明、增强文化自信的重要途径。全民阅读自 2014 年起已连续 12 年写入《报告》，从最初倡导全民阅读逐步发展到深化全民阅读活动，影响力不断扩大。中国新闻出版研究院调研数据显示，2012 年至 2023 年，我国成年人各种媒介综合阅读率由 76.3% 提升到 81.9%，年人均纸质图书和电子书合计阅读量由 6.74 本提升到 8.15 本，书香社会氛围日益浓厚。

今年深化全民阅读活动，将坚持把阅读作为最基本的文化建设，深入实施文化惠民工程，大力倡导读书之风，充分发挥阅读在传播思想文化、提升国民素养、传承民族精神、涵育文明风尚等方面的作用。

增加优质阅读内容。聚焦不同阅读群体的实际需求，结合国家重点出版物出版规划、优秀通俗理论读物出版工程、优秀原创文学出版工程等，为全民阅读提供质量上乘、品种丰富、规模庞大、形态多样的优质读物。持续开展“中国出版政府奖”“中国好书”等评选活动，向社会推荐精品图书。倡导纸质阅读、深度阅读，支持发展数字出版、数字阅读新业态。

拓展便民阅读空间。着眼便民惠民，建设用好公共图书馆、社区书屋、职工书屋、乡镇综合文化站、实体书店、阅报栏等全民阅读基础设施，推动全国 3300 多家公共图书馆持续免费向读者开放。支持实体书店发展，新建一批群众身边的城市书吧、阅读驿站等新型阅读空间。运用数字技术，建设智慧图书馆等平台，推进农家书屋数字化建设，配备台式电子助视器、一键式智能阅读器等设备，让大众在看屏与读书中享受快乐。

积极开展阅读活动。扩大全民阅读大会、“书香中国万里行”等活动影响力，鼓励各地围绕“一市一品牌”“一县一活动”“一馆一特色”打造更加丰富的阅读活动。持续开展残疾人文化周等活动，更好满足特殊群体阅读需求。

2024 年 4 月 20 日，小朋友和家人在河北省石家庄书城儿童专区选购书籍

（图片来源：新华社）

191. 健全网络生态治理长效机制

第 55 次《中国互联网络发展状况统计报告》显示，截至 2024 年 12 月，我国网民规模有 11.08 亿人，互联网普及率达 78.6%，网络已经成为亿万民众共同的精神家园。当前网络环境正在持续改善，但泄露隐私、造谣引流、网络暴力等不良行为仍然存在，一些网络违法犯

罪不断出现新的变种，影响网络空间安全和网上良好秩序。这就需要进一步落实今年《报告》的部署，健全网络生态治理长效机制，加强网络生态治理，不断壮大网上主流思想舆论阵地，增强网络空间国际话语权和影响力。

从治理主体看，网络空间行为纷繁复杂，单靠一方面力量难以实现善治。需要完善党委领导、政府管理、企业履责、社会监督、网民自律等多主体参与的综合治理格局，形成强大合力持续加以推进。

从治理手段看，必须统筹发展和安全，综合运用法律、经济、技术等多种手段，加强网络空间法治建设，聚焦人工智能、网络数据安全、反对网络暴力等重点领域和技术发展前沿领域加快立法步伐，健全对各类网络主体和网络活动的税收调节机制和扶持引导政策，加强技术管网体系建设，提升综合治网水平。

从治理重点看，有关部门将针对人民群众反映强烈的网络乱象进行集中整治，持续开展“清朗”系列专项行动，打击网络谣言、有害信息、虚假新闻、网络敲诈、网络水军、有偿删帖等违法违规行为，促进网络空间生态良好。特别是加强对未成年人的网络保护，提供更多有益于未成年人身心健康的网络产品和服务，坚决整治诱导未成年人盲目追星、打赏充值、沉迷网络游戏等现象。

政策传真

2025 年“清朗”系列专项行动整治重点

近年来，中央网信办持续部署开展“清朗”系列专项行动。2025 年的整治重点包括：一是整治春节网络环境，二是整治“自媒体”发布不实信息，三是整治短视频领域恶意营销，四是整治 AI 技术滥用乱象，五是整治涉企网络“黑嘴”，六是整治暑期未成年人网络环境，七是整治网络直播打赏乱象，八是整治恶意挑动负面情绪。

192. 加快发展新型文化业态

2025 年春节期间，我国动画电影《哪吒之魔童闹海》成为现象级爆款电影。近年来，这类融合了传统文化、现代科技等要素的文化产品持续涌现，成为我国新型文化业态蓬勃发展的一个生动缩影。

新型文化业态是现代科技、数字信息、互联网技术的发展催生出来的，它包含全新文化产业的诞生、已有文化产业的升级、文化同其他产业之间的融合等多种形式，数字化、网络化、智能化发展特征十分明显。今年《报告》明确要求加快发展新型文化业态，落实这一要求，关键着力点在于文化创新，主要路径在于促进文化与科技深度融合。

大力推动科技赋能。以数字技术和互联网为依托，发展数字出版、数字影视、数字艺术、数字创意等产业，推动新技术在文化创意设计、内容生产、传播体验等环节深入应用，迭代升级沉浸式演艺、人工智能创作、云上展览馆、数字图书馆等新模式，不断催生文化新业态新场景。

聚焦深耕文旅产业。数字文旅、智慧旅游等新兴文旅业态是新型文化业态的重要内容，通过网络直播看“村晚”、赏“灯会”，借由 AI、VR、AR 等技术沉浸式体验游玩景区等新玩法备受年轻人追捧。有关部门将从财税、资金、人才、创新等各方面完善相关支持政策，引导文旅产业在科技赋能中提质升级。

积极促进文化消费。健全文化产业体系和市场体系，完善文化经济政策，持续孵化新型线下文化消费场景，举办新型文化消费活动，用热气腾腾的市场消费带动新型文化业态发展壮大。

游客沉浸式体验红色文化

（图片来源：《大众日报》）

193. 推进文化遗产系统性保护

中华文明源远流长，我国是举世公认的文化遗产大国。截至 2024 年末，我国世界遗产达到 59 项，包括文化遗产 40 项、自然遗产 15 项以及文化和自然混合遗产 4 项，总数位居世界前列。近年来，我国文化遗产保护得到高度重视，但也还有一些需要完善的地方，下一步应细化落实今年《报告》部署，从重点保护向全面保护、系统保护、整体保护转型升级。

统筹做好各级各类文化遗产保护。深入开展第四次全国文物普查，全面掌握文物资源状况。在此基础上，加大对古遗址、古墓葬、古建筑、石窟寺和石刻、壁画、近现代重要史迹及代表性建筑等不可移动文物的保护，改善历史上各时代的重要实物、艺术品、文献手稿等可移动文物保存状况，加强尚未核定公布为文物保护单位的文物保护管理。同时，强化文物和非物质文化遗产、文化和自然遗产协同保护，保护好历史文化名城、村镇、街区、传统村落等，为群众保留独特的历史文化记忆。

整体保护文化遗产本体和周边环境。我国依然处在城镇化进程中，基础设施建设不断挖掘出新的文物，但也对文化遗产保护形成挑战。个别地方在保护文物时，只保留几处孤立的文物保护单位，而把周边的老建筑、老宅子、老街区拆掉，破坏了历史风貌和文化生态。对此，需要在各级国土空间规划中加强文物保护管理，按照划定的文物保护单位保护范围和建设控制地带、地下文物埋藏区、水下文物保护区等，加大对文物本体及周边环境统筹保护的力度。

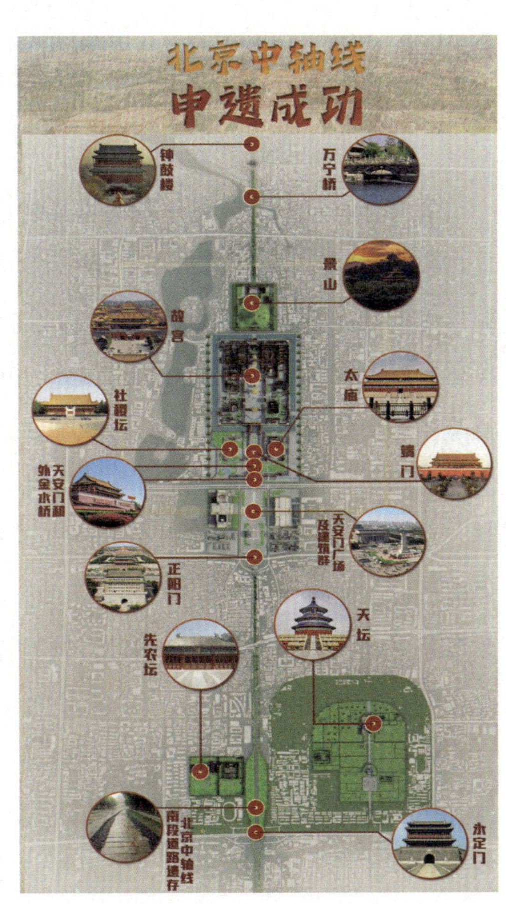

2024 年 7 月，北京中轴线正式列入《世界遗产名录》

（图片来源：央视网）

持续提高文化遗产合理利用水平。文化遗产保护是利用的前提，利用是保护成果的转化。在这方面，将持续建设中国特色世界一流博物馆，优化开放服务措施，构建中华文明展览展示体系。加强革命文物连片保护和整体展示，建好用好国家文化公园、考古遗址公园、文物保护利用示范区，做好宣传传播，让收藏在博物馆里的文物、陈列在广阔大地上的遗产、书写在古籍里的文字都活起来。

194. 改革完善竞技体育管理体制和运行机制

竞技体育是我国体育事业的重要组成部分，也是建设体育强国的重点内容。从 1984 年洛杉矶奥运会许海峰夺得奥运首金至今，中国竞技体育走过了数十年的追赶之路，中国体育代表团已经夺得 303 枚奥运金牌。在 2024 年巴黎奥运会上，中国体育代表团取得我国参加夏季奥运会的境外参赛历史最好成绩，跻身世界体育大国、奥运强国之列，标志着我们在体育强国建设征程上又迈出了扎实的一步。

勇攀高峰的竞技体育永远面临新的挑战。围绕 2035 年建成体育强国目标，面向新的奥运备战周期，落实党的二十届三中全会精神，改革完善竞技体育管理体制和运行机制势在必行。今年《报告》也对此作出专门部署。

从改革整体思路上看，应坚持开门、开放办竞技体育，推动竞技体育举国体制与市场机制更充分结合，更加重视发挥市场机制的作用，加快形成政府、社会、市场、个人等多元主体共同参与、开放共赢、充满活力的竞技体育管理体制和运行机制。

从改革重点上看，应用好制度优势，调动各地区积极性，发挥基层体校作用，持续推进体教融合，加快对优秀年轻运动员、教练员和竞技体育工作者的发掘、培养和锻炼，建立竞技体育后备人才多元化培养渠道。我国竞技体育项目发展仍不平衡，在坚决巩固优势项目争金夺牌基本盘的同时，有关方面将会同各地区深入挖掘我国在田径、游泳等基础大项以及新兴项目上的潜力，加快推动“三大球”振兴。

从发挥带动作用上看，竞技体育正日益融入经济社会发展之中，应大力弘扬中华体育精神，继续发挥竞技体育对群众体育发展的带动作用，广泛开展全民健身活动，做强体育健身休闲、体育竞赛表演、体育用品及相关产品制造等产业，让竞技体育的综合价值和独特功能得到充分展现。

热点链接

中国体育代表团在巴黎奥运会取得境外参赛最好成绩

2024 年第 33 届夏季奥林匹克运动会在法国巴黎举行。本届奥运会中国体育代表团参赛运动员 404 人，共参加了 30 个大项 42 个分项 232 个小项的比赛，在 11 个大项 14 个分项上获得 40 金 27 银 24 铜共 91 枚奖牌，取得了我国 1984 年全面参加夏季奥运会以来境外参赛历史最好成绩。40 枚金牌超过伦敦奥运会的 39 金、东京奥运会的 38 金，获得金牌的运动员达 60 名，也创境外参赛历史新高。

195. 积极发展冰雪运动和冰雪经济

近年来，我国冰雪运动实现了跨越式发展，冰天雪地逐渐成为群众致富、乡村振兴的“金山银山”。当“尔滨”遇上亚冬会，冰雪“冷资源”加速向“热经济”转化。相关数据显示，2024—2025 年冰雪季全国接待游客有望达 5.2 亿人次，冰雪旅游总收入预计超过 6300 亿元，同比分别增长约 21% 和 20%，冰雪经济发展为经济增长注入强劲动力。积极发展冰雪运动和冰雪经济，今年将在三方面持续发力：

办好各类冰雪赛事。第九届亚洲冬季运动会门票、广告赞助、特许经营、转播等实现了不小的经济价值，春节假期，哈尔滨累计接待游客1200多万人次、增长20.4%。应举办好更多顶级冰雪赛事，开发冰雪产业，做大赛事经济。同时广泛开展群众性冰雪运动，通过冰雪运动进校园让更多青少年掌握运动技能，增加冰雪运动参与人数，巩固扩大“带动三亿人参与冰雪运动”成果。

不断扩大冰雪消费。进一步利用好各地冰雪资源，建设群众身边的冰雪场地，打造更多参与性、趣味性强的冰雪项目，开发更多消费新场景新业态，促进文体商旅融合，推出更多好看好玩的冰雪文创产品。办好“全国大众冰雪季”“跟着赛事去旅行”等活动，吸引更多群众赏冰乐雪，让人们在晶莹剔透中寻找“诗和远方”，在冰天雪地里感受火热生活。

积极发展冰雪装备。与一些高附加值的国外品牌产品相比，我国冰雪装备发展还有差距，随着越来越多的人参与冰雪运动，这方面有非常广阔的空间。要进一步加强冰雪装备材料、工艺等研发和技术攻关，鼓励体育器械龙头企业加强产业链协作，健全相关标准，带动冰雪装备产业升级。

群众积极参与冰雪运动

（图片来源：《人民日报》）

196. 推进群众身边的运动场地设施建设

截至 2024 年末，我国人均体育场地面积达到 3 平方米，超过了“十四五”规划人均 2.6 平方米的标准。但也要看到，我国人均体育场地面积与一些发达国家相比仍有差距，全民健身的“热”和健身场地的“缺”之间的矛盾依然存在，推进群众身边的运动场地设施建设、更好满足人们的健身需求，还有很大增长空间，今年将进一步挖掘三个领域的潜力。

推动运动场地建设，鼓励更多人参与健身

（图片来源：《人民日报》）

盘活校园体育场地资源。2023 年 1 月 1 日起施行的新修订的《中华人民共和国体育法》鼓励和支持机关、学校、企业事业单位的体育场地设施向公众开放。根据第六次全国体育场地普查数据，教育系统管理的体育场地占比超 1/3，今年将更充分利用学校体育场地，进一步扩充群众身边体育场地资源。在这方面，上海市、杭州市等城市推动学校体育场地向社会开放，因地制宜实施了不少举措来破解开放过程中遇到的难题，相关实践经验值得其他地方借鉴推广。

推进体育公园、健身步道、社会足球场等建设。近年来，我国全民健身蔚然成风，健身需求趋于多样化、个性化。各地应充分考虑到实际需求，有效开发城市“边角地”等资源，将体育主题植入相关项目，建成更多体育公园、健身步道、社会足球场等群众身边的运动场地设施，合理配备健身器材，让人们更方便就近锻炼。

让公共体育场馆更加惠民亲民。以往，一些大型体育场馆存在赛后利用率不高、群众满意度有待提升等问题。如今，越来越多的体育场馆不仅通过大型赛事打响招牌，也注重服务全民健身、集聚更多人气。今年在建设新的公共体育场馆的同时，将更多增加免费或低收费场地的数量，还要努力实现更多的公共体育场馆假期不打烊，不断提升人民群众的获得感、幸福感。

197. 加强青少年科学健身普及和健康干预

青少年阶段是提高身体素质的黄金期，身体底子打好了，才能为学习工作生活打好基础。相关调研显示，近年来我国青少年体质健康状况总体向好，柔韧性、力量、速度、耐力等指标在部分年龄段群体中有所提升，但近视、肥胖、身体姿态异常等问题依然突出，并呈现早发、高发的趋势，影响青少年健康成长。加强青少年科学健身普及和健康干预，需要各方共同努力。

让孩子们吃得好睡得足。家长应引导孩子养成健康的饮食习惯，科学选购食物，烹饪少油少盐少糖，注重营养均衡，督促少吃零食、少喝饮料。学校要提供科学合理、营养均衡的学生餐，校内避免售卖高盐、高糖及高脂食品，提供安全卫生的饮用水。各方面共同努力减轻课业负担，让孩子们多睡会儿。

让孩子们更积极动起来。增强青少年体质、提高健康水平，积极参与体育锻炼是有效方式。《教育强国建设规划纲要（2024—2035年）》明确提出，中小学生每天综合体育活动时间不低于2小时。学校要开足上好体育课，保障课间活动时间，在“优先序”上把“分数第一”改成“健康第一”，支持家校合作科学指导学生有效开展体育锻炼，让孩子们积极运动，身上有汗、眼里有光，在阳光下茁壮成长、全面发展。

加强体质健康监测和干预。推动健康关口前移、重心下移，重视非医疗健康干预尤其是体卫融合，是提高青少年健康水平的有效手段。比如，家庭、学校、企业紧密合作，多渠道防止过度使用电子产品，改善儿童青少年视力；通过科学减脂，降低超重儿童青少年的体脂率、增加肌肉量；注意培养学生良好的读写姿势，加强青少年脊柱侧弯筛查和干预治疗，让他们挺直脊梁；加强心理健康应急救助，更好缓解学生心理焦虑等问题。

青少年积极参与科学健身

（图片来源：《人民日报》）

（五）维护国家安全和社会稳定

198. 强化基层应急基础和力量

基层处于处置各种情况的最前沿、第一线。强化基层应急基础和力量，是防范化解重大安全风险、及时应对处置各类灾害事故的根本之策。2024 年中共中央办公厅、国务院办公厅印发的《关于进一步提升基层应急管理能力的意见》作出系统部署，今年要以推动其贯彻落实为抓手，切实筑牢应急管理第一道防线。

进一步理顺基层应急管理体制。统筹强化基层应急管理及消防工作，完善乡镇（街道）应急消防工作机制，因地制宜推行应消合一、队站一体工作模式，用好地方专职消防队、企业专职消防队，强力推动防消联勤。

小学生参加消防疏散演练

（图片来源：人民网）

强化基层应急救援力量建设。完善基层应急救援力量建设标准。综合考虑地区人口数量、经济规模、灾害事故特点、安全风险程度等因素，配齐配强基层应急救援力量。建立健全国家综合性消防救援队伍与基层应急救援力量联训联演联战机制。

加强应急预案编制和演练。组织编制并动态修订乡镇（街道）综合应急预案、专项应急预案和简明实用的村（社区）应急预案。开展以先期处置、转移避险、自救互救为重点内容的综合演练。指导高风险地区加强防汛、防台风、避震自救、山洪和地质灾害避险、火灾逃生等专项演练。

加大物资保障和科技赋能力度。加强重点地区县（点）、乡镇（街道）、村（社区）应急物资储备库（点）建设，到2025年底力争实现全国县级储备库（点）覆盖率达到100%。推动“小快轻智”等先进适用装备下基层、进一线，加大数据赋能力度。

提升教育培训和科普宣传效果。精心组织安全生产月等活动，持续推动安全宣传进企业进农村进社区进学校进家庭，大力普及防灾减灾、逃生避险、自救互救知识。强化对基层干部教育培训，提升基层安全素质和应急能力。

199. 深入实施安全生产治本攻坚三年行动

开展安全生产治本攻坚三年行动是落实习近平总书记“两个根本”重要要求、解决安全生产领域基础性根源性问题的重要举措。2024年实施以来已经取得积极成效。2025年是三年行动承上启下的关键一年，必须持续深抓源头“祸根”，落实治本之策，坚决遏制重特大事故发生。

聚焦重大事故隐患动态清零持续用力。组织开展中央安全生产考核巡查，充分运用考核巡查结果督促举一反三整改问题隐患。抓好重大事故隐患判定标准的查漏补缺和提质升级，条件成熟的及时上升为部门规章或强制性标准。用好用足事故隐患内部报告奖励机制，充分调动企业职工反映问题的积极性。建立完善企业自查自改常态化机制，对主动报告重大隐患并切实整改的企业免予处罚。

聚焦重点领域专项整治持续用力。突出抓好建筑保温材料“一件事”全链条整治，加强渔业船舶、民航安全监管，深化燃气、电动自行车、矿山、危化品、畅通消防“生命通道”等专项整治，不断提高重点行业领域本质安全水平。

聚焦强化技防、工程防、管理防措施持续用力。用好“两重”“两新”等支持政策，深入推进化工落后工艺技术设备、老旧装置淘汰退出和更新改造，推动老旧场所消防设施改造升级。加快推进企业安全生产标准化建设，分规模分行业细化企业安全生产管理体系标准。

聚焦提升社会安全文化素养持续用力。组织开展重点行业领域企业负责人安全培训，加强一线员工安全培训，健全教育培训效果督导检查机制。持续开展以“人人讲安全、个个会应急”为主题的宣传教育，筑牢安全生产人民防线。

安全检查进企业

（图片来源：《齐鲁晚报》）

200. 严格食品药品监管

近年来，我国食品药品安全形势总体稳定向好，但也面临新技术新业态新模式层出不穷等带来的一系列新挑战。今年将持续严格食品药品监管，提升食品药品安全水平，让人民群众吃得放心、用药安心。

2025 年 3 月，中共中央办公厅、国务院办公厅印发《关于进一步强化食品安全全链条监管的意见》。今年将以全链条监管为重点，加强“从农田到餐桌”的全流程、全生命周期监管，守护好人民群众“舌尖上的安全”。坚持源头严防，加快推进标准制修订，构建更加科学严谨的食品安全标准体系；推动监管关口前移，从源头上严防农兽药残留超标、重金属污染、非法使用食品添加剂等问题发生。坚持过程严管，聚焦影响恶劣、群众关心的校园学生餐、平台外卖等重点问题严格日常监管，确保监管覆盖线上线下全主体，确保产储运销各环节监管无缝衔接，发现问题及时出手、快速反应、重拳严惩。坚持风险严控，加快健全食品安全追溯体系，提升检测抽样的科学性、针对性，

食品安全检验检测

（图片来源：新华网）

强化监督抽查结果处理，建好用好食品安全风险管控清单，进一步推动食品安全治理模式向事前预防型转变。

药品是治病救人的特殊商品，必须持续强化药品安全风险防控措施，筑牢药品安全底线。今年将加强重点环节、重点品种监管，进一步聚焦临床试验、委托生产、网络销售等重点环节和疫苗、血液制品、集采中选药品等重点产品，深挖细查风险隐患。加大对药品违法犯罪行为的处罚力度，坚持打早打小、露头就打，对情节严重的实行从业禁止、终身禁业等措施，大幅度提高违法违规成本，坚决把“害群之马”逐出市场。持续提升药品监管能力，加强药品全生命周期风险数据归集、分析、应用，综合运用日常巡查、飞行检查、监督抽检等手段，提升监管的预见性、靶向性和时效性。

201. 提高重点地区房屋、基础设施抗震能力

我国是地震多发的国家，约 58% 的国土和 55% 的人口处于 7 度以上地震高烈度区。提升城乡房屋建筑抗震防灾能力，是减轻地震灾害损失、守护人民群众生命财产安全的有效手段。今年将依托第一次全国自然灾害综合风险普查房屋建筑和市政设施调查数据，结合年度地震风险区确定的风险等级水平，突出高烈度设防地区和地震重点监视防御区，提高房屋、基础设施抗震能力。

提高既有房屋、基础设施抗震安全性能。持续开展抗震安全隐患排查鉴定工作，对预制板房屋等危旧房、抗震能力不足的重要公共建筑，组织力量进行现场排查。坚持“留、改、拆”并举，区分轻重缓急，综合采取抗震加固、原址改建、拆除重建等处置措施，有序推进既有房屋建筑抗震加固改造工作。

加强新建房屋、基础设施抗震管理。将新建房屋建筑抗震设防监管纳入工程质量监管体系，加强对抗震设防强制性标准执行情况的监督检查。强化重点地区重要建筑抗震设防管理，切实提升学校、幼儿园、医院、养老机构、儿童福利机构、未成年人救助保护机构、应急指挥中心、应急避难场所、广播电视等建筑抗震防灾能力。因地制宜推广新型建造方式和有利于提升抗震性能的新结构、新材料、新技术、新工艺。

抗震安居房

（图片来源：新华社）

完善资金、审批、标准等配套政策措施。综合运用投资、金融等政策，鼓励社会资本参与改造加固，多元化筹措资金。结合工程建设项目审批制度改革，精简改造和加固工程审批事项和环节，提高审批效率。加强抗震标准体系建设，推动抗震防灾技术标准制修订工作，完善抗震防灾工程建设相关标准。

202. 健全城乡基层治理体系

基层是一切工作的落脚点，基层治理是国家治理的基石。党的二十届三中全会审议通过的《中共中央关于进一步全面深化改革、推进中国式现代化的决定》强调健全党组织领导的自治、法治、德治相结合的城乡基层治理体系，今年《报告》提出具体要求，目的就是落细落实各项工作部署，让群众生活办事更方便、诉求表达渠道更畅通，在既安定有序又充满活力的环境中享受美好生活。今年健全城乡基层治理体系，将突出把握以下几点：

加强基层党组织建设。进一步健全党的基层组织体系，选优配强工作队伍，使党的组织“触角”和工作“阵地”持续延伸到基层治理前沿，党的基层组织有形、有效、有力地嵌入基层治理体系，确保工作方向不偏。积极引导企业、社会组织等共同参与公共服务供给，加强城乡社区服务体系建设。

2025 年纪录电影《您的声音》描绘了“一条热线”撬动超大城市治理改革的生动画卷

（图片来源：央视网）

注重倾听群众诉求。城乡基层治理很多工作直接面向群众，需要做群众的贴心人，精准掌握群众需求，推动同生活息息相关的教育、就业、社保、医疗、住房、环保、社会治安等各方面问题持续得到解决。发挥数字技术作用，完善网格化管理、精细化服务、信息化支撑的基层治理平台，强化“12345”政务服务热线等公共服务平台功能，提高治理精准度。

推进自治、法治、德治相结合。坚持和完善基层群众自治制度，鼓励居民委员会、村民委员会等城乡基层群众性自治组织发挥作用，保障人民群众自我管理、自我服务、自我教育、自我监督。加强对基层治理干部队伍的法治教育和培训，深入群众开展法律宣传服务，夯实基层治理制度保障。加强家庭家教家风建设，依托社区阅览室、村史馆、文化广场等宣传弘扬社会主义核心价值观，增强基层治理软实力。

203. 推进基层综治中心规范化建设

基层综治中心作为开展矛盾纠纷预防化解和协助推动社会治安风险防控的重要工作平台，主要承担矛盾纠纷排查化解、社会治安防控、网格化管理等职责。目前，全国绝大多数省份都建立了省、市、县、乡四级综治中心，不少地方还是具有独立编制的事业单位，实现了实体化运行，对于推动相关工作起到了积极作用。下一步，有关部门将落实党的二十届三中全会关于健全社会治理体系的改革部署和《报告》要求，坚持和发展新时代“枫桥经验”，按照整合资源、方便群众、运用法治、注重实效的要求，加快推进规范化建设。

浙江绍兴诸暨市“枫桥经验”陈列馆里的相关内容展示

（图片来源：央视网）

加强资源整合。省、市两级综治中心主要依托信息化手段，加强与有关部门工作衔接、业务协同，开展分析研判，为基层提供指导。县、乡两级综治中心通过各相关部门派员或轮驻办公等形式，统筹诉讼服务中心、检察服务中心、公共法律服务中心、信访接待中心等有关功能及相关社会力量，强化矛盾纠纷“一扇门”受理、“一站式”化解功能。

注重机制创新。建立矛盾纠纷收集、共享机制，优化矛盾纠纷处置流程，实现收集、甄别、分流、化解流程化管理。各方力量入驻综治中心后，将进一步加强协作，确保既快速响应、各司其职，又相互配合、有效衔接。

抓好问题解决。群众有了矛盾纠纷，来到基层综治中心，就是要找一个“说理的地方”。基层综治中心坚持以人民为中心，以“方便群众、提高效率”为工作导向，统一登记、依法流转、督促落实，综合做好先行调解、法治宣传、教育疏导、帮扶救助等工作，真正做到案结事了人和。同时，还注重加强数据深度应用，对苗头性问题预测预警、对重大矛盾风险提前掌握，及时把矛盾纠纷化解在基层、化解在萌芽状态。

204. 提升公共法律服务均衡性和可及性

开展公共法律服务是政府履职的重要内容，是全面依法治国的基础性、服务性和保障性工作。据有关方面统计，全国共有各类法律服务机构 75.4 万个，专业法律服务人员 399.7 万人，公共法律服务实体平台 59 万个，60 多万个乡村（社区）配备了法律顾问，公共法律服务的基础不断夯实。同时也要看到，我国公共法律服务仍然存在发展不平衡不充分问题。按照《报告》要求，今年将在推动公共法律服务“均衡性”和“可及性”方面持续发力，加快建设覆盖城乡、便捷高效、均等普惠的现代公共法律服务体系。

在促进均衡方面，结合实际均衡配置城乡法律服务资源，深入开展“乡村振兴 法治同行”活动，推进实施乡村“法律明白人”培养工程和农村学法用法示范户培育工程，教育引导农村广大干部群众办事依法、遇事找法、解决问题用法、化解矛盾靠法。加强欠发达地区公共法律服务建设，支持开展各种形式的对口援建、挂职锻炼、交流培训。强化对进城务工人员、残疾人、老年人、青少年、军人军属等群体的法治宣传和服务指导，推进公共法律服务中心、法律服务机构无障碍环境建设。

在推动可及方面，加快健全县级公共法律服务中心、乡镇公共法律服务工作站，推动在校园、军营、创业园区等设立公共法律服务工作点，有效发挥法律援助、法律咨询、法治宣传、人民调解等功能。推动公共法律服务热线和网络平台优化升级，确保“12348”公共法律服务热线高效运行，并与“12345”政务服务热线融合联动，按照统一标准提供“7×24 小时”服务。

政策传真

法律援助提升工程

《全国公共法律服务体系建设规划（2021—2025 年）》今年将收官，该规划明确，扩大覆盖人群，切实将低收入人群纳入法律援助范围，有效落实法律援助值班律师制度、刑事案件辩护全覆盖制度，到 2025 年全国每十万人口每年获得法律援助服务达到 110 件；提高服务能力，县级以上全部设立法律援助机构，有效履行工作职能；提升服务质量，制定完善法律援助工作标准体系，实现普遍由有经验律师提供法律援助服务。

205. 健全社会心理服务体系和危机干预机制

健全社会心理服务体系和危机干预机制关系人民群众幸福健康、国家长治久安，是培育自尊自信、理性平和、积极向上的社会心态的重要举措。近年来，有关部门和地方推进社会心理服务体系建设取得一定成效，今年将细化落实《报告》工作部署，在以下几个方面继续加强：

健全工作体系。完善社会心理服务体系不仅要着眼解决个体心理健康问题，还应将其纳入更广的社会治理范畴，从社会层面加以推进。从政府工作角度讲，主要是进一步推动卫生健康、教育、医疗保障、民政、发展改革、财政等多部门形成合力，加强对心理健康服务的综合支持力度。当前“身心同健康”理念逐步成为全社会共识，需要更好发挥文旅、体育等部门作用，通过文化熏陶和体育锻炼应对社会心理问题。

增加资源供给。精神专科医院、病房、门诊等是解决心理健康问题的专业力量。按照国家统一规划，加力补齐部分地区资源短板，加强精神科医师、心理咨询师培养，让各专业机构、学校、社区心理咨询室等有场地、有设备、有人员，实现有效运转。目前一些营利性的心理咨询机构发展较快，对此将加强管理，确保群众获得安全可靠的心理服务。

强化高效应对。心理问题重在预防，卫生健康部门将推动建设用好“12356”心理援助热线，加强专业人员队伍配备，提高接听率和服务质量。发挥一线各类心理咨询站点的作用，健全转介机制，将发现有心理问题的人员及时转介到专业机构。普及心理健康教育，鼓励发展互联网“AI+”社会心理服务平台，为有需求的人员提供心理健康评估和咨询服务。

加强人文关怀。现实中有些人对心理问题存在一定的“病耻感”，对此要加强隐私保护和数据安全管理，维护群众合法权益。同时，加大对精神残疾人等特殊群体的心理关爱和服务保障，让心理服务更有温度。

政策传真

“12356”全国统一心理援助热线

2024 年底，《国家卫生健康委关于应用“12356”全国统一心理援助热线电话号码的通知》明确将“12356”作为全国统一的心理援助热线电话号码，要求各地确保于 2025 年 5 月 1 日前实现拨打该电话号码接通心理援助热线的功能。北京、上海、浙江等多个省份已开通“12356”心理援助热线，其他省份正在有序推进相关工作，开通后将为公众提供心理健康教育、心理咨询、心理疏导、心理危机干预等服务。

206. 完善社会治安整体防控体系

社会治安综合治理是我国政法系统在 20 世纪 80 年代提出的社会治理思路，经过 40 余年发展，已经成为解决社会治安问题的重要方法。党的十八大以来，我国书写经济快速发展和社会长期稳定两大奇迹新篇章，成为世界上最有安全感的国家之一，也得益于社会治安综合治理得到加强。

当前，人民群众对民主、法治、公平、正义、安全、环境等方面的要求日益增长，经济社会发展需要应对的风险挑战、解决的矛盾问题也比以往更加严峻复杂。这就要求进一步加强社会治安综合治理，完善社会治安整体防控体系，助力建设更高水平平安中国。关于今年这项工作的侧重点，可以概括为“三个更加”：

更加注重整体推进。坚持党的领导，把专项治理和系统治理、依法治理、综合治理等结合起来，压实各方责任，形成问题联治、工作联动、平安联创的良好局面。强化技术手段应用，加强“人、地、物、事、网、组织”等基本信息掌握，夯实社会治安整体防控的基础。

更加注重源头化解。全面贯彻落实《中华人民共和国反有组织犯罪法》，健全扫黑除恶常态化机制，有效防范整治行业领域、农村、网络等存在的相关问题，根本上遏制黑恶势力滋生蔓延。弘扬“四下基层”优良作风，聚焦家庭、婚恋、邻里、债务纠纷等深入开展排查化解，及时将各类矛盾纠纷化解在基层、化解在萌芽状态。

更加注重风险防范。落实好未成年人教育矫治、刑满释放人员安置帮教等措施，加强精神障碍患者服务管理，严防极端案事件发生。紧盯社会治安突出问题，深入研究新形势下犯罪活动规律特点，着力打击电信网络诈骗、跨境赌博、侵犯公民个人信息等新型犯罪和跨国跨境跨区域犯罪，切实保障人民群众安居乐业、社会安定有序。

完善社会治安整体防控体系

（图片来源：新华社、《人民日报》）

（六）编制“十五五”规划

207. 开展“十五五”规划编制工作

编制和实施国民经济和社会发展五年规划，是我国经济社会保持稳定健康发展的独特机制。今年开展“十五五”规划编制工作，要更好发挥规划对经济社会发展的引领指导作用。重点把握三个方面：

深入分析“十五五”时期新的阶段性特征。到 2035 年基本实现社会主义现代化，“十五五”是承上启下的关键时期。从国内看，我国要素结构、产业结构、需求结构发生深刻变化，“十五五”时期要实现碳达峰等经济社会发展既定目标，完成党的二十届三中全会提出的改革任务。从国际看，世界百年变局加速演进，外部环境更趋复杂严峻。

科学确定发展目标。充分体现高质量发展要求，紧抓高质量发展这个首要任务，实现质的有效提升和量的合理增长。兼顾需要与可能，综合把握有利条件和不利因素，既释放积极信号、增强信心，又要确保经过努力能够实现。

谋划好重大战略任务、重大政策举措、重大工程项目。贯彻落实党中央“十五五”规划建议，在充分调查研究基础上，认真编制规划纲要草案，提出一批重大战略任务、重大政策举措和重大工程项目，按程序提交明年全国两会。

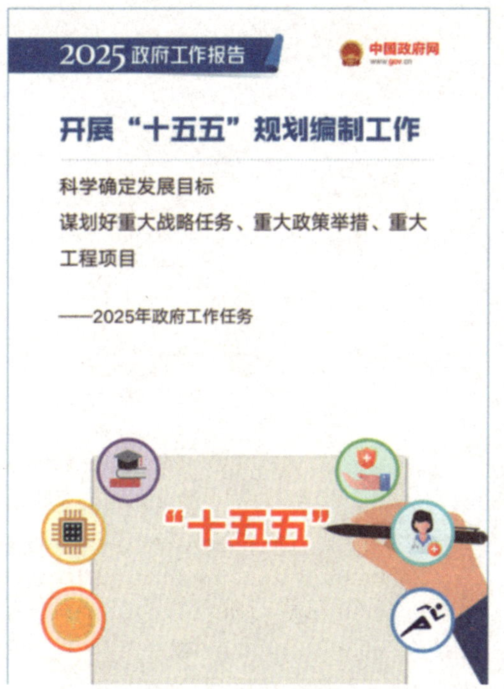

开展“十五五”规划编制工作

（图片来源：中国政府网）

同时，聚焦科技创新、产业发展、社会事业、文化建设和生态环境等方面，以及与人民群众息息相关的就业、教育、医疗、社会保障等重点领域，组织编制一批重点专项规划和区域规划。

十二

全面提升政府履职能力

应对新挑战、完成新任务，对政府工作提出新的更高要求。各级政府及工作人员要深刻领悟“两个确立”的决定性意义，增强“四个意识”、坚定“四个自信”、做到“两个维护”，自觉在思想上政治上行动上同以习近平同志为核心的党中央保持高度一致。坚决扛起全面从严治党政治责任，深入贯彻中央八项规定精神，坚定不移推进政府党风廉政建设和反腐败斗争。全面提升政府履职能力，确保党中央决策部署不折不扣落实到位，创造更多经得起历史和人民检验的发展业绩。

（一）加强法治政府建设

208. 推进严格规范公正文明执法

严格规范公正文明是行政执法工作的生命线，也是有机统一的整体。“严格”是执法的基本要求，就好比是给执法机构和人员戴上了“紧箍咒”。“规范”是执法行为准则，开展执法行为时要严格遵守。“公正”是执法价值取向，执法必须不偏不倚。“文明”是执法职业素养，执法中要坚持以法为据、以理服人、以情感人。严格规范公正文明执法，就是要让执法既有力度又有温度。

当前，一些领域和地方仍存在滥用行政裁量权、执法不公正甚至选择性执法、趋利性执法问题，在涉企检查中乱作为问题仍然不同程度存在。今年初，国务院办公厅印发了《关于严格规范涉企行政检查的意见》（以下简称《意见》）。今年要以《意见》出台实施为契机，进一步优化营商环境，稳定市场预期，提振发展信心。**一是“建机制”，**国务院有关主管部门要在2025年12月底前建立健全行政检查异地协助机制。**二是“明任务”，**把规范行政检查作为2025年规范涉企执法专项行动的重要内容。**三是“优手段”，**要求强化数字技术赋能，加快建成全国统一的行政执法监督信息系统。**四是“严责任”，**要求执法监督机关严肃责任追究，发现一起，查处一起。

今年还要持续抓好《提升行政执法质量三年行动计划（2023—2025年）》实施工作，让全社会真切感受到行政执法水平的提升，让企业感受到实实在在的效果，切实增强企业家干事创业的信心。

政策传真

《提升行政执法质量三年行动计划（2023—2025年）》内容摘要

总体要求：明确了指导思想、工作原则和主要目标。

重点任务：包含6项重点任务和17条具体举措。

组织实施：明确了落实三年行动计划的组织领导、督促落实和经验交流等措施。

209. 落实行政裁量权基准制度

行政裁量权基准是行政机关结合本地区本部门行政管理实际，按照裁量涉及的不同事实和情节，对法律、法规、规章中的原则性规定或者具有一定弹性的执法权限、裁量幅度等内容进行细化量化，以特定形式向社会公布并施行的具体执法尺度和标准。据初步统计，省级人民政府及其部门制定的行政裁量权基准约有1000多个，设区的市人民政府及其部门制定的行政裁量权基准约有1200多个，区（县）人民政府及其部门制定的行政裁量权基准近3000个。

设立规范行政裁量权基准制度，有两个主要目的。一个是给执法尺度标准“上规矩”，减少自由裁量权，让人民群众在每一项执法决定中感受到公平正义。一个是为营商环境建设“破障碍”，有效防止行业垄断、地方保护、市场分割，维护公平竞争的市场秩序。今年这方面要重点做好以下工作：

执法要求方面，增加“透明度”，在作出行政执法决定前，以及在行政执法决定书中告知适用基准情况；增加“智能度”，充分运用人工智能、大数据、云计算、区块链等技术手段，将行政裁量权基准内容嵌入行政执法信息系统，为执法人员办理案件提供精准指引。

监督工作方面，鼓励社会公众充分参与，积极参与对行政执法活动的监督和评议。加强对行政裁量权基准制度执行情况的监督检查，建立动态调整机制，对行政裁量权基准及时进行完善、清理、修改、废止，确保行政裁量权基准“与时俱进”。

典型案例

依行政裁量权基准制度进行行政复议

某超市因销售超过保质期的茶干被消费者投诉举报至某市市场监管局，经调查，申请人销售超过保质期的茶干 5 袋，货值 15 元，已卖出 1 袋，销售额 3.8 元。某市市场监管局认定该超市经营超过保质期食品的违法行为属实，作出罚款 5000 元的行政处罚决定。该超市不服，认为自己销售的茶干超过保质期时间较短，本次违法系初次，且货值、违法所得都很小，并已采取补救措施，向市人民政府申请行政复议。行政复议机构调查核实，按照 2023 版处罚办法规定的新裁量准则标准，案涉违法行为处罚金额为 300 元，遂组织双方当事人进行调解，将罚款金额调整为 300 元，双方达成调解协议，行政复议机关制作行政复议调解书。

（二）提升政府行政效能和水平

210. 加快数字政府建设

推进数字政府建设，简而言之，就是要打造高效、便捷、公平普惠的数字化服务体系，让百姓少跑腿、数据多跑路，促进提高政府部门办事效率。

近年来我国数字政府建设取得重大进展。实现国家、省、市、县四级政务外网全覆盖，乡镇街道接入率达99.4%以上。建成全国政务服务“一张网”，平台实名注册用户超过10.8亿人。初步构建一体化政务大数据体系，累计支撑共享调用数据5400余亿次。数字政府建设是一项系统工程，也是长期任务。今年数字政府建设工作，要努力做到三个“进一步强化”。

进一步强化集约化规范化标准化建设。强化省级统筹，加强政务服务平台、政府网站和政务新媒体集约化建设。加快政府经济调节、市场监管、社会管理、公共服务、生态环境保护等履职能力数字化转型。积极开展数字政府建设创新试点，推动“一地创新、各地复用”。

进一步加快推进政务数据共享利用。大力推进政务数据共享，编制国务院部门数据共享责任清单和垂管系统对接清单，完善政务数据分级分类保护机制，在此基础上提升部门数据共享效率。

进一步加强平台安全保障工作协调。加快完善数字政府安全防护体系，建立健全工作统筹协调机制，强化各级平台安全管理主体责任，安全稳妥有序推进新技术应用，不断提高自主可控水平，切实筑牢安全防线。

北京城市副中心大厅连线河北大厂回族自治县政务大厅

（图片来源：央广网）

211. 健全“高效办成一件事”重点事项清单管理和常态化推进机制

“高效办成一件事”是优化政务服务、提升行政效能的重要抓手。“高效”的背后，不仅是政务服务理念的转变，更是以“一件事”为牵引形成的跨层级、跨地域、跨系统、跨部门、跨业务办事流程的系统性重塑。推动“高效办成一件事”不是一个口号，而是实实在在的具体行动，考验各级政府、广大干部的工作作风。

2024 年，国务院印发《关于进一步优化政务服务提升行政效能推动“高效办成一件事”的指导意见》，围绕企业迁移、就医费用报销、住房公积金贷款、新生儿出生等企业群众关切，先后推出两批重

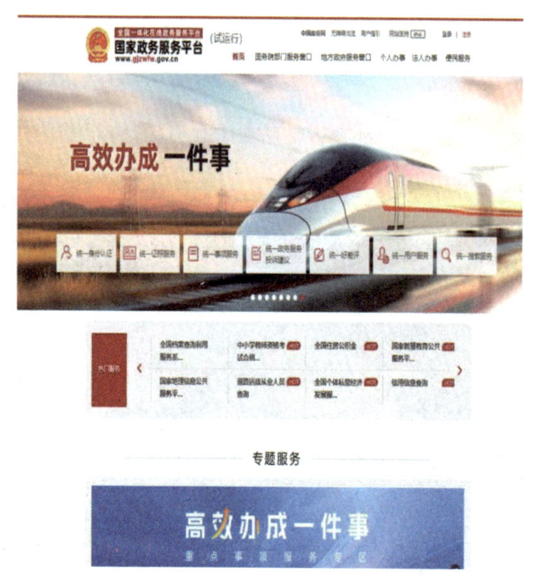

国家政务服务平台“高效办成一件事”重点事项服务专区网页界面

（图片来源：国家政务服务平台网站）

点事项清单（21 个），以“小切口”推动服务能力“大提升”。第一批 13 个高频、面广、问题多的“一件事”已基本完成实施，第二批 8 个重点事项完成超八成。越来越多的“一件事”实现了“一次告知、一表申请、一套材料、一窗受理、一网办理”，实现了从“多部门来回跑”到“一件事高效办”。

民有所盼，政有所为。“高效办成一件事”，要继续在“高效”上下功夫，在“办成”上显实绩。2025 年 1 月，国务院办公厅印发《“高效办成一件事”2025 年度第一批重点事项清单》。今年将聚焦经营主体办事便利推出 6 项措施，包括个体工商户转型为企业、合格境外投资者资格审批与开户、科技成果转化、固定资产投资项目审批、新车上牌、建设项目开工等“一件事”；聚焦个人办事便利推出 6 项措施，包括个人创业、结婚落户、外国人来华工作、家电以旧换新和手机等购新补贴申请、汽车以旧换新补贴申请、个人身后等“一件事”。“高效办成一件事”，还要在完善机制方面下功夫。要加快健全“高效办成一件事”重点事项清单管理和常态化推进机制，压茬推进重点事项落地见效。调整优化相关法规，健全政务服务标准体系，加快实现更多“一件事”从“能办、可办”向“好办、易办”转变。

212. 完善覆盖全国的一体化在线政务服务平台

建设全国一体化在线政务服务平台作建设，对于提高政务服务效能、便利企业和群众办事创业、推进政府治理现代化具有重要支撑作用。目前，以国家政务服务平台为总枢纽，已实现与31个省（区、市）及新疆生产建设兵团、46个国务院部门平台互联互通，推动92.5%的省级行政许可事项实现网上受理和“最多跑一次”，全国政务服务“一张网”基本建成。但仍然面临公共支撑能力不足、数据共享对基层赋能不充分、标准化规范化程度不均衡等问题。今年将在“一体化”建设方面持续发力，突出“三个强化”。

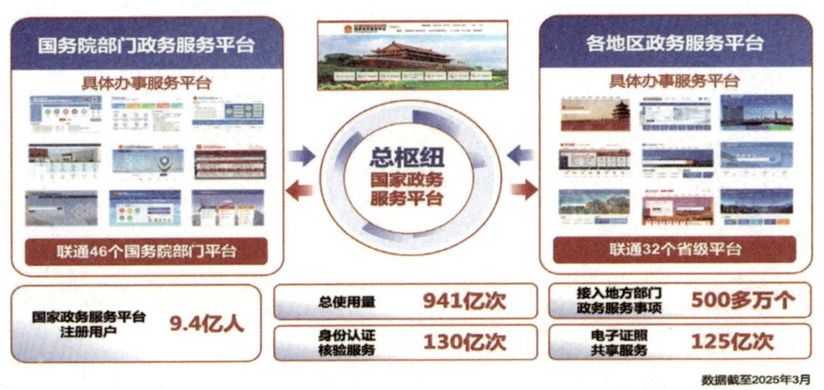

（数据来源：全国一体化政务服务和监管平台运营中心）

强化国家平台公共支撑能力。进一步发挥国家政务服务平台作为全国政务服务总枢纽的作用，强化跨地区、跨部门、跨层级业务协同和公共支撑。聚焦各地区各部门平台共性需求，加大电子证照应用协同推进力度，强化电子印章对接互认，提升身份认证支撑能力。以“高效办成一件事”为牵引，持续推动更多跨部门、跨层级“一件事一次办”，扩大“跨省通办”“区域通办”范围。

强化政务数据有序共享。推动国务院部门加快整合本领域政务服务业务系统，强化政务服务平台建设省级统筹。重点聚焦国务院部门垂管系统打通、省级政务数据回流基层等问题，推动更多部门数据纳入共享责任清单，更多垂管系统与地方数据平台互联互通，以数据多跑路助力群众少跑腿。

强化标准化规范化建设。健全政务服务事项基础标准，完善国家政务服务事项基本目录，推动同一政务服务事项基本要素统一。围绕创新政务服务、提高“一网通办”水平，按照“急用先行、分批推进”的方式建立健全政务服务标准规范体系，加强政务服务标准化、规范化建设。

后　记

第十四届全国人民代表大会第三次会议审议和批准了李强总理所作的《政府工作报告》（以下简称《报告》）。《报告》以习近平新时代中国特色社会主义思想为指导，全面贯彻落实党的二十大和二十届二中、三中全会精神以及中央经济工作会议精神，深入贯彻落实习近平总书记重要讲话和重要指示批示精神，按照党中央决策部署，总结了 2024 年工作，提出了 2025 年经济社会发展的总体要求、政策取向和工作任务，是做好今年政府工作的纲领性文件。

为深入学习贯彻习近平新时代中国特色社会主义思想，认真学习贯彻习近平总书记在今年两会期间发表的重要讲话精神，帮助广大干部群众学习理解《报告》提出的今年经济社会发展主要目标任务和政策举措，国务院研究室编写组编写了《2025 政策热点面对面》一书，从《报告》中选取 212 个重点热点问题，言简意赅、图文并茂地进行解读阐释。本书以党中央大政方针、国家相关法律法规和政策为依据，观点权威准确、形式生动活泼，是广大干部群众学习领会《报告》精神的重要辅助读物。

本书由国务院研究室党组书记、主任，《报告》起草组负责人沈丹阳担任主编并作序。编委会成员对书稿内容进行了审读把关。国务院研究室参加本书撰稿工作的有：秦青山、刘日红、姜秀谦、王胜谦、宋立、李攀辉、牛发亮、乔尚奎、王汉章、包益红、黄良浩、刘军民、史德信、袁鹰、贺达水、杨春悦、孙慧峰、王巍、王敏瑶、李强、王淑琳、张凯竣、闫嘉韬、杜庆彬、杨祎、杜浩然、杨云超、叶世超、孙韶华、冯晓岚、冯晓宇、吴兰谷、宋哲、方松海、梁希震、张伟宾、王存宝、李坤、徐紫光、钦恒皑、李逸浩、邓林、刘帅、汪先锋、刘高鼐沅、刘一鸣、陈光华、庚波、刘开标、刘翔宇、薛啸岩等同志。参加本书组稿和编校工作的有：包益红、孙韶华、张伟宾和中国言实出版社冯文礼、朱艳华、霍成上、马衍伟、廖厚才、曹庆臻、张海霞、郭江妮、史会美、李岩、王建玲、商亮、华竹、许皓雪、迟家宁、韩梦、刘晓云、徐晓晨等同志。

本书编写组

2025年4月